가슴 뛰는 삶으로 나아가라

가슴 뛰는
삶으로
나아가라

초판 1쇄 발행 2018년 10월 1일

지 은 이 주영철
발 행 인 권선복
편   집 권보송
디 자 인 김소영
전 자 책 서보미
발 행 처 도서출판 행복에너지
출판등록 제315-2011-000035호
주   소 (157-010) 서울특별시 강서구 화곡로 232
전   화 0505-613-6133
팩   스 0303-0799-1560
홈페이지 www.happybook.or.kr
이 메 일 ksbdata@daum.net

값 15,000원

ISBN 979-11-5602-646-4 (03190)

Copyright ⓒ 주영철, 2018

도서출판 행복에너지는 독자 여러분의 아이디어와 원고 투고를 기다립니다. 책으로 만들기를 원하는 콘텐츠가 있으신 분은 이메일이나 홈페이지를 통해 간단한 기획서와 기획의도, 연락처 등을 보내주십시오. 행복에너지의 문은 언제나 활짝 열려 있습니다.

진짜 나를 세우는 코칭스킬

가슴 뛰는 삶으로 나아가라

Coaching skill that stands out for me

주영철 지음

도서
출판 **행복에너지**

'삐이익~'

 경기종료를 알리는 휘슬소리가 들려온다. 결과는 상대편의 압
승. 관중석에선 환호와 탄식이 동시에 터져 나온다. 희비가 엇갈
리는 순간이다. 혼신의 힘을 다해 뛰고 있던 선수는 뛰다 말고 털
썩 제자리에 주저앉는다. 벌써 끝났단 말인가! 선수의 머릿속은
하얘졌고 귓속이 윙윙거렸다. 그 모습을 카메라가 포착한다. 중
계화면 가득 선수의 얼굴이 클로즈업 된다. 아쉬움과 안타까움이
그의 얼굴 가득 번지고 있다. 체념과 미련 섞인 눈빛. 그 모습이
왠지 모르게 낯이 익었다. 삼 년 전, 마지막 전화를 받은 그때, 종
료 휘슬이 울렸던 그 순간의 내 모습이었다.
 인생을 운동경기에 비유해본다면, 크게 전반전과 후반전으로

나눌 수 있을 것이다. 후반전을 제2의 시작이라고 한다면, 전반전은 인생에 대한 도약단계, 즉 젊음과 의욕으로 똘똘 뭉친 단계라고 할 수 있다. 내게 인생의 전반전은 쓴맛과 웃음이 버무려진 시절이다. 그 시절에 관한 이야기는 바로 내게 걸려온 '네 통의 전화'에서부터 시작된다.

대학 졸업 후 대기업에 입사했다. 엔지니어의 길을 걷기 시작했다. 규격화된 훌륭한 회사형인간으로서 성장하고 있던 날들이었다. 그러던 어느 날, 공장장님으로부터 전화가 걸려왔다. 젊은 날의 첫 번째 전화를 받고 나서 당시로서는 아주 큰 직장생활의 전환점이 찾아왔다.

처음 접해 본 '컨설팅'이라는 일은 그동안 잘한다는 말을 들어왔던 엔지니어 업무와는 180도 달랐다. 기존에는 주어진 기준과 절차대로 하기만 하면 되던 일이었다면, 이건 아무것도 없는 백지 위에 연필과 지우개를 쥐어 주며 그림을 그리라고 하니 참 그야말로 미치고 펄쩍 뛸 노릇이었다. 그림을 그려서 오히려 기준을 새로 만들어 내는 일이다 보니, 정말이지 자고 일어났더니 다른 세계에 뚱 떨어진 듯 적응하기가 너무 힘들었다. 하면 할수록 '나하고는 맞지 않는구나.'라며 자존감만 허물어져 갔다. 급기야 면담을 통해 현업부서로 다시 보내 줄 것을 요청했다. 그게 안 된다면 회사를 그만둘 수도 있다는 각오로 늘 사표를 꽂고 다녔을 정도였다.

그렇게 우여곡절을 겪던 중 어느 순간 감Feel이 오는가 싶었다. 그러더니 일에 가속도가 붙고 흥미가 일기 시작했다. 시간이 흘러 외부 컨설턴트들이 떠난 자리를 '내부 컨설턴트Internal Consultant'라는 이름으로 당당히 자리매김했다. 점점 주도적으로 일을 해 나갔다. 직장생활 중 첫 번째로 맞닥뜨린 전환점을 통해 나는 엔지니어 기반의 스페셜리스트Specialist에서 제너럴-스페셜리스트General-specialist로 완전하게 변신한 트랜스포머Transformer가 되었다.

이후 지속적으로 회사 전 영역을 진단하고 성과를 만들어 내는 프로젝트를 수행해 가며 자타가 인정하는 내부 컨설턴트로 성장해 갔다. 본사와 공장뿐만 아니라 해외 자회사와 세계 각지에 흩어져 있는 건설현장까지 종횡무진 열정적으로 헤집고 다녔다.

그렇게 조직 내 톱Top의 명을 받들어 지역과 영역을 불문하고 넘나들며 쫓아다니던 나에게 어느 날 두 번째 전화가 걸려 왔다. 사업이 어려움에 처한 계열사의 경영 정상화를 위한 소방수 역할을 할 사람이 필요했는데, 내부 컨설턴트 후보들 중 최고경영층에서 나를 간택했다는 것이었다. 그날도 해외생산기지에서 전략 워크숍에 참석 중이었는데 인사관리총괄 부문장님으로부터 직접 전화 통지를 받았다. 귀국하자마자 다음날 바로 계열사로 첫 출근을 했다. 최고경영층으로부터 인정받았다는 사실 하나만으로 '대단하다.'는 말과 함께 '거기를 왜 가나?'라는 우려 섞인 이야기들까지 귀에 들려왔다. 하지만 선택의 여지가 없었다. 당시의 내 겐 두렵고 불안한 길도 선택의 문제가 아니라 머스트Must였다.

그렇게 계열사로 건너온 지 2년이 지난 어느 날, 세 번째 전화가 걸려왔다. 깔끔한 목소리의 한 여성분이 자신을 그룹 회장님 비서 라며 소개했고, 잠시 후 회장님과 연결되었다. 수화기 너머로 회장 님이 말씀하셨다.

"상무 됐어요. 축하해요. 열심히 하세요."

얼떨결에 전화로 축하메시지를 받은 뒤, 나는 '임직원'이라는 단어의 직원에서 임원이 되었다. 부끄럽지만 내심 당연한 결과로 받아들였다. 이후 기업의 지속가능성을 담보하기 위한 서바이벌 게임에서 살아남기 위해 조직구성원들과 몸부림치는 시간들이 연속되었다.

그러던 어느 날, 사장님의 비서로부터 또다시 연락이 왔다. "상 무님, 사장님께서 통화 원하십니다."라고 했다. 사장님과 연결되 어 통화를 끝내고 수화기를 내려놓은 후 그냥 멍하니 앉아 있었 다. 그것이 네 번째 통화였다. 나는 별을 단 지 2년 만에 '임시직 원(임원)의 법칙'에 따라 신분해제가 된 것이다. 이렇게 내 삶의 전 반전 연극 무대는 네 번째 전화벨이 울리면서 막이 내려졌다.

인생의 전반전에서 강제 휘슬이 울리고 말았다. 아내와 가족,

지인들은 내게 기운을 북돋아 주려 애썼다. 그 순간 나는 오히려 무덤덤했었다. 그러나 시간이 가면 갈수록 밤낮 구분 없이 쓰리고 아팠다. 그렇지만 어느 누구에게도 이런 나의 민낯을 드러낼 수가 없었다. 그러던 어느 날 '이리 살다가는 죽겠구나.'라는 생각이 엄습해왔다. 삶과 죽음은 동전의 앞면과 뒷면처럼 맞닿아 있음을, 쉬이 서로 뒤집을 수 있음을 하프타임에 이르러서야 알아차리게 되었다.

하프타임에 들어선 지 한 달 정도 됐을 때, M코치님으로부터 '코치적 삶'에 대한 용기를 얻었다. 집으로 돌아오자마자 곧바로 '코칭Coaching'을 만나러 올라갔다. 코치양성과정에 입문하여 부지런히 서울을 오르내리며 마력 같은 코칭의 매력에 푹 빠져들었다. 코칭 첫 수업을 받은 다음날부터 하루에 몇 시간씩 코칭 실습을 진행했다. 그 작은 내딛음의 산물로 지금은 한국코치협회KCA 및 국제코치연맹ICF 인증 프로코치가 되어있다.

이 책은 전혀 계획적이지 않은 하프타임에서 마주친 내면의 울림을 있는 그대로 썼다. 멈춤·쉼·비움 여행을 통한 내려놓음, 코칭과 수행공부를 통해 얻게 된 다섯 덩어리의 배움을 나무쟁반에 소복이 담았다.

삶이라는 연극의 1막과 2막, 그리고 그 막간의 간극은 사람마다 선택지가 다를 수밖에 없다. 미력하나마 내게 운명처럼 다가온 하프타임이라는 추락한 콘크리트 바닥에서 한 존재로서의 생각·느낌·감정 공부를 통한 경험과 배움을 누군가와 나누고 싶었고, 동시에 현존코자 하는 나 스스로에게 삶의 목적을 보다 또렷이 미러링Mirroring해 주고 싶었다.

삶이 무너지고 힘겨워 '앞으로 어떻게 살아야 하나?'를 고민하는 누군가에게는 깊은 연민Compassion으로 다가가 힘을 주고Em-Power, 동기를 부여하고 격려·지지해 줄 수 있다면 더 바랄 것이 없겠다. 코치로서의 길을 가고자 하는 예비코치들에게 한 두레박의 마중물이 되었으면, 이미 같은 길을 가고 있는 코치들에게는 산중턱에서 만난 한 숟갈의 달달하고 시원한 산물山水이 될 수 있다면 더없는 영광이겠다.

차례

〈코칭적 레슨 – 목차〉

Chapter 1

어느 날
갑자기
전반전이
끝나고

전반전 종료
휘슬이 울리다

푹신한 의자를 15도 정도 뒤로 젖히고 몸을 푹 파묻고는 오른손은 마우스를 쥔 채, 두 눈은 초점 없이 노트북에 연결된 LCD모니터 화면만 멍하니 바라보고 있었다. 조금 전에 책상 위에 놓인 키폰으로 전화 한 통을 받았다.

"상무님, 사장님께서 통화 원하십니다."

여비서가 말했다

"예, 예에…? 예, 잘 알겠습니다."

나는 아무것도 묻지 않고 대답만 했다.

수화기를 내려놓고는 순간 멍해져 버렸다. 진공청소기가 윙윙거리며 한참 잘 작동하고 있던 중 갑자기 누군가의 발에 걸려 전원코드가 뽑혀 버린 것처럼, 마룻바닥의 먼지들을 열심히 빨아들이던 그 상태에서 나는 '동작 그만'이 되어 버렸다. 오전에 팀장들과 연말 경영목표 달성 방안과 기업체질 개선을 위한 중점 추진 과제 점검미팅을 끝낸 터였다. 점심식사 후 실행방안에 대해 나름 이래저래 그림을 그려보고 있던 차, 비서가 돌려준 전화통화 한 클릭으로 그리도 복잡하게 돌아가던 머릿속의 다양한 매트릭스들이 완벽하게 딜리트Delete 되어 버렸다. 일순간 저장된 파일들이 다 날아가 버리고 텅 빈 메모리공간이 되어, 황당하면서도 아무런 생각도 감정도 일지 않았다. 헛헛한 덤덤함으로 창밖을 바라보았다. 회사의 공장 야드에서는 여느 일상과 다름없이 시끄런 기계음 속에 모든 게 정상적으로 분주히 굴러가고 있었다. 팔짱을 끼고 느릿느릿 방안을 '휘~' 돌다 서가에 꽂힌 경영서적들과 더블클립으로 철해 놓은 수많은 보고서들에 하나하나 눈길이 갔다. 책장 유리문을 열고 책과 서류들을 손가락으로 하나씩 더듬어 보았다. 그간 조직 구성원들과 숱하게 날밤도 새 가며 머리에 김이 올라올 정도로 치열하게 고민하고 챌린지Challenge 해왔던 시간들이 주마등처럼 스쳐 지나갔다.

한 시간 정도 지났을까? 그렇게 마음을 일차로 정리하고 쿠션 의자를 뒤로 젖히고 앉아 아내에게 전화를 걸었다.

"보보, (…) 나 회사에서 방 빼야 될 것 같아."

내 말을 듣자마자 아내는 0.5초의 망설임도 없이 말했다.

"보보, 안 그래도 당신이 너무 오랫동안 한곳만 봐 와서 불안하고 안타까웠는데 잘됐다. 다행이다. 이젠 자유롭게 즐기면서 할 수 있는 일을 찾아보자. 세상 밖으로 나오면 모르던 재미있는 일들이 너무 많을 거야. 일단 내려놓고 무조건 쉬어."

아내와 나는 서로를 '보보'라고 부른다. 지금은 더 진화하여 '보송'이라고 부르지만…. 어쨌거나 마치 기다렸다는 듯한 아내의 즉각적이고 시원한 반응에 나는 기대 이상의 뭉클한 위안을 얻었다. 그날은 평소와는 다르게 내 방문을 나서면서 직원들에게 눈길을 주지 않고 아무 인사말도 건네지 않은 채 회사를 나왔다.

다음날, 아침 일찍 출근을 하여 내 방의 사물들을 박스에 담아 정리한 후 집으로 부쳐 줄 것을 부탁해 놓고, 예하 팀장들을 모아 놓고 마지막 회의를 주재했다. 나는 내 입으로 나의 '최후통첩' 받은 사실을 웃으면서 공지했다. 더불어 그동안의 지나간 허물은 용서해 주고 좋은 것만을 기억해 주기를 당부하면서 돌아가며 손을 맞잡았다. 1층과 2층의 창원공장 사무실을 한 바퀴 돌면서 마주치는 직원들과 악수를 나누고 다시 방으로 돌아왔다. 회사 근무복을 옷장에 단정히 벗어 걸고 양복으로 갈아입고는 포장한 박스들을 부쳐 줄 것을 다시 한 번 당부하는 것으로 마지막 인사를 대신하고 일층으로 내려왔다. 임원 전용 주차라인 안에 주차된 내 차를 물끄러미 바라보다 차에 올라 시동을 걸었다. 정문 경비원들의 거수경례를 가벼운 목례로 받으며 회사 정문 밖으로 스르르 미끄러져 나왔다.

어디로 갈지 목적지가 정해져 있지 않았다. 아무 생각 없이 시내 방향으로 차를 몰았다. 시네마가 눈에 들어와, 당시 한참 사람들에게 회자되어 보고 싶었지만 못 보고 있던 '내부자들'이라는 영화를 혼자 관람했다. 생각해 보니 여태껏 살면서 영화관을 혼자 가 본 게 이날이 처음이었다. 팝콘과 음료를 사 들고 껌껌한 극장 안으로 들어갔는데 낮 시간대인지라 관객은 손으로 꼽을 만큼 몇 명 되지 않았다. 영화가 시작되어 내 시선은 전방 스크린에 가 있었지만 머릿속엔 오만 가지 생각들로 가득 찼다. 기업과 유착된 정치권력 싸움의 영화 내용은 현실과 참 많이 흡사했다. 힘 있는 부장검사가 소위 '빽' 없는 부하검사에게 내뱉은 대사 한마디는 그 자리에서 내 가슴에 '탕' 하고 총구멍을 내어 버렸다.

"그러니까 잘하지 그랬어. 아니면 잘 태어나든가!"

삼 일째 되던 날, 서울 본사로 올라가 CEO 및 각 사업부문장님들의 방을 차례로 찾아뵙고 인사를 드렸다. 아무렇지 않은 척 웃으며 하직인사를 드렸고, 다들 위로와 안타까움의 말씀을 주셨다. 사실 가슴에 손을 얹고 부끄러울 게 전혀 없다고 생각했다. 내가 무슨 죄를 지은 것도 아니고, 경영상의 이유로 책임을 지고 옷을 벗는 것이니만큼 결코 당당하지 못할 이유가 없다고 믿었다. 임원 전용 엘리베이터를 타고 1층으로 내려왔다. 문을 열어주고 목례를 하는 현관 로비 보안요원에게도 웃으며 마지막 응대를 하고는 회전문을 돌아 나와 회사를 뒤로했다. '할 바는 다 했다. 이제 바쁠 게 없으니…'라는 생각으로 시내를 느릿느릿 걷다 보니 어느새 교보사거리 앞에 당도했다. 신호등 앞에 섰는데 맞은편 건물에 걸린 대형 현수막 글귀가 내 안으로 훅 들어왔다.

"두 번은 없다. 반복되는 하루는 단 한 번도 없다. 그러므로 너는 아름답다."

굵은 비에 흠뻑 젖어 우리 밖에서 떨고 있는 양에게 어쩌면 이리도 절묘한 타이밍에 강력한 메시지를 준단 말인가. 그 순간 세상 가장 아름다운 체리블로섬Cherryblossom(벗꽃)이 내 가슴 안에 활짝 피어났다. 그런데 그 마음 꽃은 과연 벗꽃답게 만발하자마자 비바람에 꽃비가 되어 바닥으로 떨어져 나뒹굴었다. 그와 동시에 내 감정하우스도 밀랍벽돌처럼 급격히 흐물흐물해지며 녹아내리기 시작했다. 불과 이삼일 전까지만 해도 '조직'이라는 튼실한 상자 안에서 따뜻하게 살고 있었는데, 갑자기 상자 밖으로 내동댕이쳐진 차가운 현실이 믿기지 않았다. 허탈감에 비참함까지 더해져 내면의 날씨가 소나기를 내릴 요량으로 먹구름이 시꺼멓게 몰려왔다.

'사오정·오륙도' 이미 오래전에 등장하여 사·오십 대 직장인들을 붕 떠 있게 만들어 왔던 단어다. 지난 23년 동안 나는 솔직히 이 단어를 단 한 번도 염두에 둬 본 적이 없었다. 마치 황금 동아줄 같은 끈을 붙잡고 있는 것처럼 항상 자신만만했었고, 하는 만큼 인정을 받는다는 굳은 신념이 있었다.

386세대로서 80년대에 대학을 입학하여 소주·막걸리에 절었고 87민주항쟁도 직접 몸으로 부딪혀 보고는 군대를 갔다. 복학 후 예비역이 되어 "이제 정신 차려야지" 생각하고 도서관에 박혀 열심히 살았고, 졸업과 동시에 대기업에 입사를 했다. 월급이 끊길 염려가 없는 직장 덕에 캠퍼스 커플이었던 아내의 집을 찾아가 당당하게 어른들께 인사를 드리고 결혼에 골인했다. 당시 웬만한 공대생들이 걸었던 보편적인 트랙이었지 싶다. 그렇게 시작된 직장생활, 나는 한 회사에 올인All-in해서 청춘을 불태우며 완전한 '회사형 인간'으로 거듭 태어났다. '사업의 성장을 통한 사람의 성장'이라는 캐치프레이즈Catch-Phrase에 따라, 회사의 사업규모가 커져가면서 실제 나 자신도 동반 성장해 감을 느꼈다. 솟구

치는 아드레날린의 짜릿함을 만끽하며 '인정과 보상'이라는 당근
에 점점 더 중독되어져 갔다. 나의 회사적 삶에서는 '당근'만 있지
'채찍'은 내 전공도 부전공도 아니라는 확신 속에 살았다. '미쳐
야 미친다.'라는 말을 신봉하며 부여되는 일에 미친 듯이 신명나
게 열정을 쏟다보니 동기생들 중에서 승진도 빨리 하게 되어 주
변의 박수와 부러움을 사기도 했다. 당연히 해내는 나 스스로가
대견하고 자랑스러웠다. 그런 자신감이 충천하여 직장에서의 내
달리기 종목은 마라톤인 줄로만 알았지, 단거리코스로 이렇게 빨
리 끝날 줄은 상상도 못 했다. 다른 누구처럼 사주경계를 하며 안
테나를 세워 사전 시그널을 감지한다든가, 윗분들 맞춤식으로 손
바닥을 비빈다든가 하는 것들은 당연히 내 전공과목이 아니었다.
지금 생각하면 순진한 '헛똑똑이'였다. 그렇다 한들 다시 돌아간
다 하더라도 생겨 먹은 대로 살 수밖에, 바뀔 리는 없을 것 같다.
나는 나일 뿐….

　두 사람과 약속한 장소에 도착을 했다. 회사가 새로운 성장비
전을 선포하고 착수한 '변화관리Change Management'라는 공통미션
수행을 위해 주니어 시절에 우리는 만났다. 각 부서에서 차출되
어 조직된 테스크 포스 팀Task Force Team 원년멤버로 조인Join되어
여태껏 생사고락을 함께해 온 살가운 얼굴들이 눈앞에 서 있었
다. 일에 대한 탁월한 능력과 로열티Loyalty를 인정받아 나보다 먼
저 승진한 두 임원님들이 서울에서의 최후의 만찬을 베풀어 주었

다. 따스한 손바닥 체온을 서로 교환한 후 강남 뒷골목의 예약된 자리를 틀고 앉았다. 안타까운 심경들을 풀어 놓으며 그동안 함께했던 숱한 사연들을 안주 삼아 '부어라 마셔라' 그날 밤을 가없이 치달았다. 다음날 묵직한 머리를 흔들며 침대에서 눈을 떴다. 서울 근무 시절, 늘 묵었던 곳인데도 비즈니스호텔의 익숙한 하얀 방 안이 왠지 너무 낯설었다.

"모든 걸 상식적으로 이해하려 하지 마라."

불현듯 윗선으로부터 들었다며 전해준 그 한마디 말이 '뚱' 떠오르며 이마에 쇠띠를 두른 듯 머리가 짓눌리며 아파왔다. 그때, 이 상황을 죽마고우인 철학자 친구가 옆에서 지켜보고 있다가 퉁명스레 한 마디 던지는 것처럼 예전에 내게 했던 말이 생생하게 들려왔다.

"삶에 대한 오류는 삶을 위해 불가피하다."

여기서 삶의 오류란 삶의 한계가 아니라 조건이라고 이해하는 편이 옳다. 평가의 불공정함에 대해 자신이 어떻게 할 수도 없는 한계로 인식할 것이 아니라, 누구에게나 동일하게 적용되는 삶의 전제 조건으로 받아들이는 편이 현명하다며 내게 일침을 가하는 친구의 목소리가 귓속을 파고들어 왔다.

호텔 레스토랑에서 흰죽 한 그릇과 미역국 한 그릇으로 아침 해장을 하고 지하철역으로 발걸음을 옮겼다. 서울을 뜨기 전 철학자 친구의 얼굴은 꼭 보아야만 했고 보고 싶었다. 전철을 타고 삼·사십 분 거리에 있는 철학자 친구의 사무실인 오피스텔에 도착하여 초인종을 눌렀다. "어서 오시게! 친구." 하며 친구가 문을 열고 반갑게 맞아 주었다. 커피포트에서 막 내려 주었던 드립커피의 구수한 향과 뜨거운 맛이 잔여 혈중 알코올을 분해해 주었는지 속이 편안해졌다. 철학자 친구는 인문학 강의와 책 쓰는 일을 업으로 한다. 친구는 내 이야기를 다 듣고 나서는 내 삶에 돌발 브레이크가 걸려버린 상황을 진심으로 축하해 주었다. 그런 다음, 삶에 대한 인문학적 사유가 담긴 많은 유의미한 대화를 나누었다.

그중 '존재의 사유 구속성'에 관한 이야기는 내 숨소리를 고르게 만들었다. 사람은 누구나 뿌리를 내리고 살아가는 과거와 현재, 미래라는 토양으로부터 제약을 받는 숙명을 타고난다는 것이었다. 그 의미를 당시 내 경우로 빗대어 보고는, 기업 생리에서 나에 대한 최종 의사결정을 내린 최고경영층의 존재 내면이 훤히 들여다보였고 그들을 이해할 수 있었다. 친구와의 따뜻하고 뜨끔했던 통찰 대화가 더없이 고맙고 힘이 되었다. 근처 맛집 식당으로 자리를 옮겨 싱싱한 메뉴로 점심까지 대접 받으며, "시간 있을 때 책이나 많이 읽으시게."라는 팁을 받아 주머니에 쑤셔 넣고는 집으로 내려왔다. 김해공항 입국장을 나와 차가 주차되어 있는 주차장으로 발걸음을 옮기는데 바지주머니에서 '띵' 하는 소리와 함께 허벅지가 울렸다. 스마트폰을 꺼내보니 친구가 보낸 SNS문자 하나가 들어왔다.

"자유는 그 누구에게도 기적의 선물처럼 하늘에서 떨어지지 않는다. 최고의 저항이 끊임없이 극복되는 곳이 최고로 자유로운 인간! 저항을 잘 극복해서 자유를 만끽하시게 친구!"

회사와의 마지막 작별의식을 거행 후 니체를 지독히도 흠모하는 철학자친구로부터의 전폭적인 응원을 받으면서 공항에서 집으로 차를 몰았다. 마음은 여전히 둥둥 떠 가는 부평초였지만 오후의 햇살은 눈부시게 밝았다.

다음날부터 본격적인 상자 밖의 삶이 시작되었다. 여러 고마운 지인들이 나를 만나거나, 아니면 일부러 연락을 해서는 내게 힘을 실어 주고자 한마디씩 위로의 말씀들을 던져 주었다.

"고생했다. 더 잘될 것이다. 건강부터 챙기게나."
"갑자기 좋은 일이 훅 올 것이니 기다려 보게."
"다른 데 어딜 가서 뭘 못 하겠나? 걱정 마라. 갈 데 천지다."
"축하한다. 인생에 이런 기회가 있어야지. 오히려 늦었다."
"바닥까지 내려가 봐야 한다. 그런 다음 치고 올라가면 된다.

아직 바닥 아니다."

"여태까지 그렇게도 해 왔는데, 뭘 못 하겠냐?"

"핵심인재잖아요. 너무 젊잖아요. 좀 기다려 보세요."라며 퇴임송별식에서는 최고경영진께서 감사하게도 끝까지 여운도 남겨주셨다.

이 모든 말씀들을 들을 때면 나는 "아 예, 감사합니다."로 답변하면서 진정으로 감사한 마음을 표했다. 그럼에도, 내 마음 나도 모르게 나의 오장육보의 실상이 뒤틀리고 꼬이며 노골노골 메스꺼움이 요동치는 격랑인 것은 어찌할 도리가 없었다. 신영복 선생께서 세상에서 가장 긴 여행이 '머리에서 가슴까지의 여행'이라 하셨는데, 당시 내게는 머리로 들어오는 그 어떤 좋은 미사여구도 가슴으로 내려올 리가 만무했다.

며칠 뒤, 회사 총무팀에서 부하직원들이 집으로 찾아왔다. 그전에 미리 나는 고향 합천에 있는 아버지 산소를 찾아 하직신고를 드리고 왔고, 차 안의 개인물품들은 미리 정리해 두었다. 반납해야 할 사원증, 차량비표, 법인카드 및 주유카드 등을 모두 차내 박스에 담아 둔 상태로 스마트키를 직원들에게 건넸다. 그동안 나의 발이 되어 전국 각지를 누비며 힘들었을 나의 블랙호스, 검정 애마와도 그렇게 작별을 고했다.

착각도 큰 착각이었다. 그동안 내 것인 줄로만 알았던 것들 중에 막상 내 것은 아무것도 없었다. 탈탈 털린 느낌이란 게 이런 걸까? 그제야 나는 그 단순한 진리를 깨달았다. 그 후 며칠 뒤에는 HR팀에서 연락이 와서 '비상근 경영자문'이라는 직함을 새로이 부여받으며 상자 밖 삶으로 내보내어지는 절차가 완료되었다.

잠시 후 아내에게서 전화가 왔다. 시내버스를 타고 창원시내에 있는 약속된 식당으로 나갔다. 아내는 그런 내 기분을 어찌 알았을까…. 많이 바쁠 때인데도 나를 밖으로 불러내어 점심을 함께하며 힘을 불어넣어 주려 애썼다.

"보보, 그동안 임원으로서 대리인 역할 하느라 고생 많았어. 사실 평소 당신 사는 모습을 봤을 때 꼭 불기관차 같았어. 어디 철학관 같은 데 가서 물어보면 아마 죽을 사람이 살았다고 할 거야! 지금부터가 진짜야. 진짜 당신 자신으로서 온전히 살날이 산 날만큼 남아 있어."

나의 전반전 종료 휘슬은 그렇게 내 안으로, 세상 밖으로 울려 퍼졌다. 아내의 말대로 회사가 불기관차에서 나를 하차시켜 준 덕분에 살았다고 생각을 전환키로 했다. 어쨌거나 분명한 것은 지금의 내가 있게끔 나를 이만큼 성장시켜 준 모 기업에 진심으로 감사한다는 것이다.

"니는 참 불꽃같이 살았다."

퇴임 후 만난 입사동기 친구가 내게 했던 말이다. 이 말을 들은 그 순간 공명주파수가 무한대로 진동하며 가슴속에서는 뜨거운 빗물이 흘러내렸다. 아내의 말대로 지금부터가 진짜다. 내가 진정 바라고, 하고 싶고, 좋아하는 일을 하며 살기 위한 인생 이모작을 준비할 수 있게 지금의 하프타임이 내게 주어졌다. 아무한테나 주어지지 않는 행운이자 축복으로 받아들인다. 이제 내 인생에서 나머지 50년은 덤으로 산다는 생각으로 전반전과는 완전히 다른 멋진 플레이를 디자인하고 싶다.

지금 여기! 내 안의 내가 이끄는 메시지를 온전히 받아들이고 당당하게 나아갈 수 있게, 두 손을 모으고 대우주적 존재에게 주문과도 같은 리퀘스트Request를 올렸다.

"천지신명이시여, 제게 올바른 질문을 할 수 있는 힘을 주십시오."

◎ 코칭적 레슨 - 코칭 대화(Coaching Conversation)

· 코칭이란? 모든 사람에게는 무한한 가능성이 있고, 그 사람에게 필요한 해답은 모두 그 사람 내부에 있으며, 해답을 찾기 위해서는 파트너가 필요하다는 철학적 믿음하에, 코칭은 이러한 것을 가능하도록 돕는 대화프로세스이다.

· 코칭대화는 강력하고 예리한 질문에 의해 이루어지므로 코치는 매 순간마다 적절한 질문을 던질 수 있어야 한다. 고객에게 가장 중요한 것은 답을 찾는 것이 아니라 질문에 답을 해 가는 과정이며, 고객은 그 과정에서 이득을 얻는다.

· 코칭대화를 위한 핵심적이고 기본적인 역량은 '적극적 경청'과 '강력한 질문'이라 할 수 있다.
  - 적극적 경청(Active Listening)이란, 고객의 말하는 것은 물론이거니와 말하지 않는 것까지도 몰입하여 듣고 고객 자신을 잘 표현하도록 돕는 것으로서, 상대를 존중하고 이해하고자 하는 마음으로 내 안에 있는 공간(Space)을 상대방에게 내어 주는 적극적 태도이다.
  - 강력한 질문이란, 질문 후에 새로운 변화나 전환이 일어나게 하는 질문으로서, 고객이 이미 준비한 지식을 재생하는 것이 아니라 새로이 태어나는 지식을 말하도록 영감을 주는 것이다.

변화,
응축된 파이팅!

'부르르 띵~드르르'

머리맡의 스마트폰 진동모드 알람소리가 새벽을 흔들어 깨웠다. 나는 눈을 감은 채로 전화기를 더듬어 알람 스톱버튼을 찾아 끄고는 다시 이불을 얼굴 위로 끌어당겨 뒤집어썼다. 그때부터는 잠이 온다기보다는 혼침상태와도 같은 영상이 오락가락 상영되었다. 내 근육과 세포 속에 기억된 불과 며칠 전까지의 매일 이 시간대의 루틴Routine이 머릿속에 파노라마처럼 펼쳐지며, 나의 혼미한 의식은 '그때 그 시절을 아시나요'라는 영화를 찍듯 옛날로 끝없이 헤엄쳐만 갔다.

새벽 5시, 알람이 운다. 한두 번 뒤척이다 눈을 뜨자마자 침대에서 벌떡 일어나 앉는다. 반쯤 눈을 감은 채 조용히 드레스룸으로 들어가 와이셔츠와 양복만 걸치고 씻지도 않은 채 아내가 깨지 않도록 방문을 살짝 여닫고 현관문을 나선다. 아직 제대로 떠지지 않는 눈꺼풀을 힘겹게 밀어 올리고 입을 크게 쩍 벌리면서 엘리베이터 버튼을 누른다. 1층 자동 현관문 밖으로 나서면 상쾌한 아침공기와 함께 그때서야 눈이 뚫리며 생기가 돌기 시작한다. 늘 오른편 2시 방향의 하늘 아래 우뚝 서 있는 나의 산 '시루봉'에게 "하이 뽕이. 오늘도 파이팅!" 하며 아침인사 겸 만트라Mantra를 외고는 차에 시동을 걸고 피트니스클럽으로 직행한다. 나는 나의 산 '시루봉'을 지금도 '뽕이'라고 부르고 있다.

거의 일순위로 지하주차장에 도착, 탈의실에서 헬스 티셔츠와 팬츠, 운동화로 갈아입고는 스트레칭부터 시작한다. 러닝머신과 웨이트로 1시간 넘게 땀을 빼고 나면 샤워실로 바삐 간다. 내게 샤워는 늘 생각의 서랍장이자 아이디어 제너레이터였다. 특히 머리를 감을 때 박박 샴푸를 하고 샤워기 물이 머리칼을 마사지할 때면, 그날은 물론 한 주 동안 해야 할 일들이 일렬횡대로 줄줄이 지나가며 생각정리와 함께 아이디어가 떠오르곤 한다. 뽀송한 마른 수건으로 상쾌하게 몸을 문질러 닦고 헤어젤을 바른다. 이삼십 년간 습관화된 헤어젤 스타일링은 연극무대를 오르는 배우에게 자신감을 불어넣어 주는 분장이다. 의관정제 후 전신거울로 비춰 '끊임없이 올라가는 눈높이'로 나를 스스로 치켜세워주고는 지하 주차장으로 내려가 차에 시동을 걸고 기분 좋게 회사로 향한다. 차창으로 들어오는 바람은 하루가 충만하도록 에너지를 보태준다.

정문 경비직원들의 거수경례를 받으며 회사에 도착, 임원 주차장이라고 그어진 곳에 차를 대고 사무실로 들어서서 직원들과 아침인사를 나누며 집무실로 당당히 걸어간다. 방 안은 이미 적정 온도로 에어컨디셔너가 작동되고 있다. 커피포트에는 평소 즐겨 마시는 우엉차가 내려져 있어 적당한 각도로 열린 방문 사이로 차향이 은은하게 바깥으로 풍겨 나온다. 방으로 들어서자마자 정해진 구석자리에 업무가방을 놓고는 고객방문이나 출장 등 특별한 일이 없는 한 양복을 벗어 옷장에 걸고 회사 작업복으로 갈아입은 후 우엉차 한 잔을 따른다. 찻잔을 들고는 쿠션의자에 앉아 노트북 컴퓨터의 전원을 켠 뒤 사내 인트라넷의 이메일 화면을 먼저 띄운다. 책상 위에는 간단한 모닝접시가 놓여있다. 아침마다 여비서직원이 성의껏 준비해 주는 바나나 한 개, 견과류 한 봉지와 사각 두유 한 통이 올려져있다. 바나나 껍질을 벗겨 한 입 베어 물면서 밤새 들어와 있는 많은 이메일을 체크한다. 견과류 한 봉도 두유 한 잔과 함께 마저 먹고 나면 하루 일정이 본격적으로 시작된다.

눈을 계속 뜨지 못한 채 의식인지 무의식인지도 구분이 안 되는 상태로 옛날 생각이 꼬리에 꼬리를 물고 일어났다. 창원공장에서의 너무도 생생한 인간시대가 방영된 후, 곧이어 매주 창원—

서울을 출퇴근하며 오르내렸던 서울 본사 근무시절로 촬영무대가 차려지며 지방방송에서 중앙방송국으로 옮겨갔다.

매주 월요일 새벽 5시, 알람과 함께 벌떡 일어나 씻고 입고는 출장가방을 챙겨들고 1층으로 내려간다. 늘 그렇듯이 내 친구 '시루봉'에게 새벽 첫손님으로 인사를 나누고는 공항으로 차를 달린다. 매주 월요일 아침에는 CEO 주관 경영회의가 열렸고 나는 항상 가볍지 않은 미팅 어젠다Agenda가 있었다. 부산에서 첫 비행기를 타고 김포에 내리면 택시 안에서 태블릿으로 회의 자료를 최종 점검하며 차 안에서 뛰다시피 회사에 도착한다. 회전문을 열고 임원용 엘리베이터로 급히 걸어가면 1층 로비 보안요원이 인사를 건네며 키로 문을 열고 엘리베이터 버튼을 눌러 준다. 엘리베이터가 로얄층에 도착해서 복도로 나가면 또 보안요원과 목례를 나누고 CEO접견실로 골인하면 굵직하신 분들이 앉아계신다. 그렇게 매주 월요일 아침은 경영지표를 앞세운 숫자와 함께 빡센 한 주를 시작한다. 어쨌거나 참 힘겨웠으면서도 대접받고 산 삶이었다.

아침 햇살이 방 베란다 문을 비집고 들어와 침실이 훤해졌는데도 나는 눈을 뜨기가 싫었다. 아니 눈앞이 보이지 않아 눈을 뜰 수가 없었다. 꿈을 향한 항해를 떠났는데 어느 날 잠에서 깨어 보니, 인생의 배가 난파되어 진짜인 꿈은 사라지고 없고 가짜인 알 수 없는 곳에 떠밀려 와 있다고나 할까…. 나의 의지와 완전히 동떨어진 생소하고 원치도 않는 세상에 닻이 내려지고 에너지가 바닥나 옴짝달싹할 수가 없었다. 목표 지향적으로 달리던 불기관차의 관성력은 아직 콧김을 거칠게 내뱉는 투우처럼 쉭쉭거리는데, 갑자기 눈앞에 선명했던 목표점이 사라져 버렸다. 지금까지 쉼 없이 달려왔던 궤도에서 완전히 튕겨져 나가 버려 어디로, 어느 방향으로 달려야 할지 모른 채 암담하고 캄캄한 터널 속에 멈춰져 버렸다. 잠이 들었는지 깼는지도 분간할 수 없을 정도로 몸도 마음도 물 위를 둥둥 떠다녔고 천정이 빙빙 돌며 어지러웠다. 몇 날 며칠을 집착과 번민의 풍랑 속에 나를 그냥 방치했는지 모르겠다. 처음 경험해 본 메스꺼운 감정은 그간 잘 만들어 왔다고 자신하며 뿌듯했던 나라는 존재 자체를 한껏 할퀴고 흠집을 냈다.

튼튼한 상자 안에 놓인 트랙 위에 자랑스레 폼 잡고 서 있다가 어느 날 문득 아뜩한 광야에 홀로 내동댕이쳐져 있는 나를 발견한 찰나… 그럼에도 나는 내 삶에게 이렇게 말해 줄 수밖에 없었다.

"좋다. 이미 온 현실을 기꺼이 받아들이자. 나는 잘되게 되어 있어."
"조급하게 서두르지 말고 천천히 가 보자. 가다 보면 분명 길이 보일거야!"

마치 자성예언처럼 나 자신에게 긍정적인 유언무언의 말로 도배질을 해 댔지만, 실상 당장 어떤 그림을 어떻게 그려갈 것인가에 대한 불안한 생각과 감정이 하루에도 열두 번도 넘게 엎치락뒤치락하였다. 사람들에게 그 속내를 들킬까 봐 '멋진 척', '센 척', '여유 있는 체'하며 '척체'적 페르소나를 쓰고 다녀야 했다. 하루하루가 갈수록 내면의 모습은 점점 피폐해져 갔다.

목적 없이 밖에서 무언가를 하고서 밤 9시경 집에 들어왔는데, 그날은 반갑게도 바쁜 아내가 일찍 퇴근해 있었다. 아내는 저녁시간대에도 사람들을 만나 네트워킹을 하는 게 필수적인 직업인지라 집에서 저녁을 같이 먹기가 쉽지 않은데 이 어인 횡잰가 싶었다. 어차피 딸은 타지에서 대학을 다니고 있고, 아들은 고등학생이라 귀가가 늦으니 오랜만에 둘이서 늦은 저녁을 먹고 차 한 잔을 들고 거실 소파에 앉았다. 아내가 간만에 좀 쉬려고 일찍 들어온 줄 알면서도, 내 속을 내보이고 대화할 수 있는 유일한 소통창구이다 보니, 껄끄럽지만 지금의 힘겨움에 대해 말을 꺼냈다.

"나 요즘 좀 힘드네. 외롭기도 하고 위로도 좀 받고 싶고….."

내 말을 듣고 아내가 느린 심호흡으로 말을 이었다.

"보보, 당신 참 많이 힘들겠다. 강물에 빠져 수영도 안 될 때는 허우적대지 말고 호흡을 가다듬고 가만히 참고 밑으로 내려가면서 바닥까지 닿을 때를 기다려야 해. 내려갈 땐 아직 바닥이 아닌지라 최대한 견뎌내어야 해. 그러면 올라올 때 바닥을 찬 이후라

견뎌내어지거든! 나는 우리 아이들을 낳을 때 그 바닥마인드로 즐겼어. 보보, 우리 힘내자!"

구겨진 채 비에 젖어 축축해진 종이박스 같았던 내 속을 헤아려주고 일깨워 준 아내의 지혜로운 말에 마음속에 내리던 빗줄기가 잦아들었다. 간만에 가진 아내와의 티타임을 통해 응원도 받았겠다, 편안한 기분으로 잠자리에 들었다. 다음날 아침 일찍 일어나 백팩을 메고 도서관을 향해 걷고 있었다. 습관적으로 주머니 속 스마트폰을 꺼내 화면을 밀었는데, 새벽에 아내로부터 SNS문자가 들어와 있었다.

"보보, 평생을 강력한 집단 속에 속해서만 살아오다가 어느 날 갑자기 분리된 상태가 되는 거, 그게 얼마나 힘든 상태인지 나도 조금은 알아. 갈피를 잡기도 어렵고 막막하기도 하고 마음을 다 잡고 가다가도 어느 순간 또 불안하기도 하고…. 구체적이고 명확한 목표나 다음 스텝이 결정되기 전까진 끊임없이 다지고 다지는 작업이 얼마나 필요한지를. 그런데 당신이 이 성장통을 어떻게 견뎌내고 자신의 자양분으로 만드느냐에 따라 당신의 인생 2막이 달라져. 우리가 더 이상은 작은 물고기가 아니라서 만나고 견뎌내고 넘어가야 할 파고는 다른 사람들의 그것과는 사뭇 다르지. 우린 그걸 알고 가야 할 거 같아. 파이팅하자! 밖으로 드러나는 파이팅이 아닌 응축된 파이팅! 사랑해."

가슴이 울컥해지며 뜨거운 물줄기가 나이아가라 폭포수처럼 쏟아져 내렸다. 아내는 같이 살아낸 세월 동안 끊임없이 나의 성장판을 건드리며 북돋아 주었다. 내가 힘들 때면 어김없이 외눈박이 물고기가 되어준 내면의 소프트 파워Soft Power가 큰 사람이다. 돌아보면 나는 회사 일을 핑계로 일방향으로 받기만 한 것 같아 미안한 부분이 많다. 그날 아침, 아내의 사랑 듬뿍 담긴 인정과 공감 및 응원메시지에 난 세상을 다 가졌었다.

책을 한 권 오른쪽 옆구리에 끼고 집 앞에 있는 커피전문점으로 걸어 내려갔다. 까만색 톤의 외벽 사이 유리문을 열고 들어가니 낮 시간대라서인지 손님이 거의 없고 잔잔한 팝만 흘러나오고 있었다. 날씨가 추워 메뉴판에서 따뜻한 '자몽에이드' 한 잔을 주문하고는 길가 유리문 바로 안쪽의 빨간 비닐 의자 테이블에 앉았다. 차들이 오가는 창밖 도로를 물끄러미 응시했다. 주문 벨이 울려 자몽티를 받아와서 테이블 위에 놓았다. 너무 뜨거워 첫 모금을 살짝 입술에 적신 후 들고 온 책을 펼쳤다.

나는 책을 좋아한다. 학창시절에는 전공책이나 읽어야만 하는 책 외에는 읽지 않았고, 결혼 후에는 아내가 주문하는 책을 회사 구내서점에서 사다가 집으로 배달하는 택배기사였다. 책을 읽어야 한다는 말은 많이 들었지만 읽지 않아도 사는 데 전혀 지장이 없었고 기술서적이나 어학공부 책 외에는 꼭 읽어야 할 필요성도 못 느꼈다. 그런데 기업에서의 주니어 시절, 기획조정실 태스크 포스팀으로 차출되어 외국인 컨설턴트로부터 받은 책 한 권이 내 삶에서의 터닝포인트가 될 줄은 몰랐다. 그 영문 책을 사전을 뒤져가며 읽고 난 뒤로 나는 책의 매력에 풍덩 빠져버렸다. 책을 읽기 위해 어떻게서든 자투리 시간을 만들었고 그 시간들을 즐기기 시작했다. 특히, 국내외 출장 시에는 꼭 두세 권의 책을 가방에 넣어 다녔다. 비행기 안에서의 이동시간이나, 공항에서의 대기시간, 호텔 룸에서의 밤 시간 등은 질적, 양적으로 책을 읽기 위해 허락된 최고의 시간이었다.

그날은 자유인 신분으로 전락한 이후 멘붕 상태로 살다가 다시 책을 손에 잡은 첫날이었다. 자몽티 한 잔으로 나는 변화를 받아들이는 태도에 관한 책을 완독하였다. 카페 유리벽을 때리는 바깥바람이 제법 윙윙거렸던 날에 읽었던 이주연 목사의 『산마루 묵상』에 나오는 한 구절이다.

"영적인 높은 길을 가기 위한 몸가짐으로, 입보다 귀를 많이 쓰고, 머리보다 마음을 많이 쓰고, 그리고 배보다 손과 발을 많이 쓰라."

이 말에 즉각 동의되어 나는 우선적으로 '손과 발'을 많이 쓰기로 마음먹었다. 다음날부터 내가 갖고 있는 튼튼한 '11호 자가용'의 활용도를 높이기 위해 타지 않고 걷고 오르고 또 걸었다.

인생은 강물과 같다고 했다. 한길이 아니라 바뀐 물길이 인생이듯 내게도 전반전의 약 50년간 흐르던 물길에 변화가 찾아왔다. 나와 우리 가족에게는 그 변화 속에 또 다른 몇 개의 문이 열려 있을 텐데 다만 아직 알아채지 못할 뿐이다. 그동안 앞뒤 재지 않고 잔머리 안 굴리고 정도正道로 최선을 다해 잘 흘러 왔다. 지금 당장은 앞이 안 보여 불안할 수밖에 없다. 얼른 벗어나고픈 마음에 아등바등 발버둥 치기보다는 그 감정에 머물면서 바뀐 물길을 따라 도도하고 유유히 흘러가자.

번데기가 다시 태어나는 과정에서 애벌레로 변화Change되면 30분에 3미터를 기어가지만, 나비로 탈바꿈되는 변혁Transformation이 일어나면 3킬로미터를 날아간다고 한다. 이미 와 있는 변화를 담담하게 받아들이고 디딤판으로 삼아 후반전 내 삶의 완전한 변혁을 꿈꾸는 지금 이 순간, 심장박동 소리는 벌써 달라지고 있다. 장자의 지혜로운 말에서 또 힘을 얻고 강력한 'YES'로 대답하며 받아들이고 흘러가 보리라.

"무슨 일이 일어나든 함께 흘러가라. 그리고 마음을 자유롭게 하라. 무엇을 하고 있든 받아들여 중심에 머물라. 그것이 바로 궁극이다"- 장자 -

◎ 코칭적 레슨 - 변화(Change)와 전환(Shift)

• 우리의 삶 속에서 유일하게 변하지 않는 것은 변화한다는 사실이다. 찰스 핸디는 『역설의 시대』에서 지속적인 성장비결은 "첫 번째 성장이 사라지기 전에 새로운 성장을 시작하는 데 있다."고 했다.

• 전환은 개인의 핵심부분에서 일어나는 내적 움직임으로서 그의 사고방식, 접근방식, 이해, 의식수준, 믿음에 큰 변화가 일어나는 것이다.

• 변화는 대개 환경에 의해 유발되는 것이어서 바로 사라질 수 있고 행동, 초점, 대응이 포함된다. 전환은 항구적이지만 변화는 일시적인 경우가 많다. 고객이 전환을 하고 있는지 변화를 하고 있는지를 알기 위해서는 반드시 경청하라.

• 코칭은 사람들이 목표를 달성함으로써 현재상태에서 미래상태로 이동하는 것을 돕는 과정이다. 이 과정은 한 장소/위치로부터 다른 장소/위치로의 전환이 일어나는 것을 의미한다.

• 코칭관계는 사람들의 독특함과 공유된 인간의 속성을 인정하고, 사람을 있는 그대로 존중하고 소중하게 여긴다. 개인의 독자성을 개발하고, 동시에 공통기반도 강화하는 것은 코칭의 패러독스이지만 어느 한쪽이 없으면 코칭은 변혁(Transformation)시키는 힘을 상실한다. - 한국코칭센터, 『CEP 매뉴얼』

코칭!
그 신세계와의 만남

'철커덕 철커덕 철커덕….'

검은 선글라스에 검은 모자챙을 위로 올려 쓴 채 햇빛이 적당
히 들도록 왼손으로 커튼을 열어 잡고 차창 밖을 초점 없이 바라
보았다. 남녘 바다, 겨울 산, 그리고 보리밭 같은 들판들이 뒤로
스쳐 지나갔다. 가끔씩 심심찮게 '쏴아앙' 하는 굉음과 함께 시커
먼 암흑천지 속을 몇 번씩 들락거리며 긴 쇳덩이는 어디론가 미
끄러져갔다. 비어 있는 옆자리에 책 몇 권과 노트, 그리고 간식거
리를 펼쳐 놓고는 읽다가, 먹다가, 찍다가, 또 가끔 멍 때리기까
지를 반복했다. 헐렁하게 나선 '혼행'의 여유로움을 그대로 내버
려 두었다.

매일 나는 주로 도서관이나 카페에서 책읽기에 푹 파묻혀 살았다. 어제 저녁 집에 들어오니 아무도 없었다. 고요한 거실 소파에 가만히 앉았다. 불현듯 옛날 우리 아이들을 업히고 걸리고 할 적에 여름휴가를 갔었던 해남 '땅끝마을'의 부둣가 풍경이 떠올랐다. 보길도행 배를 타려다 기상악화로 타지 못했지만, 선착장에서 깔깔대며 깡충대는 삐삐머리를 한 딸아이와 내 등 캐리어에서 신이 나서 펄떡대던 아들의 모습을 아내와 나는 행복하게 바라보고 있었다. 바다 건너 윤선도가 살았던 섬을 집어삼킬 듯 넘실대며 달려가던 검푸른 물빛이 웨이브를 만들며 선명하게 내게로 밀려왔다. 나는 백팩에 있던 노트북을 꺼내 펼치고는 목포행 열차표를 검색하고 아침 표를 끊었다. 목포행 완행열차를 타고 '유달산아~' 콧노래를 부르며 이번만큼은 윤선도의 체취를 느껴볼 요량이었는지, 아니면 낯선 땅에 내려 푹 파묻히고 싶었는지 모르겠지만….

창원역에서 올랐던 기차가 광양을 지날 때였다. 팀장시절, 나를 코칭하기 위해 외부에서 들어오셨던 M코치님의 얼굴이 떠올랐다. 당시 다른 팀장들과 함께 식사기회를 마련하여 코치님과 대화를 나눌 기회가 있었는데, 전남 광양에 사신다고 했었다. 즉시 핸드폰 전화번호를 검색했다. 전화번호는 없고 이메일 주소만 있었다. 나는 잠시 망설이다가 핸드폰으로 이메일을 써 보냈다. 오랜만에 전하는 인사말씀과 더불어 나의 근황을 간략히 설명하고 '코칭'에 대한 관심을 밝힌 몇 줄의 내용이었다.

'코칭'이란 무엇인가? 우선 기업을 기반으로 미국에서 발전된 조직원 관리와 성과향상 기법 측면에서 보면, 1850년경에 태동된 매니지먼트Management와 약 90년 뒤 1940년경에 태어난 리더십Leadership 이후 1990년대부터 각광 받고 있는 높은 차원의 리더십과정이라 설명할 수 있다. 미국의 실리콘밸리나 크고 작은 기업들에선 이미 정착되어 있으며, 특히 구글의 에릭 슈미트 회장이 '코치를 고용하라!'라고 할 정도로 조직의 최고경영자로부터 임원과 리더들의 필수 리더십교육과정으로 자리 잡고 있다. 국내에는 2000년대 초반에 들어와 대기업 중심으로 확산되고 있으며, 주로 팀장부터 임원 및 최고경영자까지 개인 또는 그룹 코칭을 받는다. 물론 지금은 비즈니스코칭 외 일반인들을 대상으로 하는 라이프코칭 등 여러 분야에서 코칭이 활발한 붐을 일으키고 있다. 그러다 보니, 2015년에는 드디어 한국고용정보원에 '라이프코치' 직업이 '생활코치'라는 명칭으로 등재되었다.

  현역 팀장 시절, 나는 처음 코칭을 받게 되었는데 바로 그때 만난 분이 M코치님이셨다. 그날 코칭을 접하고 나서는 순간 백만 볼트에 감전된 듯 머리로부터 가슴으로 짜릿한 전류가 타고 흘렀다. "와, 이런 세계도 있구나!"라는 조용한 흥분과 함께 "야, 이거 내가 하면 정말 잘할 수 있겠는데!"라는 호기심이 발동했었다. 그래서 당시 M코치님께 코칭에 대한 급관심을 표명하며 코치가 되기 위한 과정에 대해 질문을 드렸었는데, 진짜로 내가 하면 정말 잘할 거라며 공감·지지해 주신 기억이 깊게 배어 있었다.

'치이익' 기차가 소리를 내며 종착역에 도착했다. 나는 고딩 아들이 쓰다 만 학생용 백팩을 늘 메고 다녔다. 책과 소지품들을 주섬주섬 챙겨 넣고 검은 선글라스에 모자챙을 탈 때와 똑같이 눌러 쓰고 플랫폼에 내려섰다. 느릿느릿한 걸음으로 낯선 공기를 들이마시며 목포역 대합실 쪽으로 빠져나오는 데 바지주머니 안에 갇혀 있던 작은 기계가 갑갑했던지 부르르 떨었다.

"여보세요? 아예, 코치님 안녕하십니까? (…) 예 감사합니다. 다시 전화 드리겠습니다."

M코치님의 전화였다. 내 메일을 받고는 바로 전화를 하셨다 했다. 몇 년 만에 연락이 닿아 대화를 나누다 보면 어색할 수도 있는데 마치 어제 만났던 사람처럼 편하게 전화통화를 했다. 현재 나의 상황을 충분히 이해하시고 공감해 주셨다. 무엇보다도 "주 상무님, 코치의 길로 가고자 선택한 순간부터 이미 우리는 같은 길을 가는 동지입니다."라는 말씀에 내 가슴속엔 따뜻한 봄비가 촉촉이 내렸다. 그날은 나도 집을 떠나 여행 중이었고, M코치님도 다른 일정 때문에 조만간에 다시 통화해서 길을 가이드 해주시겠다며 약속까지 하시면서 전화를 끊었다.

목포역을 벗어나 스마트폰 지도를 손에 들고 일단 바닷가 쪽으로 더듬더듬 걸어 내려갔다. 조금 전, M코치님과의 통화내용이 리플레이 되면서 온몸에 알 수 없는 전율이 흘렀다. 하프타임이 시작된 이후 약 한 달여의 시간이 흘렀다. 그동안 걷거나 산을 오르거나 책을 읽으면서 지속해 온 고민의 중심은 "후반전을 어떻게 살 것인가? 무엇을 할 것인가?"라는 질문의 연속이었다. 그러다가 현역 시절 내 몸과 의식에 감전을 일으켰던 '코칭'이라는 해답이 올라와 나를 계속 '툭툭' 건드리고 있었다. 아니, 사실은 예전 팀장 시절 코칭을 만난 이후로 내 속에 쭉 머물러 있었다고 하는 게 맞겠다. 물론 이렇게 빨리 만나기를 원했는지는 알 수 없지만 말이다.

TV를 통해 보았던 목포어시장 민어의 거리를 걸으면서 눈으로만 맛을 보았다. 연안여객터미널에서 '목포는 항구다'라는 노랫말을 떠올리며 홍도, 흑산도 등지로 떠나는 연락선들을 바라보며 땅 끝 바다를 한참 동안 대면했다. 그때 바지주머니 속에서 그날 두 번째 진동이 울려 휴대폰을 꺼내 보니 철학자친구로부터 온 전화였다.

"어이! 친구, 어쩐 일이요?"
나는 반가운 마음을 퉁명스럽게 내뱉었다.
"어이! 친구, 어디서 모하시나?"
철학자 친구가 웃으며 물었다.
"허허, 지금 목포가 항군지 아닌지 확인하고 있지. 잠시 후엔 유달산이 얼마나 유달스러운지 확인하러 갈 참이요."
"어 그래? 그럼 내가 서울에서 차를 갖고 내려갈 테니 중간지점에서 만나세나."

"응? 오케이! 그럼 그러지 뭐. 허허허."

예고 없이 걸려온 철학자친구와의 전화통화로 대전에서 만나기로 약속을 했다.

목포항을 굽이돌아서 유달산으로 트레킹 하려던 계획을 일단 접고 다시 목포역으로 발길을 돌려 상행선 열차에 몸을 실었다. 눈발이 날리는 대전역에 도착, 역전에 먼저 와서 기다리던 친구의 검은색 차에 얹혔다. "일단 출발!" 하고 동시에 외쳤다. 타고 가면서 핸드폰으로 이곳저곳을 검색하다가 겨울 산으로 방향을 잡았다. 대전 외곽에 있는 자연휴양림의 주차장, 다른 차는 한 대도 보이지 않는 하얀 눈바닥 위에 타이어자국을 새기며 주차했다. 새하얀 설국에 입성한 듯 메타세쿼이아 숲길을 철학자친구와 나란히 발자국도장을 찍으며 걸었다. 눈 숲에는 소나무 외에도 상록수가 많았다. 그들의 시리도록 푸르른 잎사귀에 경의를 표하며 새삼 가까이 살펴보고는 지극히 단순한 자연의 이치 하나를 깨달았다. 푸른 나뭇잎이 푸른 것은 새순이 계속 밀고 올라와서 푸르다는 것을…. 그 순간, 내 삶에서도 또 한 번 푸른 새순을 피워 올리고자 M코치님과 통화 후 계속 여운이 맴돌고 있던 '코칭'이라는 씨앗을 그 겨울 마음숲 속 땅에 심었다. 말이 필요 없이 나를 응원해 주고자 내려와 준 철학자친구와 소주 몇 병으로 훈훈한 밤을 보냈다. 이튿날 유성온천의 야외온천욕과 아침 해장을 함께한 후 친구는 나를 대전역 앞에 내려주고 서울로 다시 올라갔다.

　대합실로 들어와 머리맡에 걸려있는 시간표를 훑어보다가 나는 강릉행 열차표를 끊었다. 그냥 무작정 마음 내키는 곳, 정동진역에 내렸다. 동해의 세찬 바닷바람을 얼굴로 맞으며 밀려오는 파도와 마주하고 섰다. 끊임없이 일어나는 파도 중 한 녀석을 골라 뚫어지게 바라보았다. 파도는 크게 온다고 멀리 밀려오지 않았다. 웨이브 리듬을 잘 타는 놈이 중간에 부서지지 않고 오래 살아남았다. 결국엔 모래 위에서 포말로 부서지고는 다시 밀려갔다. 파도… 그랬다. 하나가 일었다 사라지는 것은 '생사'가 아니었다. 살아있는 거대한 바다의 작은 숨결이라고나 할까. 내 앞에서는 잘난 척 거칠게 바위를 때리며 포효해 대지만 지구라는 사발 안에서 일렁이는 바다 표피에 붙어서 흩날리는 한 개의 비늘 정도라고나 할까. 지금 내 삶 앞에 밀려와 있는 이 파도도 마찬가지이리라….

　햇빛이 관통한 파도는 엷은 녹색의 옥돌병풍이 펴졌다 접혔다를 반복하고 있는 듯했다. 무심으로 그 아름다운 총천연색 옥 병풍을 보고 있노라니, 바지주머니 속 스마트폰이 또 '부르르' 떨었다. 이번에는 중국에서 루키님으로부터 온 전화였다. '아니 어쩐 일로 중국에서 전화를…' 반가움에 폰 화면을 밀었다.

"예, 상무님, 잘 지내십니까? 예에, 저는 잘 있습니다. 지금 '비우기' 여행차 정동진에 와 있습니다."

"(…) 그래, 영철아. 찬바람 쐬면 비워진다. (…)"

루키님은 나에 대해 놓지 못하는 연민으로 내 가슴에 옛날 '아카징키'라 불렸던 빨간약과 검정색 고약을 발라 주시고는 전화를 끊었다. 내가 진정 존경하고 좋아하는 분이시다. 소위 말하는 '옛 직장 상사'이시다. 직장 상사라고 하면 왠지 틀에 박혀 그저 그런 관계처럼 느껴져 쓰고 싶은 단어가 아님에도 달리 표현할 말이 없어 썼지만, 나를 아끼고 챙겨 주시려는 그 감사한 마음을 조금은 안다.

며칠간 동해안을 오르내리며 바다와 갈매기를 벗 삼아 걸었다. 어둠이 내려앉으면 근처에 되는 대로 숙소를 잡고 컴컴한 바다와 밤하늘을 직면하러 나왔다. 동해안을 거슬러서 집으로 내려온 다음날, 도서관에서 '사각사각' 책장 넘기는 소리들의 향연에 빠져 있는데 핸드폰이 진동을 했다. M코치님으로부터 온 전화였다. 스마트폰을 들고 뒤꿈치를 살짝 든 채로 열람실 문밖으로 걸어 나갔다.

"아예, 코치님, 잘 지내셨어요…."

"예, 주 상무님은 어떻게 지내고 계세요? (…) 제가 아는 주 상무님은 책을 좋아하고 경영감각과 이타적 의지가 좋으시고, 리더십·추진력·역량 등으로 볼 때 충분히 훌륭한 코치가 될 수 있습니다. 분명히 이루어질 것입니다. 특히, 대기업 임원 출신으로 이미 강점을 갖고 계시니 전문코치의 길을 갈 수 있도록 길을 안내해 드리겠습니다."

"예, 부끄럽지만 감사드립니다. 코치님."

"코칭은 자존감을 유지할 수 있는 이타적 활동이며 전망도 밝습니다. (…) 솥을 놓는 것을 '정립鼎立'이라고 하는데, 코치가 가지고 가는 세 가지 형태의 '코칭·강의·글쓰기'가 그것입니다. 책 읽기는 정립과정으로 가는 최고의 방법입니다. 주 상무님은 나이는 물론이거니와 정신적, 신체적으로 청년이므로 정립을 세우기에 충분하십니다. 코칭은 주도적인 행동으로 꾸준하게 죽을 때까지 할 수 있는 일입니다. '인생지사 새옹지마'라 했지 않습니까? 열정을 갖고 몰입하시면 됩니다."

M코치님은 내게 진짜 코치셨다. 프로코치답게 전화상으로도 내게 엄청난 용기와 에너지를 불어넣어 주셨다. 다음날, 또다시 전화를 주셔서 코칭 비즈니스 현황과 함께 앞으로 밟아 가야 할 길을 구체적으로 일러 주셨다.

"주 상무님은 기회가 좋습니다. (…) 프로스트의 '두 갈래 길'에 서처럼 힘든 길을 가십시오. 세상 공짜 없습니다. 지금 바로 시작하십시오. 기초과정 수강 후 곧바로 코칭을 시작해서 실습시간을 쌓아 가십시오. 먼저 코칭 대상자를 리스트업하고, 비전 메일을 작성해서 '코치로서의 꿈을 꾸고 있으니 도와 달라'고 요청하십시오. (…) 절대 과거에 머물지 않고 미래에 대한 꿈을 꾸는 것이 중요합니다. 혼자서 꾸면 외롭고 어렵지만, 용기를 내어 저한테 전화를 줘서 이런 식으로 조금씩 길이 열려가듯 함께 가면 됩니다. 생각만으로는 되는 게 없듯이 실제로 만들어 내야 합니다. 전화위복의 기회입니다. 다만, 편안히 가겠다는 생각은 안 됩니다. 이전과는 다르게 크거나 작거나 긍정적 행동을 통해 비전과 목표를 글로 구체화해서 주기적으로 롤링Rolling해 가셔야 합니다. (…)"

서울에서 열린 코칭 수업시간….

"제가 하겠습니다."

데모코칭Demo Coaching 대상자를 누가 해보겠냐는 질문을 받자마자 손을 번쩍 들었다. 나는 코칭수업을 받고 있던 때에도 내 안의 백성들의 아우성에 못 이겨 끊임없이 업&다운을 반복하고 있던 내면상태를 코칭 주제로 꺼내 놓았다. 스무 명이 넘는 각계각층 다양한 색깔의 동기생들 앞에서 말이다. 용기라기보다는 분출되어 올라오는 감정덩어리 때문에 감추려 해도 들킬 수밖에 없는 현재상황 그대로를 오픈했다. 그 무식하리만치 용감함 덕분에 나는 대한민국 최고의 마스터코치님으로부터 최고의 코칭을 받을 수 있었다. 그것도 무료로 말이다(허허).

지난번 M코치님과의 전화통화 이후, '정말로 이 길을 가기를 원하는가?'를 내가 나에게 물었다. 내 안의 소리를 셀프 체크한 다음, 만만치 않은 비용과 시간이 드는지라 아내에게 내 의지를 전달했고 승낙을 얻은 뒤 교육과정에 입문했다. 기초과정을 끝낸 바로 다음날부터 코칭을 시작했다. 사전에 리스트업된 코칭 고객 후보군들에게 코치의 길을 가고자 하는 나의 비전을 SNS문자로 알리고 즉시 실천에 옮겼다. 코칭을 배운 뒤 소위 잉크도 마르지 않은 상태에서 달달 외운 수준의 '코칭대화프로세스'를 나름 즐기면서 해 나갔다. 코칭을 희망하는 사람들로 빼곡하게 짜인 실습 스케줄에 따라 코칭 시간이 쌓여 가면서 고객들에게서 작은 변화나 생각 전환이 일어날 때면 행복호르몬 세로토닌이 팍팍 분비됨을 느꼈다. 무엇보다 매 코칭 세션마다 오히려 코치인 나 자신이 그들로부터 배우는 것이 훨씬 더 많다는 것을 느꼈다.

"야, 이게 뭐지? 이렇게 어설프게 하는데도 사람이 바뀌다니…."

코칭 세션을 끝내고 고객의 소감을 경청할 때면, 정말 놀랍고 신기했다. 나는 코칭이라는 강력한 마력의 블랙홀에 급속도로 빨려 들어갔다. 그런 반면에 코칭 상대자(고객)의 입장에서 생각해 보면, 별 유의미하지 못한데도 나와 의무방어전을 치러준 분들도 아마 계셨으리라…. 아무도 말씀을 하지 않으셨기에 누군지 모르지만, 만약 계시다면 그분들께는 참으로 죄송하고 머리 숙여 감사드릴 뿐이다. 코칭 교육 심화과정을 계속 밟아 가면서 훌륭하신 코치강사님과 멘토코치님들은 물론, 함께 공부한 이미 높은 수준의 도반님들로부터 매 순간 '아하 모멘트Aha, moment'를 얻을 수 있었던 큰 배움의 시간이었다.

보통 한 번에 며칠씩 집중교육이 있으므로 서울-창원을 바지런히 오르내렸다. 처음엔 무작정 교육장에서 제일 가까운 데 있는 찜질방을 숙소로 잡았다. 현역 시절부터 나는 혼자 출장을 갈 때면 모텔은 선호하지 않았다. 호텔이 아니라면 차라리 사우나나 찜질방이 여러모로 좋았다. 수업을 마치면 곧바로 숙소로 돌아와 사우나를 하고 찜질복으로 갈아입었다. 찜질방 식당에서 밥을 사 먹고는 앉은뱅이 테이블에 교재를 펼쳐 놓고 복습·예습을 했다. 코칭 공부는 살아 있는 공부였기에 내겐 너무 하고 싶고 재미있는 공부가 되었다.

그렇게 서울에서 코칭 공부에 푹 빠져 살던 어느 날, 오랜만에 철학자 친구를 만났다. 저녁식사를 같이하고 차를 한 잔 하자며 그의 오피스텔로 자리를 옮겼다. 친구가 내려주는 드립커피를 마시던 중 그가 내 얘길 듣더니, 대뜸 "친구, 그럴 바엔 여길 쓰시게."라는 것이었다. 자기는 낮에만 집무를 보고 저녁에는 퇴근하니까 밤에는 날더러 오피스텔을 쓰라는 거였다. 전혀 생각지 못한 제안에 '그렇다면 뭐…' 나는 딱히 마다할 이유가 없었다. 얼마 후, 다음 코칭 교육일정에 따라 서울로 올라왔다. 첫날 교육이 끝나고 저녁시간에 철학자 친구의 오피스텔을 찾아갔다. 그가 알려준 대로 현관문 버튼 키 비번을 누르니 '삐리릭' 소리가 나며 문이 열렸다. 방으로 들어가 가방을 내려놓고 평소 책 쓰는 작가다 보니 폭이 넓고 긴 책상을 쓰는 친구의 책상의자에 등을 기대앉아 탁상용 LED스탠드를 켰다. 그때 환한 불빛 아래 놓인 방키 옆에 붙여놓은 포스트잇 한 장이 눈에 들어왔다. 그날 저녁, 친구가 남겨놓고 간 '마그네틱 룸 키와 포스트잇 한 장'의 진한 여운을 나는 평생 잊지 못할 것이다. 순간 내 가슴을 먹먹하게 만든 그 종이 쪽지는 지금도 내 스프링노트의 표지를 넘기면 맨 앞장에 붙어 있다.

친구가 남긴 포스트잇

그날 이후로 철학자 친구의 오피스텔은 내겐 아늑한 서울의 달밤 촬영장이자 숙소이자 공부방인 아지트가 되었다. 지금 나는 학교에 몸담고 있으면서도 서울 출장이나 교육을 갈 때 밤이 찾아오면 아무 거리낌 없이 편안하게 내 아지트를 찾아간다.

"고맙네. 친구!"

국제코치연맹ICF 및 한국코치협회KCA에서 규정하는 코칭의 철학은 철저하게 모든 사람은 내면에 답을 가진 온전체라고 믿는 것이다. 일본인으로서 마스터코치인 에노모토 히데타케는 그의 책『마법의 코칭』에서 코칭의 3가지 철학을 간결하고 임팩트 있게 다음과 같이 정의했다.

- 모든 사람에게는 무한한 가능성이 있다.
- 그 사람에게 필요한 해답은 모두 그 사람 내부에 있다.
- 해답을 찾기 위해서는 파트너가 필요하다.

모든 사람은 온전한 존재로서 내부에 스스로의 답을 가지고 있고, 그 본래 가지고 있는 해답을 찾기 위해서는 파트너가 필요한데, 그 사람이 바로 코치다. 고객이 코치로부터 코칭을 받는 것처럼, 코치도 다른 코치로부터 코칭을 받는데 그것을 '멘토코칭'이라고 한다. 코치가 되는 과정에서 '인증자격'을 취득하기 위해 필수적이기도 하지만, 코치로서의 역량을 지속 업그레이드하기 위해 최상의 마스터 코치들도 '멘토코칭'을 꾸준히 받는다. 나 자신도 코칭학습 단계별로 멘토코칭을 받아 왔다.

이 글을 쓰고 있는 지금, 나는 (사)한국코치협회KCA 및 국제코치연맹ICF에서 인증하는 '프로코치'가 되었다. 마스터코치에는 비할 바가 못 되지만 '되어가는 존재Being becoming'로서 고객의 내면을 함께 항해하는 진정한 파트너가 되기 위해 끊임없이 공부하고 성장해 갈 것이다.

내 삶의 하프타임에서 '만약 내가 코칭을 만나지 못했더라면 어떻게 되었을까?' 하는 자문이 일 때가 있다. 이제 내게 코칭이 없는 세상은 상상할 수가 없다. 내 안의 내가 주는 메시지의 이끌림에 따라 자연스레 만나게 되어 있었다는 인연법을 나는 믿고 받아들인다. 코칭은 개인 또는 조직이 각자의 목적을 확인하고 그 목적을 추구하는 삶을 살게 하는 것이다. 삶을 살아가는 방식이자 변환 프로세스이기도 하다. 내 삶의 전반전과 후반전의 사이─시간에서 마주친 코칭을 통해 '표피근력 중심'에서 '속근력 중심적 삶'으로 체질 전환을 시도해 가고 있다.

남도 이롭게 하면서 자기 자신도 이롭게 한다는 불교에서의 '자리이타自利利他'라는 말처럼, 코칭이라는 마중물을 통해 가슴 뛰는 삶을 살며, 다른 사람들도 가슴 뛰게 하는 지원자로서의 삶을 나는 꿈꾼다.

◎ 코칭적 레슨 - 코칭 철학과 대화 모델

■ 코칭이란?

• 코칭은 성장과 성과를 얻는 과정을 촉진시키는 촉매적 관계로서, 개인과 조직이 목적을 확인하고 그 목적을 추구하는 삶을 살도록 돕는 것이다.

• 코칭은 개인적, 직업적 발견을 향한 여정으로서, 개인적인 깊은 믿음, 가치관, 비전의 차원에서 연결되는 코치와 자발적 개인 간의 협력적 파트너십이다.

■ 코칭의 철학

• 모든 사람은 온전하고(Holistic), 해답을 내부에 가지고 있고 (Resourceful), 창의적인(Creative) 존재라고 믿는다. - 국제코치연맹(ICF)

• 모든 사람은 창의적이고, 완전성을 추구하고자 하는 욕구가 있으며, 누구나 내면에 자신의 문제를 스스로 해결할 수 있는 자원을 가지고 있다고 믿는다. - (사)한국코치협회(KCA)

■ 코칭 대화란?

• 코칭 대화는 반드시 코칭 철학 위에 있고, 구조화된 대화프로세스를 통해 직접적인 행동과 성과에 영향을 준다.

• 핵심 대화기술로는 적극적인 경청(Active Listening), 강력

한 질문(Powerful Questioning), 직접적인 커뮤니케이션(Direct Communication), 고객의지 확인 등이 있으며 조화로운 커뮤니케이션 예술이다.

- 코칭 대화 모델에는 일반화된 'GROW모델'뿐만 아니라 '코칭대화모델(Coaching Conversation Model), 5S, Who/What/How, EmPOWER 모델 등이 있으며 이외에도 훌륭하신 코치들에 의해 지속적으로 개발되고 있다. 적절히 활용하거나 코치가 되어 개발할 수 있다.

■ 코칭 대화 모델(EmPOWER 모델)

주제 확인
- 오늘 어떤 주제로 코칭받고 싶으십니까?
- 좀 더 구체적으로 얘기해 보시겠습니까?

1. 현재 상태
   - 이 상황을 어떻게 느끼십니까?
   - 지금까지 고민해본 결과는 무엇입니까?

2. 기대 목표
   - 어떻게 되기를 바랍니까?
   - 이루어진 목표의 이미지는 어떻습니까?

3. 의미 확장

  • 그 목표가 당신에게 어떤 의미가 있습니까?

  • 그것을 이루면 당신의 삶이 어떻게 달라집니까?

4. 대안 탐색

  • 그 목표를 달성하기 위해 당신이 할 수 있는 것은 무엇입니까?

  • 지금까지 시도해보지 않은 전혀 새로운 방법은 무엇일까요?

5. 실행 계획

  • 그 대안을 실행하기 위해 구체적으로 무엇을 하겠습니까?

  • 언제부터 또는 언제까지 하겠습니까? 어떻게 확인할 수 있습니까?

6. 자기 성찰

  • 코칭을 통해 새롭게 얻게 된 것이나 느낀 점은 무엇입니까?

  • 코칭이 끝난 후 당신 자신의 모습에 대해서 어떤 느낌이 듭니까?

   – 박창규, 『임파워링하라』

■ **코칭과 다른 전문영역과의 차이**

• 코칭과 컨설팅(Coaching vs. Consulting)

 – 코칭은 고객이 코칭으로부터 받은 결과에 대한 고객의 책임을 강조하며, 고객이 되고 싶어 하는 것과 비즈니스 프랙티스를 바꾸는 것에 초점을 맞춘다.

 – 컨설턴트는 주어진 상황이나 산업에 전문성을 가진 전문가로서

기업 개선을 위해 달성해야 하는 목표에 초점을 맞춘다.

• 코칭과 세라피(Coaching vs. Therapy)
  – 코칭은 개인이 원하는 것에 초점을 맞춘다. 현재에서 시작하여 앞으로 나아가고 궁극적으로 스스로 정한 성공을 이룰 수 있도록 개발하는 것이다.
  – 세라피는 한 개인의 과거(종종 어린 시절의 문제)와 관련되어 있는 현재의 삶에 초점을 맞춘다. 세라피의 결과물은 사람들의 치유이다.

• 코칭과 멘토링(Coaching vs. Mentoring)
  – 코치는 일반적으로 인간개발 전문가이며, 사람들이 코치가 걸어온 길과 다른 독자적인 길을 가도록 지원한다.
  – 멘토는 특정 분야에 지식을 갖고 있는 전문가로서 자신의 경험을 이용하여 그 분야 혹은 회사 내의 다른 사람들이 성장하도록 길을 안내하는 사람이다.

실패란 없다.
경험과 알아차림이 있을 뿐

"코치님, 제 속에서 시도 때도 없이 일어나는 업 앤 다운Up and Down을 어찌해야 합니까?"

"주 코치님은 젊은 나이에 엄청난 기회를 맞은 것입니다. 사실 축하드릴 일입니다. 꾸준히 공부하고 느긋하게 끊임없이 자격 갖추기를 해 나가시면 됩니다."

멘토 코치님께서 내가 질문을 던지자 화답하신 첫 말씀이다. 당시 어떤 코치님에게나 꺼내 놓는 나의 코칭 주제는 거의 매번 똑같았다. '코치가 내 길이다.'라고 외치고 한 걸음씩 나아가고 있으면서도 순간순간 일어나는 집착과 두려움의 '업 앤 다운Up and Down' 감정 속에서 허우적대고 있었다. 이런 고통스런 상황에서 받은 '멘토 코칭'은 나를 '삶의 목적' 중심으로 살도록 해주는 데 큰 힘이 되었다. 멘토 코치님은 허물어진 성벽 위에 서 있는 나를 계속 지지하고 응원하시면서 대화를 이어 나갔다.

"업 앤 다운Up and Down을 한다는 것은 살아 있다는 것입니다. 물결은 파동입니다. 음향이론에서의 파동은 사이클Cycle이라고 하죠. 사이클은 살아 있음이요 움직임입니다. 그 움직임으로 성장하고 나아가는 것이죠."

그 순간, 이 촌철활인의 한 말씀은 나의 부정적인 감정을 단숨에 긍정적 에너지로 바꿔 놓았다. 이어지는 내 이야기를 한참 경청하고 난 다음, 다시 신의 한 수를 던지셨다.

"흔들리지 않고 피는 꽃이 어디 있으랴! 아예 쓰러져 버리면 센터링Centering이 될 수 없는데 업-다운을 한다는 것은 살아 있다는 증거지요. 기독교의 '창세기 1장 1절'에서처럼 세상 창조도 혼돈이 있기 때문에 창조가 일어난 것입니다. 불교 사찰에 가보면 '심우도'라는 그림이 벽에 그려져 있는 곳이 많아요. 인간의 본성을 찾아 떠나는 길을 소를 찾는 것에 비유해 놓은 그림이지요. 사람의 본성에 비유되는 소를 찾고 다시 소에 대한 모든 것을 잊은 채, 있는 그대로의 세계에 대한 깨달음을 얻게 됩니다. 그리고는 마지막 열 번째 단계인 '입전수수'에서는 동자가 큰 포대를 메고 중생들을 제도하기 위해 사람들이 있는 속세로 들어간다는 그림입니다. 생각이 일어나는 것은 어쩔 수 없지만 찰나(1/75초)를 알아차리는 것이 중요합니다."

내 감정과 욕구의 이면을 읽고 던지는 메시지에 깜짝깜짝 놀라며, 신선한 충격에 조금씩 마음에 빛이 새어 들어오며 정리정돈되어갔다.

내가 쏟아내는 내면의 감정덩어리를 충분히 경청하시고 난 다음, 멘토 코치님이 질문을 던졌다.

"주 코치님, 가끔 자주 외롭다고 하셨지요. 외로움과 고독의 차이를 아십니까? '외로움'은 외부에 의해 분리된 것이고 '고독'은 자발적으로 만들어 수행하는 것입니다. 『대학』에 나오는 '신독愼獨'이라는 말이 있습니다. 홀로 있을 때에도 도리에 어그러짐이 없도록 몸가짐을 바로 하고 그릇된 언행을 삼간다는 뜻이지요. 명상을 통해 끊임없이 나를 센터링Centering 하시고, 여행을 많이 하시기 바랍니다. 울고 싶으면 실컷 울고, 분노가 치밀면 폭발시키세요. 여행은 그런 측면에서 아주 좋습니다."

그렇다. 나는 운 좋게도 자유롭게 성찰할 수 있는 기회가 주어져 있지 않은가. '마음 내킬 때면 언제든 홀쩍 떠나리라. 고독도 스스로 만들어보고 끊임없이 성찰해 가리라.'라는 속다짐을 하면서 계속 멘토 코치님의 말씀을 경청했다.

"퇴임 후 1년에서 3년은 많은 불편함을 겪어 보는 것이 중요합니다. 실패하더라도 체험을 하겠다는 각오로 부딪히다 보면 오히려 그 실패 속에서 많은 자원Resource이 나옵니다. 해보지도 않은 가상의 나, 가면을 쓴 나, 또는 에고Ego에 의한 자존심 등을 밖으로 끄집어냈던 자원Resource들은 나중에 코치로서의 좋은 강의 자료가 될 것입니다. 다만 한 가지, 그 과정상에 있는 '나'는 괴로울 수밖에 없습니다."

멘토 코치님이 마지막에 말씀 하신 '과정상에 있는 나는 괴로울 수밖에 없다.'는 대목이 와 닿았다. 나 역시 그 괴로움을 실제로 겪고 있다 보니 200% 동의가 일며 즉각 대답이 튀어나왔다.

"맞습니다! 코치님. 그 '체험 삶의 현장'의 주인공인 내가 문제인 것 같습니다. '밑바닥까지 내려가 보자' 하다가도 또 속에서 메스꺼운 뭔가가 올라오며 부글거리다가 무너지고 엎어지고 갈팡질팡하곤 합니다."

내 말을 다 듣고는 멘토 코치님이 말씀하셨다.

"주 코치님은 아직 고리 하나를 풀지 않고 있으면서 앞에 한 말을 무용화하고 있습니다. '밑바닥까지 내려가겠다.'는 형용사에 불과합니다. 아직까지 기준이 높고, 말하는 것과의 갭Gap이 여러 군데 드러납니다. '센터링Centering'이란 흔들리지 않는 중심축을 말합니다. 이 세상에서 가장 강력한 힘은 '고민의 힘' 입니다. 온전히 몰입해서 스스로의 선택을 통해 센터링할 수 있도록 고민해 보십시오."

말로는 가슴 뛰는 삶을 살겠다고, 세상에 기여하고 환원하는 삶을 살고 싶다고 하면서, 속으로는 현실의 올가미에 사로잡힌 어정쩡한 내 실체가 들통나 얼굴이 화끈거렸다. 내친김에 늘 사로잡혀있던 가장이자 아버지로서의 책임감과 넥스트 잡Next Job에 대한 불안감도 꺼내 놓았는데, 멘토 코치님의 여과 없는 피드백이 바로 들어왔다.

"고민을 일부러 만드는 것 같습니다. 아이들을 무시하지 마세요. 집안 형편에 따라 아이들이 자기 삶을 개척할 기회를 주십시오. 그리고 주 코치님이 고민하는 재취업 등은 변두리에 불과합니다."

그 순간, 정말 쇼킹했다. 그럼에도 나는 아직 그 말씀을 온전히 수용할 수 있는 힘과 용기가 없었다. 여전히 나는 선택하는 삶이 아니라 선택 당하는 삶을 쫓고 있었다. 코치가 되었고 내면으로 들어가는 공부를 하면서도 그간 살아왔던 방향과 정반대 방향으로 가고 있는 나 자신이 문득문득 불안하고 확신이 없었다. 기업 사이드Side에서 한물간 사람으로 치부되어, '쟤는 이제 이쪽이 아니야.'라는 말을 들으며 기억 저편으로 사라질까봐 두려웠다. 멘토 코치님이 이어서 말씀하셨다.

"체인지Change가 무슨 말인지 아시나요? '체인지'는 '체=몸, 인=인식, 지=앎'으로 의미를 부여한 것입니다. 체험體을 통해, 성찰仁하고, 앎識을 추구해 나가는 단계로서의 '행동사상'입니다. 부딪혀야 합니다. 부딪히다 보면 섬세한 침묵의 소리가 들릴 것이며 갈 길이 명료해집니다. 그동안 쌓여 있던 에고Ego들을 체험하십시오. '뻘쭘함, 불편함, 모욕, 비열한 자아, 무능, 소외, 자책, 외로움' 등을 실행을 통해 느껴 보십시오. 깊은 수렁에 빠지더라도 실패하고, 도전하고, 모욕감을 느끼고 또 한 번 하시면 됩니다. 모욕감을 주는 사람에게도 오히려 가르침을 주는 것이라고 할 수 있습니다."

긍정의 기운이 다시 올라오면서 머리를 세차게 흔들었다. '그래, 실패 체험의 길을 선택하고 행동하자. 뻘쭘하고 속에서 메스꺼운 감정이 일어나는 것을 바라보고 지금 여기를 받아들이자. 그래야 나중에 나에게, 내 아내와 아이들에게도 할 말이 있을 것

아닌가? 대부분의 나 같은 직장인들이 멈추지 못하는 이유가 무엇인가? 지금 현재가 자기 삶의 주인공이 아닌 줄 알면서도 또는 몰라서라도 스스로 내려놓지 못하기 때문이 아닌가? 그런 나는 운 좋게도 그 무언가가 나를 인생간이역에 내려 주었으니 얼마나 축복인가?'라는 생각까지 이르자 사뭇 행복하면서도 헐겁고 비장한 각오 같은 것이 올라왔다.

한국인 최초 국제공인 마스터 코치MCC로서 한국 코칭계의 구루Guru이시고, 내게는 코칭공부과정에서 배움을 주신 스승이신 '박창규' 코치님이 쓰신 「회복탄력성Resilience 코칭」 칼럼을 읽고 찾아본 회복탄력성의 사전적 정의는 다음과 같다.

회복탄력성은 크고 작은 다양한 역경과 시련과 실패를 오히려 도약의 발판으로 삼아 더 높이 튀어 오르는 '마음 근력'을 의미한다. 물체마다 탄성이 다르듯이 사람에 따라 탄성이 다르다. 역경으로 인해 밑바닥까지 떨어졌다가도 강한 회복탄력성으로 되튀어 오르는 사람들은 대부분의 경우 원래 있었던 위치보다 더 높은 곳까지 올라간다.

지속적인 발전을 이루거나 커다란 성취를 이뤄낸 개인이나 조직은 실패나 역경을 딛고 일어섰다는 공통점이 있다. 어떤 불행한 사건이나 역경에 대해 어떤 의미를 부여하느냐에 따라 불행해지기도 하고 행복해지기도 한다. 세상일을 긍정적 방식으로 받아들이는 습관을 들이면 회복탄력성은 놀랍게 향상된다. 회복탄력성이란 인생의 바닥에서 바닥을 치고 올라올 수 있는 힘, 밑바닥까지 떨어져도 꿋꿋하게 다시 튀어 오르는 비인지 능력 혹은 마음의 근력을 의미한다.

– 위키백과, '회복탄력성(Resilience)' 중에서 –

이러한 회복탄력성의 법칙을 코칭에 접목하여 정리하신 '회복탄력성 코칭'의 핵심내용은 신선한 배움이 되었으며, 말 그대로 나의 마음근력에 탱탱한 회복탄력성을 선사해 주었다. 회복탄력성 코칭은 역경과 시련으로 고통을 겪고 있는 코칭 고객에게 그것을 극복하는 마음의 근력을 키우도록 돕는 방법으로서, 가장 어려운 경험의 흔적에서 마음근력을 키우는 자원을 찾는 과정이다.

"What is your peak experience?"라는 질문을 통해 과거에 가장 절정이었거나, 보람되거나, 또는 쓰라렸던 경험 자산을 발견해 내고자 하는 것으로서 주요 질문 포인트는 아래와 같다.

① 가장 어려운 역경과 시련은 어떤 상황이었는가?
② 그때 어떤 역할을 했는가?
③ 그 상황을 극복하기 위해 어떻게 행동했는가?
④ 그러한 행동을 통해 어떤 결과를 얻어 냈는가?

마음근력을 키울 수 있는 자원을 찾기 위해서는 '자기각성Selfawareness'의 과정이 꼭 있어야 하고, 이를 위해서는 '홀로 있음'의 시간과 공간이 필요하다고 했다.

요즘 나는 가급적 혼자만의 시간을 만들고자 애를 쓴다. 깊게 사유하고 경험할 수 있는 나 자신과 직면하는 시간이 너무도 소중하기 때문이다. 과거는 지금까지 걸어온 내 삶의 발자취이다. 현재 걸어가고 있는 하프타임의 시간들도 순간순간 '과거'라는 이름으로 자산Asset화 되어간다. 과정에서 불안하고 두려움에 쫄리기도 하지만 나중에는 분명히 큰 자원Resource이 될 것이다. 따라서, 회복탄력성을 높이기 위해 다양하고 튼실한 경험자원이라는 웨이트Weight들을 늘려가며 '마음근력 스프링'의 탄성계수를 지속적으로 높여 가고자 한다.

지나온 발자취 중에서도 무엇보다 '성공 체험'이 중요한 자산이 된다. '성공 체험'은 반드시 '실패 체험'을 기반으로 하기 때문이다. '항상 맑은 날씨는 사막을 만든다.'라는 자연의 섭리처럼, 한발 한발 낯선 발걸음을 내딛으면서 맛보는 뻘쭘함과 메스꺼움의 감정 에너지는 '생명'이라는 황홀한 '파동'을 만들어 낸다. 그 살아 숨 쉬는 파동에너지는 내게 역경을 딛고 전진할 수 있는 힘을 제공해 준다. 앞으로도 살아가면서 힘겨운 상황은 또 얼마든지 일어날 수 있기 마련이다. 그때, 축 처져 있는 내게 만약 누군가 다가와 내 어깨에 손을 얹고 눈을 마주보며 이렇게 토닥거려 준다면 어떤 느낌이 들까?

"주 코치, 생각 안 나나? 예전엔 지금보다 훨씬 어려운 상황이 있었는데도 자네는 꿋꿋하게 잘 헤쳐 나갔지 않은가?"

결국, 마음근력은 시련과 실패가 크면 클수록 더 크게 튀어 오르는 에너지를 갖게 된다. 그런 측면에서 보면 회복탄력성은 '씨-두-겟See-Do-Get' 사이클과 맞닿아 있다고 본다. 이것은 예전의 실패기반에서 나온 성공담을 기억의 최전방으로 가져와서, 시각을 전환하고, 말이나 행동의 변화를 실천으로 옮겨, 원하는 결과를 얻어 내는 것이다.

"코칭 대화 중, 주 코치님의 말 속에는 '사람' 관련 단어가 가장 많이 나옵니다. 주 코치님은 '사람 관련 일'을 해야 할 것 같습니다."

멘토 코치님이 코칭 세션에서 마지막으로 내게 던져 주신 선물과도 같은 말씀이다. 그 이후로 이 말은 내 가슴 정중앙에 각인되었고, '사람'이란 말은 내 가슴을 뛰게 한다. 그러면서, 마음근육에게 지속적인 다짐을 시도한다. 지금 현재를 받아들여 삶의 목적을 한 방향 정렬해가며 '마음 근육', 너를 계속 키워 갈 것이라고. 사람을 위한 최고의 사람 전문가가 될 것이라고….

– 과거 성취(Peak Experience) 질문 / 감정 수용 질문

- 과거는 나의 역사이고, 나는 나의 과거를 해석하고 재구성하는 역사가다. 과거에 일어난 사건 자체보다 그것으로 얻게 된 자원을 찾아가는 것이 중요하다. 우리의 인생에서 실패란 없다. 다만 경험과 알아차림이 있을 뿐이다. 알아차리지 못하면 알아차림이 있을 때까지 우주는 계속 같은 피드백을 줄 것이다. 그래서 과거 질문은 땅속에 묻힌 금맥을 캐는 과정이다. – 박창규, 『임파워링하라』

- 감정은 정보이지 병의 징후는 아니다. 인간으로서 정상적으로 갖게 되는 기능의 일부이다. 코치는 그러한 슬픔, 고통, 분노, 상실감의 감정들을 표현하도록 허락하고 심지어 격려하는 것도 괜찮다. 그런 감정을 치유해 주려고 하거나 멈추려 하는 것은 코치가 할 일이 아니다. 그냥 탐색하고 인정하라.

"그것은 엄청난 느낌이겠네요. 많이 고통스러워 보이네요."
– 헨리 · 카렛 킴지하우스, 『코액티브 코칭』

'무리를 떠나라!'가 현실이 되다

길 쪽으로 난 창문으로 비스듬히 여름날의 아침 햇살이 따갑게 헤집고 들어왔다. 커튼이 없는 반투명 유리창은 눈부신 조명과도 같다. 이른 아침시간인데도 오가는 차들과 사람들 소리가 왁자지껄하다. 나는 강남 한복판의 원룸 싱글베드에서 홀로 잠들고 깨어나 벌떡 몸을 일으킨다. 맞춰 놓은 휴대폰의 알람이 울기도 전에 저절로 눈이 떠진 것은 시끄러움 때문이 아니라는 걸 몸시계는 안다. 눈을 퍼뜩 못 뜨고 '5분만 더' 하면서 한참을 버티다 일어난다. 게슴츠레한 눈을 비비며 침대 맡에서 서너 발자국 가로질러 방 모퉁이에 있는 욕실 문을 벌컥 연다. '쏴아아' 샤워기의 세찬 물줄기 소리는 강남 홀아비의 일과 시작을 알린다.

현역 시절, '차장'으로 해외파견근무를 나갔다가 이듬해 초에 '부장' 신급을 하고, 그해 여름에 한국으로 복귀했다. 김해공항으로 마중 나온 아내의 차에 얹혀 우리 집 아파트단지로 들어섰을 때, 우렁찬 소리로 트럼펫을 불어 대던 한여름 매미 소리는 내 달팽이관 세포 속에 생생히 저장되어있다. 길지도 짧지도 않았던 아랍에미리트UAE '두바이'에서의 근무를 마치고 복귀하면서 서울로 발령을 받았다. 가족과 함께 2주간의 오붓한 휴가를 보내고 서울로 첫 출근을 했다. 나보다 먼저 강남 외기러기생활을 하고 있던 팀 동료의 배려로 같이 발품을 판 끝에 약간 오래된 집이지만 회사에서 가깝고 길가 쪽으로 창문이 나 있어 채광 하나는 끝내주는 2층 원룸을 구했다. 곧이어 아내가 올라왔다. 침대와 옷장, TV 등을 골라 놓고 재래시장에서 일회용 가스레인지, 양은냄비 등 최소한의 가재도구를 샀다. 주문해 두었던 침대와 TV가 배달되어 와 방안에 적당히 제 위치를 시켰는데, 언제 준비했는지 아내가 손바닥만 한 '수반' 하나를 TV 위에 올려놓아 주었다. 작은 접시 물속에 꽃 한 송이가 담긴 수반은 그날부로 아내가 처방한 부적이 되어 서울 홀아비 생활 내내 나를 촉촉하게 가슴 해주었다.

오후 5시, 퇴근시간이 되자마자 사무실 벽장 옷걸이에서 양복 윗도리를 꺼내 걸치고 10층 엘리베이터의 다운 버튼을 눌렀다. 철학자친구와 저녁약속이 되어 있었다. 교보사거리 회사빌딩에서 강남역 방향으로 걸어서 15분 정도 거리에 있는 친구의 오피스텔 사무실로 바삐 걸음을 옮겼다. 서울로 입성한 이후로 첫 만남이었다. '띵똥' 초인종을 누르자 문을 열고 반갑게 맞이해주는 친구와 악수를 나누고, 함께 일하시는 직원분과도 인사를 나누었다. 사무실을 들어서자 벽면을 가득 채운 책들이 제일 먼저 눈에 들어왔다. 각자의 책상 위에는 펼쳐진 책들과 기안지, 노트북 컴퓨터가 전부이고, 한쪽에 서 있는 화이트보드에는 많은 일정들이 적혀 있었다. 당시 친구는 일찌감치 독립하여 기업들을 대상으로 HRD(인적자원개발) 분야 교육컨설팅 사업체를 운영하고 있었다. 그는 공대를 졸업하고 대기업에 입사를 했다가 인사/교육파트 일을 시작하면서 인생행로를 통째로 바꾸었다. 그러면서 경력직으로 두 번째 대기업으로 이직하여 전문분야를 심화시킨 후 광야로 뛰쳐나와 독자적 비즈니스를 쌓고 있었다.

"서울 생활은 재미가 어떠신가, 친구?"

나의 정식 도성 입성을 축하하며 철학자친구가 물었다.

"일, 사람, 장소, 포지션 등 변화가 한꺼번에 몰려와 모든 것이 낯설고 정신이 없다 친구. 처음 맡은 팀에 대한 회사의 기대를 팀장으로서 부응하고 싶은 욕심에 내가 나를 옥죄며 살고 있고…"

정말로 힘들었던 탓에 있는 그대로의 힘든 상황을 친구에게 토로했다.

"친구, 항상 한 직급 위의 시각으로 보시게! 자네는 이제 부장
이니까 월급쟁이가 아니라 임원이라 생각하고 봐야 되겠지. 문제
를 '퉁'쳐서 통으로 해결하려 들지 말고 개별성에 대한 인정도 신
경 쓰시고….."

누가 HR컨설턴트 아니랄까봐, 친구는 정곡을 찔러 주었고 나
는 진심으로 고개를 끄덕였다.

오피스텔에서 간단한 티타임을 마치고 고깃집으로 옮겨 소주
잔을 한 잔, 두 잔 기울이며 철학자친구와의 대화는 무르익어 갔
다. 조직에 길들여져 있는 나로서는 친구의 인문학적 사유로부터
나오는 도끼날로부터 깨침과 위안을 얻었다. 전문분야 사업자로
서 "우리 업계에서는…"이란 자신감 넘치는 단어를 써 가며 자유
인으로서의 허용된 권리를 누리고 있는 듯한 친구와 노랫말처럼
조직에 아름답게 구속되어 있는 나 자신을 비교하며 밧데리가 방
전되는 부분도 없잖아 있었다. 당시에는 '욜로족YOLO: You Live Only
One'이란 말도 몰랐지만, 삶은 진짜로 딱 한 번밖에 주어지지 않
는데, 지금 당장 하고 싶은 일을 하고 사는 친구가 내심 부러웠
다. 이런 내 안의 일렁임이 들통난 건지, 순간 철학자친구는 거침
없이 사자후를 토했다.

"친구, 무리를 떠나라!"

그때 그가 던진 한마디는 내 가슴 정중앙의 소리굽쇠를 내리쳤고, 그 강력한 타격에 공명된 진동은 아직도 '우웅~'거리며 울고 있다.

창원공장, 본관 앞을 천천히 거닐었다. 경영실적회의를 마친 후 팀원들과 회사식당에서 같이 점심을 먹고 머리를 식힐 요량에 바람을 쐬러 혼자 떨어져 나왔다. 3년 조금 넘는 서울생활을 마무리하고 다시 창원으로 발령을 받아 내려왔다. 그 후 나는 생겨 먹은 관성력을 어쩌지 못하고 여전히 사업조직의 경영목표 달성을 위해 무리 속 한 마리의 존재로서 뜨겁게 살고 있었다. 방금 전 회의 시 최고경영진 지시사항과 해결해야 할 숙제Task들 때문에 머리가 묵직한 상태였다. 오랜만에 휴대폰 전화번호부에서 잠자고 있던 철학자 친구의 이름을 찾아 통화 버튼을 눌렀다.

"어이! 철학자 친구, 잘 지내시는가? 야, 요즘 같으면 회사생활하기 좀 힘드네(허허). 이럴 때 박카스 같은 철학적인 명대사 한마디 던져 주시게나." 하고 말했더니, 역시나 한 치의 망설임도 없이 철학자친구는 즉효 약을 던져 주었다.

"'고통만이 인간을 성숙시킨다.' 니체가 말했다."

기실, 무리를 떠나 사는 자유로운 영혼이 던진 강력한 메시지는 내 심장 속으로 쑤욱 파고들어왔다. 그와 동시에 '아하, 지금 이 어려움과 아픔도 내가 교만하지 않도록 신이 고통을 주는 거구나.'라는 생각전환이 일어나면서, '그래, 우선 몸 좀 챙기자. 고통을 즐기며 마음을 단련하자.'라며 단박 행동지침이 수립되어진 기막힌 경험이었다. 역경 속에서 친구의 진가를 알게 된다고 누군가가 말했든가…. 철학자 친구는 매 순간 내게 축복이었다.

엘리베이터를 타고 19층 집무실로 올라왔다. 방 안 통유리 너머로 바라보이는 123층짜리 롯데타워가 거의 다 올라가고 있었지만 내 눈이 그런 것에 초점 잡힐 상황이 아니었다. 회사 밑 언덕배기에 있는 중국집에서 직원들과 점심을 먹었다. 그날, 힘들고 우울한 내 상황을 아는 우리 팀장들과 파트리더들이 눈치껏 반주로 고량주를 따라주는 바람에 몇 잔 걸치고 와서는 책상 위 키폰 전화기에 입력된 번호를 찾아 버튼을 눌렀다.

"죄송합니다. 전무님. 뭐라 드릴 말씀이 없습니다. (…)"

전화를 끊고 나서 팔짱을 낀 채 서서 창밖을 응시하고 있는데, 눈시울이 붉어지며 알코올의 기운 탓일까? 설움이 복받쳐 올라왔다. 혹여 밖에 있는 부하직원들이 들을세라 얼른 방문을 걸어 잠그고 책상 위에 엎드린 채 터져버린 눈물샘을 그냥 놔둬 버렸다.

계열사로 호적을 파 옮긴 후 주위로부터 "빠르시네요."라는 말을 들으며 '부장'에서 '상무'로 승진했다. 그렇게 임원이 되면서 서울본사에서의 CEO 직할 '전사적 업무'뿐만 아니라 창원 공장의 '경영지원 총괄'도 겸임하게 되었는데, 그중 '안전EHS팀'도 내 조직이었다. 인생사 '복불복'이란 말이 있지만, 내가 안전 조직을 맡은 이후 6개월 사이에 안타깝게도 중대사고가 2건이나 터졌다. 급기야는 생산총괄 전무님께서 책임을 지시고 옷을 벗게 되는 상황까지 가게 되었다. 심란한 마음을 어쩌지 못해 아내에게 전화를 걸었다. 아내는 이야기를 다 듣고는 사기 컵에 담긴 따뜻한 엽차 같은 말로 내 가슴속 헝클어진 머리칼을 빗겨 주었다.

"보보, 그 복받쳐 흐르는 눈물의 정체는 죄책감이 아니라 사랑이야. 오히려 이번 기회로 담금질 된 단단한 칼로 거듭날 거야. 걱정 마!"

주말에 집에 내려가 아내와 함께 가까운 사찰을 찾았다. 평소 딱히 불교신자는 아니지만 절에 가면 고요하고 청명한 기운을 느꼈다. 신발을 벗고 대웅전으로 올라 보시를 하고 경건한 마음으로 아내와 함께 불상 앞에 절을 올렸다. 내 책임영역의 사업장에서 산업재해로 유명을 달리하신 협력사 근로자분의 극락왕생을 진심으로 축원드렸다. 그때 당시는 칼날이 나를 비켜갔지만, 돌아봤을 때 결국엔 그것이 내 운명적 전조였지 않았을까….

삶이란 한갓 생존과 자기보존을 위한 투쟁이 아니라 보다 높은 곳을 향한 자기 고양의 운동이다. 과거 직장인이 높이(High)를 지향했다면, 현 직장인은 길이(Long)를 지향한다. 근데 멀리, 길게 가려면 높이 날아야 한다. 높이 날려면 먼저 자신을 극복해야 한다. (…) 그 길은 어디로 이어지는가 묻지 말고 그저 걸어가라. 인간 존재의 근본 감정인 불안, '신은 죽었다.'는 니체의 선언 이후로 인간은 불안해졌다. 자신의 삶을 조금 무모하고 조금 위험하게 다루어야 하며, 다른 누구도 아닌 오직 '자신만의 길'을 가야 한다. 불안은 자신만의 삶을 살아가는 사람이라면 누구나 감내해야 하는 인간의 실존조건인 것을….

나의 철학자 친구인 이호건 작가의 『바쁠수록 생각하라』에 나오는 니체의 말을 옮겨 보았다. 현역 시절, 업무용 스프링노트와 스마트폰 메모장에 적어 놓고 자주 들춰보던 문장이다. 어느 날 해외 출장길에 오르면서 공항에서 이 글을 꺼내보고는 키워드를 축약해서 비행기 탑승 전 아내에게 SNS 문자메시지를 띄운 내용이다.

"자신의 삶을 조금은 과감하고 위험하게 경영하라! 보보, 저는 또 날아갔다 올게요."

그로부터 며칠 뒤, 출장지에서 받은 아내의 가슴 뭉클한 SNS 문자 답장 내용이다.

"당신의 주옥같은 조언을 오늘 아침 다시 꺼내 보며 용기를 얻으며 만지작거리다 지워져 버렸네요.^(흐잉)"

지금 상황에서 그때를 돌이켜보면, 아내는 과감하고 당차게, 그리고 자신의 삶을 조금 무모하게 경영하며 오히려 내게 늘 에너지를 충전시켜 주었다. 반면, 나는 크고 튼실한 직장이라는 온실 안에서 독립선언을 외치기는커녕 정확히 말하면 독립선언 요구를 오래도록 당하지 않기 위해 노력에 노력을 경주했었다. 밖으로는 삶을 무모하고 위험하게 다뤄야 한다고 외치면서도 속으로는 잔뜩 겁먹은 집토끼처럼 말이다….

얼마 전 모기업의 현직에 계신 임원으로부터 오랜만에 안부전화가 와서 반갑게 인사를 나누고 조만간 얼굴을 한번 보기로 했었다. 몇 주 동안 상호일정을 조율한 끝에 어렵사리 저녁식사 자리가 마련되었다. 함께 동석한 몇 사람의 팀장들도 다 친숙한 분들이라 '옛 기억 더듬기'를 기본으로 몇 순배 술잔이 돌았다. 개중 한 팀장께서는 업무 스트레스로 몸이 안 좋아 약을 먹고 있다고 했다. 그러면서도 대화의 초점은 금방 회사 이야기로 옮겨가 업무의 연장선상을 노닐고 있었다. 참 어쩌면 이리도 똑같은지… 투영된 예전의 나를 보고 있었다. 회사가 전부였고, 오로지 회사 중심으로 한 방향 정렬이 되다 보니 주위를 돌아볼 여지도, 그럴 필요 자체를 못 느끼고 살아 왔었다.

"주 상무님, 새로운 길을 가고 있는 입장에서 현역들에게 해 주고 싶은 말 한마디 해 주세요."

현역 임원께서 뜬금없이 제안을 하셨을 때 부끄럽고 민망해서 마다했는데도, 거듭 제의를 하시는 통에 "정 그러시면…" 틈을 들이고는 냅다 한마디 던졌다.

"무리를 떠나십시오!"

순간 0.5초 정도 테이블이 조용해졌다. 이 말을 들었을 때 그 느낌, 그 야릇한 충격이 어떠한지를 나는 안다. 내가 자유인 철학자 친구한테서 이 말을 들었을 때 똑같이 느꼈으니까…. "이왕 말을 꺼냈으니" 하며 들어간 알코올기운에 힘입어 더 너스레를 떨었다.

"상자 안에 있을 때 떠날 준비를 하십시오. 지금은 당연히 회사 일이 스트레스도 받고 제일 힘들겠지요. 그럼에도 불구하고, 회사 안에 있을 때가 꽃자리였더라구요. 회사에는 미안하지만, 너무 회사 일에만 올인 하지 마시고 우선순위를 바꾸십시오. 안에 있을 때 독립선언을 위한 준비하기가 훨씬 쉽습니다. 나오면 하기 힘듭니다. 그리고 안에 있을 때는 별로 중요하지도 않고 큰 차이도 없던 것들이 밖에 나와 보면 오히려 꼭 필요하게 되는 부분들이 많습니다. 예를 들면 '가방끈' 같은 거더라구요. 지금 바로 우선순위를 조정해서 저녁에 대학원이라도 다니시길 추천합니다."

소주도 몇 잔 들어갔겠다, 나이 대비 전반전을 일찍 종료한 내 입장에서 해주고 싶은 말을 토해냈다. 집으로 돌아오는 시내버스 안에서 권해서 한 말이긴 했지만 "내가 괜한 말을 했나?" 싶기도 했다. 나도 준비되지 못한 상태면서 진정한 강자만의 특권인 '자유'를 논한 것 같은 자격지심에 속이 불편하고 부끄럽기도 했다. 반면에 세상 밖으로 나와서 체득한 그대로를 말했으니 뭐… 도움은 되지 않겠나 하는 긍정적 위안이 왔다리 갔다리 교차했다. 시내버스가 코너를 돌며 심하게 쏠리는 바람에 손잡이를 잡고 몸의 중심을 잡으려 애를 썼다. 버스차장으로 비춰진 화려한 네온사인 불빛 속 겉치레를 내면의 백성들이 고개를 내밀고 올라와 바라보며 키득키득거리며 밤이 춤을 추었다.

◎ 코칭적 레슨 – 코치적 삶과 존재의 방식

• 당신의 삶은 얼마나 만족스러운가? 자신이 정말로 원하는 것을 점검함으로써 지향성이 뚜렷한 삶이 되도록 하라. 코치는 의도적 삶을 산다. 즉 의식적인 결정을 내리고, 이 세상에 무엇을 기여할지 알고 있다. 코치는 의미 있는 삶을 설계하고 알고 있는 사람들에게 잊히지 않을 유산을 남겨줄 수 있도록 삶을 운영한다.

• 코치는 코칭 대화 동안 완전히 함께 존재하고 상대방에게 완전하게 연결된 관찰자이다. 코칭은 바로 이러한 존재의 방식(Way of Being)으로서, 코치는 직업이라기보다는 삶의 방식이다.

Chapter 2

나를 찾아 떠나는
멈춤·쉼·비움
여행

청산은 내게
'슬로우 슬로우' 살라 하네

"치이익~ 칙칙~~"

창원역에서 올라탄 기차는 순천역에서 멈췄다. 차갑고 싱싱한 새해 1월의 아침공기를 깊이 들이마시며 깔끔한 이미지의 역사를 걸어 나오고 있었다. TV를 잘 보지 않지만 자연다큐멘터리나 여행 프로그램은 거실 벽에 걸린 TV 앞을 지나다 꽂힐 때가 있다. 그날도 우연히 보게 된 '슬로시티Slow City 청산도'가 영화 「서편제」의 촬영장소인 줄은 알았지만 그렇게 아름다운 줄은 몰랐다. 그 푸른 연녹색 빛의 더디디 더딘 섬 풍경의 진한 여운이 밤새 이어졌다. 다음날 아침 일찍 훌쩍 떠났다. 겨울이라 초록은 없겠지만….

배를 타기 위해서는 완도로 가야 하는데 철로가 연결되어 있지 않았다. 역에서 순천시외버스터미널로 도보로 이동하여 완도행 시외버스를 탔다. 버스 차창의 갈색커튼 사이로 펼쳐져 보이는 바다를 등진 들판의 푸릇푸릇한 흙보리 빛깔 겨울정취는 멜랑콜리하면서도 내 거친 입김을 받아 주었다. 시골버스는 남도지방의 흩어져 있는 이 마을, 저 마을들을 모두 주워 담으면서 완도버스터미널에 도착했다. 벌써 석양이 내려앉으며 밤을 맞이할 채비를 하고 있었다. 터미널 주변의 허름한 시골식당에서 저녁을 간단히 때우고, 스마트폰을 검색하여 근처 찜질방을 찾아 들어갔다. 정초라 그런지 사람들이 많이 없었다. 낯설지만 익숙한 뜨끈뜨끈한 탕에 몸을 풀고는 찜질복으로 갈아입고 바닥이 따뜻한 가장자리에 등을 붙였다. 탈의실 로커에 백팩을 넣고 책 한 권만을 들고 나와 펼쳤는데… 비몽사몽 금세 곯아떨어지고 말았다.

이른 새벽, 스마트폰 알람진동이 나를 간지럽혔다. 벌떡 일어나 따뜻한 물로 몸을 데운 다음 옷을 챙겨 입고 아직 어둑어둑한 거리로 나섰다. 패딩 점퍼에 목도리, 장갑으로 무장을 했는데도 한겨울의 세찬 바닷바람이 틈새를 비집고 들어왔다. 스마트폰 지도검색을 통해 '완도여객터미널'을 찍은 다음 방향을 잡고 걷기 시작했다. 불이 환하게 켜진 새벽 어시장 상인들의 부산한 모습들을 구경하면서 30분 정도 걸으니 선창가가 나타났다. 부두에 매여 있는 여러 척의 어선들을 '울렁출렁' 밀어붙이다가 방파제에 와서 '철썩' 부딪히는 냉랭하고 힘센 파도와 마주했다. 코앞에 떠

있는 작은 섬이 제 집인 양 들락거리며 날아다니는 수많은 갈매기들이 메마른 겨울항구의 새벽 아침을 생동감 있게 채색했다.

드디어 연안여객선터미널에 도착, 쇠창살 담벼락 사이로 멀리 보이는 덩치 큰 배를 보며 '아하, 저게 내가 탈 카페리겠지.'라고 짐작하며 터미널로 들어섰다. 새로 지었는지 의외로 깨끗한 여객터미널 내부를 찬찬히 돌아보고 시간에 맞춰 청산도행 첫배에 몸을 실었다.

도착을 알리는 선내 방송을 듣고 바깥으로 나갔다. 2층 객실 앞쪽의 이물 정중앙에 서서 처음 만나는 청산을 온몸과 마음으로 맞이했다. 청산 부두에 카페리가 아랫입술을 내려 '척' 하고 걸쳤다. 반갑다고 얼굴을 부비고 온몸을 휘감아 엉기는 억센 섬사람 같은 바닷바람을 품에 안으며 섬에게 첫인사를 건넸다.

"하이! 청산. 무지 반가워. 꼭 한번 보고 싶었어. 잘 부탁해!"

때가 때이니만큼 입도 출입문인 청산 부두는 을씨년스러우리만치 한적했다. 배에서 내려선 사람들은 대부분 섬 주민들인 듯 발 빠르게 각자 집으로 흩어져 가고 외부인은 나 혼자인 것처럼 덩그러니 남겨졌다. 딱히 물어볼 곳도 물을 필요도 없이 '슬로-시티Slow-City'라고 안내되어 있는 길을 따라 천천히 주위를 두리번거리며 걸어 올라갔다. 언덕배기에 다다르자 '와우~' 눈앞에 펼처진 청옥 바다는 그야말로 장관이었다. 바다를 오른쪽으로 끼고 섬의 가장자리 꼭짓점들을 연결한 일주로를 오르락내리락 탔다. 중간에 이정표를 잘못 본 탓에 길 없는 야산으로 들어가 헤매다가 나오기도 하며 '학학'거렸다.

순간순간 끝없이 올라오는 수많은 생각들을 머리에 인 채 드디어 섬 한가운데 산꼭대기에 있는 '범바위 전망대'에 도착했다. 제일 먼저 전망대 옥상을 올랐다. 나를 쓰러뜨릴 듯 불어 올라오는 바람에 필사적으로 저항하며 사방이 확 트인 바다를 '휘~이' 둘러보았다. 태평양으로 뻗어있는 먼 바다는 하늘과 바다가 붙어버린 우주공간이었다. 그 속에 작은 일점으로 서 있는 나를 보았다. 경이로움과 두려움이 공존하는 황홀경에 빙빙 도는 어지러움을 느꼈다. 챙겨 넣어 왔던 과일과 초콜릿만 중간에 먹은 탓인지 허기가 급속도로 몰려왔다. 시곗바늘이 이미 오후 중반을 가리키고 있었으니 당연히 허리가 꺾일 수밖에는…. 전망대 1층으로 내려가 전투에 지쳐 맥 빠진 군인처럼 매점으로 힘없이 들어섰다. 당연히 손님은 나밖에 없었다.

"이모님, 컵라면 하나만 주세요."

"예, 혼자세요? 어디서 오셨어요?"

"아예, 창원에서 왔어요…."

"곧 문 닫고 내려가야 할 시간인데… 갓김치와 남은 밥 좀 드릴 테니 그냥 드세요."

"어이쿠 예, 감사합니다. 너무 미안해서 어쩌죠….."

지금은 얼굴도 목소리도 기억나지 않지만 마음씨 좋은 전라도 매점이모님 덕분에 산 정상에서 컵라면에 밥을 말아 이 지역 특산물인 귀한 갓김치까지 곁들였던 고마운 기억이다. 맛있게 배를 채우고 깍듯하게 인사를 드리고는 전망대를 나왔다. 내가 나오자마자 매점 불은 꺼지고 작은 승용차 한 대가 산길을 내려가는 게 보였다. 완만한 돌계단을 내려와 올라오면서 봐뒀던 맞은편에 있는 '범바위'를 만나러 갔다. 바위산 입구에 떡하니 버티고 누운 뿔 달린 귀여운 호랑이 얼굴을 한번 쓰다듬어 주고는 오똑 솟은 작은 언덕배기 '범바위'를 올랐다. 입간판에 적혀 있어 읽은 뒤 느끼려 시도해 보았던 범바위의 강력한 에너지 장에 대한 설명내용이다.

> 청산도는 공기 비타민이라고 하는 산소 음이온의 발생량이 전국에서 가장 풍부한 곳이며, 이곳 범바위 주변(상도) 지역은 나침반이 빙글빙글 돌아 제 기능을 하지 못할 정도로 자기장이 강한 곳입니다. 청산도에서 전 세계로 퍼져나가는 산소 음이온의 맑은 기운을 듬뿍 담아가시기 바랍니다.
> –에너지가 넘치는 신비의 섬 '청산도'–

옛날에는 범바위 부근의 강력한 자기장에 흔들린 나침반 때문에 항해하는 배들이 사고가 난 경우도 많았다고 한다. 어쨌거나 몸에 좋다고 하니 그 강력하고 신비한 에너지를 일단 받아먹고 범바위와의 작별을 고한 뒤, 숨 쉴 틈을 주지 않고 불어 올라오는 칼바람을 맞으며 다시 걷기 시작했다. 걸으면서 나에게 묻고 또 물었다.

"나는 누구인가? 나는 지금 왜 여기에 있는가? 어디로 가려는 가?"

해안가 비탈을 오르내리며 땀방울이 삐질삐질 새나오고, 숨이 쌕쌕거릴 정도로 몸 엔진의 피스톤운동이 진행되었다. 그 순간만큼은 잡다한 생각도, 찌뿌둥한 기운도 말끔히 씻어내 주는 듯 카타르시스를 온몸으로 느꼈다. 걷다가 산길 끝자락을 내려서니 몽돌해변이 나를 기다리고 있었다. 양말을 벗고 차디찬 바닷물에 발을 담그고 몽돌몽돌한 발바닥 촉감을 느끼며 바닷가를 거닐어도 보았다. 해안선 따라 이어진 바위를 만나서는 바닷물에 떨어질세라 암벽등반 수준으로 바위를 아슬아슬 타고 넘어 아침에 내렸던 카페리 부두의 정반대쪽 끝에 당도했다. 날은 이미 어둑해져서 바다 표면은 시꺼먼 물감색으로 번지고 있었다. 길을 물어볼 사람은커녕 개미 한 마리도 보이지 않아 일단 차가 다니는 길을 찾아 아래쪽으로 내려갔다. 이윽고 찻길에 내려서서 얼마를 걸으니 지도에 나와 있던 숙소를 발견, 노크를 했더니 비수기라 영업을 하지 않는단다. 그렇다면 다시 부두 쪽으로 가서 숙소를 잡을 수밖에…. 하는 수 없이 버스정류소에서 한참을 기다려 섬 내부순환셔틀버스를 탔다. 기사님께 숙소에 대한 정보를 얻어 부두 가까이에 있는 하얀색 모텔에 여장을 풀었다.

배가 고팠다. 우선 저녁을 먹기 위해 식당을 찾아 나섰다. 그래도 이왕이면 섬 안에 있는 맛집엘 가자 싶어 한 바퀴 돌았는데… 웬걸? 내 착각이었다. 아예 변변한 식당 자체가 없었다. 그도 그럴 것이 새해 정초부터 관광객이 올 리가 만무했다. 그나마 알록달록한 간판이 붙어있는 식당은 전부 문이 닫혀 있었고, 문을 열어 놓은 식당을 찾다보니 빨간 중국집 간판 하나가 눈에 들어왔다. 그때 그 순간만큼은 최고의 미슐랭 파이브스타 '아일랜드 레스토랑'이었다. 나 외에는 손님이 아무도 없는 홀에 앉아 짬뽕국물과 소주 한 병을 주문했다. 정초에 낯선 섬에서의 저녁을 혼밥·혼술로 테이블을 차고앉은 시간, 목을 타고 넘어가는 맑은 액체가 내 머릿속을 엄혹한 겨울 섬처럼 텅 비워 버리려는 듯 시렸다.

중국집을 나와 밤거리를 어슬렁거리는 하이에나처럼 어둑한 부둣가 골목길을 기웃기웃, 터벅터벅 돌아다니다 흑백 필름사진 같은 느낌의 구멍가게 앞에 멈춰 섰다. "소주 한 병하구요, 마른 안주… 예, 이거 하나 주세요." 현금을 지불하고 할아버지가 건네주시는 검정 비닐봉지를 받아들고 털레털레 모텔방으로 돌아왔다. 뜨거운 샤워기 물에 땀 내음을 씻어 내리고는 나가기 전에 깔아놓은 온돌방 담요 속에 몸을 밀어 넣었다. 온몸이 사르르 녹으며 눈꺼풀이 저절로 스르르 내려왔다.

'인생이란 낯선 여인숙에서의 하룻밤'이라고 누군가 말하지 않았던가? 그렇다면 '이대로 자 버리면 인생이 그냥 종쳐 버리는데, 안 돼지!' 하며 머리를 흔들고 벌떡 일어나 앉았다. 비닐봉지 속의 소주를 꺼내 뚜껑을 돌려 종이컵에 한 잔 붓고는 벽에 있는 전등스위치를 내렸다. 창문으로 선착장의 황색 가로등 불빛과 방파제를 철썩철썩 때리는 파도소리가 하모니 되어 손잡고 들어왔다. 불 꺼진 선창가 사각 공간은 그 순간 작은 우주였다. 지금―현재―여기에 있는 '나'라는 존재에게 그 어떤 도시의 화려한 블루카페보다 황홀한 분위기와 기운을 선사했다. 갑자기 학창시절 가슴을 녹녹하게 문질러 주었던 가수 박인희가 부른 박인환 시인의 「목마와 숙녀」가 귓가에 들려오는 듯했다.

> 한 잔의 술을 마시고
> 우리는 버지니어 울프의 생애와
> 목마를 타고 떠난 숙녀의 옷자락을 이야기한다.
> ― 박인환, 「목마와 숙녀」 중에서

한 잔의 소주를 틀어넣으며 나는, 버지니어 울프건 킬리만자로의 표범이건 간에 고독한 생애의 유사 간극에 동조되어, 격동하는 내면의 파도를 관조하며 '현존'을 위한 소리 없는 노래를 밤새 목 놓아 불렀다. 청산에서의 처음이자 마지막 밤을 보낸 새벽, 맞

쳐 놓은 알람이 울기도 전에 눈이 떠졌다. 샤워기의 물을 최고로
뜨겁게 틀어놓고 김이 모락모락 피어오르는 물줄기 속에 몸을 밀
어 넣었다. 이불을 잘 개어 포개 놓은 다음 모텔을 나섰다. 나보
다 바지런한 몇몇 섬사람들이 벌써 배에 오르고 있었다. 어제 섬
을 반 바퀴 돌고 난 뒤 오래 머물 이유가 없다는 생각에 모텔에
들기 전 미리 새벽 첫 배를 예약해 놓은 터였다.

청산의 비타민이라는 신선한 새벽공기를 한껏 들이키며 벌어
진 카페리의 입 안으로 걸어 들어갔다. 이층으로 올라가 큰 방처
럼 넓은 여객실에 신발을 벗고 들어가 바닥이 따뜻한 가장자리
에 벽을 기대고 앉았다. 섬사람들이 하나둘씩 객실 문을 열고 들
어와 나와 같이 신발을 벗고 올라와서는 다들 그 자리에서 팔베
개를 하고 누웠다. 출도하는 첫 배를 탄 나와 같은 객실의 섬사람
은 열 명 남짓으로 보였는데, 한쪽은 나이 많은 어르신들이었고,
또 한쪽은 교복을 입은 학생들이었다. 나는 나도 모르게 그들을
연민과 호기심 어린 마음으로 지켜보고 있었다. 그들은 나와 멀
지도 않게 누워서는 도란도란 이야기하다가 때로는 큰 소리로 떠
들기도 했다. 들어보니, 어르신들의 주제는 전부 다 육지에 있는
"어디어디가 좋다더라. 어디어디가 잘한다더라."는 병원 이야기
였다. 오늘도 오래 걸쳐 온 육신이라는 껍데기의 아프고 헤진 곳
을 깁고 메꾸고자 예약된 병원을 찾아가는 육지행 나들이였다.
교복을 입은 학생들은 방바닥에 눕자마자 가방을 베개 삼고 교복

윗도리를 벗어 이불로 덮고는 스마트폰을 눈앞으로 올려들고 손가락 삼매경에 빠져들었다. 세 명의 친구들이 가까이 나란히 누웠는데도 육지에 당도할 때까지 서로 말 한마디 없이 스마트폰하고만 '각자도생'을 즐겼다. 그러다가 도착 뱃고동 소리가 울리자 벌떡 일어나 총알팽이처럼 튀어 나가기 바빴다.

여객실 벽에 비스듬히 기대어 새벽 카페리 안의 청산도 사람들이 살아가는 숨소리와 일상을 관찰할 수 있었던 덕에, 나는 자연스레 노트를 꺼내어 글인지 시인지 모를 뭔가를 끄적거렸다.

섬사람

휘어진 느린 걸음 두터운 옷차림에 컬컬한 목소리로 타닥타닥
새벽항구 불빛 인사 나누며 육지행 첫배에 오른다

앉아 누우며 웃옷을 이불 삼아 두르며 나누는 육지 어느 어디
병원 이야기들
물질 고깃배 인생 뒤 걸쳐진 헤진 장삼 같은 몸뚱아리들
그르릉 구웅… 쏴아아… 겔겔겔겔…

앉아 누우며 교복을 이불 삼아 덮으며 스마트폰과 바로 친구
먹는 아이들
육지 학교 공부 뒤 걸쳐질 낯선 세상 마주할 어린 몸짓들

그르릉 구웅… 쏴아아… 겔겔겔겔…

카페리는 청옥을 깨부수며 나아간다 육지를 향해
나는 지금 어디로 가고 있는가?
꾸울렁 일렁임에 눈을 감는다
그르릉 구웅… 쏴아아… 겔겔겔겔…

'섬'이란 주위가 수역, 즉 완전히 바다로 둘러싸인 육지의 일부를 말하는 것으로, 영어로는 아일랜드Island로서 고립되고 배타적인 의미를 내포한다. 그 옛날 몽골 초원의 대칸은 '성을 쌓는 자는 망한다.'는 신념하에 말을 타고 달리며 '바람에 역사를 쓴다.'라고 하지 않았던가. 같은 맥락에서 '섬'과 '성'은 닮아 있다. 사람 관계에 있어서도 "마음의 문을 열면 하나가 되고 마음의 문을 닫으면 섬이 된다."라고 했다. 세상의 주축에서 동떨어져 있으면서 연결되어진 곳 섬. 지금 나는 하프타임이라는 섬에서 세상의 변방에 잠시 머무르고 있다. 당차게 새로운 문을 열고 나갈 때까지 진정한 삶과의 연육교를 연결하기 위한 응축된 숨고르기 작업을 진행 중인 터라 '공사 중' 삼각대를 세워 놓았다.

◎ 코칭적 레슨 - 에고리스(Ego-less)

• 에고(Ego)란 기억에 기반한 과거에 조건화된 마음으로서 집착과 분리(혐오)가 끊임없이 일어나는 것이다. 이러한 동일시와 분별심을 일으키는 에고마음에서 벗어나는 것이 '깨달음'이다. 가수 '조성모'가 부른 「가시나무」 노랫말을 비유해 보면 알 수 있듯이, 사람들은 내 속에 너무 많은 생각, 감정, 느낌들을 꽉꽉 쟁여놓은 탓에 상대방이 들어올 공간이 잘 없다.

내 속엔 내가 너무도 많아 당신의 쉴 곳 없네.
내 속엔 헛된 바람들로 당신의 편할 곳 없네.
내 속에 내가 어쩔 수 없는 어둠 당신의 쉴 자릴 뺏고 (…)
쉴 곳을 찾아 지쳐 날아 온 어린 새들도 가시에 찔려 날아가고….

• 코치에게 에고리스(Ego-less)는 자신의 마음을 비우고 모든 의제와 가정, 판단을 제쳐두고 오로지 고객에게만 집중하는 것을 의미한다. 이것은 대답하기 전에 맥락적 경청을 가능케 해주고 상대의 메시지를 완전하게 이해할 수 있게 해준다. 이것은 에고셀프(Ego-self)에서 트루셀프(True-self)로 나아가는 것이다. 그래서, 코치의 인사말 질문은 "How are you doing?"이 아니라 "How are you Being?"이다.

산사에서 만난
'내 안의 나'

새해 첫눈이었다. 와이퍼를 작동하지 않은 채 앞 유리로 돌진해 오는 눈을 맞받으며 고속도로를 달렸다. 검은색 선글라스 너머 차창 밖 순백색의 풍광이 아름답다 못해 아릴 지경이었다.

"나 내일 겨울 산사여행을 가보고 싶은데, 혹시 당신 차 좀 쓸 수 있어?"
"응 그래? 음, 내일 특별한 일은 없는데…. 내가 택시를 타고 움직이면 되니까 쓰세요."

대중교통을 이용해 산중 고찰을 찾아가기는 쉽지 않을 것 같아 전날 아내에게 양해를 구해 움직일 발을 렌트해 놓은 상태였다.

아침 일찍 중무장을 하고 아파트 엘리베이터를 내려왔는데, 뉴스에서 예보한 대로 올 들어 최고 한파답게 날씨가 예사롭지 않았다. 차 시동을 걸고 내비에 '선암사'를 찍고는 창원시내를 벗어나 남해고속도로 위로 차를 올렸다. 순천방면으로 한참을 달린 끝에 이정표의 안내에 따라 조계산국립공원 인터체인지를 내려섰다.

한겨울 아침의 눈 내린 시골길은 지나는 차량을 보기 드물 정도로 한적했다. 최대한 느린 속도로 절 입구 주차장에 도착해서 차를 대고는 매표소 입구로 들어섰다. 길 양편으로 늘어선 눈 지붕을 이고 있는 고목들 아래로 얼음판이 되어있는 산사 길을 미끌거리며 천천히 걸어 올라갔다. 얼마 지나지 않아 돌을 쌓아 아치식으로 축조된 눈 덮인 '승선교'가 제일 먼저 나를 맞이했다. 바로 위쪽에 앉아있는 고즈넉한 '승선루'와 눈인사를 나누며 다리 위 순백색 카펫에 발 도장을 찍으며 건넜다. 그때 불과 1, 2미터 눈앞의 나뭇가지에 가슴털 색깔이 황금빛 주홍색을 띤 작은 박새 한 마리가 앉아 있었다. 눈치가 없는 건지, 뽐내고 싶어서인지 모르겠지만 날아가지도 않고 나와의 마주침을 피하지 않았다. 한참을 신기하게 바라보았다. 그렇지만 대조적으로 내 안의 박새는 이 나무 저 나뭇가지로 정신없이 날아다니고 있었다. 하얀 바깥 풍경 속 얌전히 앉은 박새와는 전혀 상관없다는 듯이 일어나는 생각과 감정들을 다스리느라 걸음이 느려지기도 했다. 길이 워낙 미끄러워 한참 만에 산사 코밑에 이르렀다. 고바위 길인지라 길 옆 도랑 쪽으로 붙어 조심스레 걸어 오르고 있었다.

그때 갑자기 하얀 지프차 한 대가 내 앞을 '쉭' 지나가는가 싶더니, 눈앞에서 '웨엥~' 바퀴에서 연기가 날 정도로 헛바퀴질을 하더니 나를 향해 쏜살같이 후진해 왔다. 눈 깜짝할 새라 피할 틈도 없었다. '퍽' 하는 소리와 함께 지프차는 나를 아슬아슬하게 비켜 도랑에 처박혔다. 내 옆구리와 10센티미터 간격 정도 될라나… 순식간에 벌어진 일에 아찔했다. 순간 정신을 챙겨 지프차 쪽으로 내려갔다. 다행이 지프차는 도랑 폭이 차체보다 좁은 탓에 뒷바퀴만 떨어져 앞바퀴를 45도로 쳐들고 있었다. 잠시 후, 지프차 운전석 문이 '덜커덩' 열리며 법복을 입고 덩치가 있으신 스님이 엉기적거리며 내렸다. 곧이어 뒷좌석에서는 신도로 보이는 나이 드신 여성 두 분이 뽀글뽀글 배추머리를 양손으로 부여잡고 인상을 찡그리며 나왔다.

"괜찮으십니까, 스님? 괜찮으세요, 아주머니?" 나는 놀람과 걱정으로 물었다.

"괜찬허요…." 굵은 전라도 억양의 스님이 대답했다.

"그만하기 정말 다행입니다. 저는 차가 갑자기 저한테 달려들어 정신이 하나도 없었습니다."

"…"

말하기 싫어서인지 미안해서인지 더 이상 대답이 없었다. 가까이서 보니 얼굴에 상처는 있는데 크게 다치지 않은 듯 보여 다행이었다. 사고 당사자로 얼마나 당황스러울까 하고 이해가 되면서도, 내 말에 대한 떨떠름한 반응과 한마디 말도 없는 것에 대해 기분은 썩 개운치는 않았다. 맨 정신으로 돌아오면서 그때서야 나는 놀란 가슴을 쓸어내리고는 절 입구를 찾아가던 길로 올라갔다.

신발이 '푹푹' 빠져 발목을 덮칠 정도로 눈이 쌓인 선암사 경내를 소리 없이 돌았다. 수령 500년이나 된 눈 맞은 배롱나무를 지나 삼층석탑 앞에서 합장을 했다. 신발을 벗고 올라간 대웅전에서 부처님 전 삼배 후 가부좌를 틀고 눈을 감고 앉았다가 너무 추워서 '죄송합니다. 부처님.' 하면서 이내 나왔다. 뒤쪽으로 돌아가니 현판에 '대복전'이라 쓰인 작은 암자가 나타났다. 젊은 스님 한 분이 저벅저벅 걸어오시더니 그 추운 날에도 문을 활짝 열어 놓고 목탁을 두들기며 불경을 외기 시작했다. 자동적으로 선 채로 두 손이 모아져 고개를 숙이고는 경건한 마음으로 물러 나왔다. 앞쪽으로 돌아 나오니 이번에는 예사롭지 않은 해우소가 기다리고 있었는데 '뒤깐'이라고 붙어 있던 명판 하며 그 크기와 위용이 대단했다. 호기심에 볼일도 볼 겸 뒤깐 문을 열고 들어갔다. 옛날 시골 재래식 변소라서 발을 딛고 선 사이로 마룻바닥에 사각 구멍이 뚫려 있었다. 아래를 내려다보니 바닥과의 높이가 아찔할 정도로 높았다. 나무판자 벽 사이사이를 헤집고 들어온 칼바람은 살을 에는 듯했고 괜시리 눈물방울을 짜냈다. 아, 이래서 정호승 시인이 눈물이 나면 선암사 해우소로 가라고 했던가….

눈물이 나면 기차를 타고 선암사로 가라.

선암사 해우소로 가서 실컷 울어라. (…)

－ 정호승,「눈물」중에서 －

차가운 공중에 떠 있는 성문을 빠져나오는 느낌으로 해우소 문을 나섰다. 정면에서 백설기 우산을 받쳐 들고 나를 기다리고 있던 등 굽은 소나무 와송을 뒤로하고 눈 덮인 경내를 돌아 나왔다. 사찰 입구 쪽으로 '뽀드득 뽀드득' 소리 내며 걸어가는데 조금 전 고바위 길에서의 '앗차 사고' 필름이 재생되기 시작하며 스스로 작은 성찰과 함께 소름이 돋았다.

"죽고 사는 것은 찰나의 순간! 내 의지와 상관없이 내일이 내게 없을 수도 있겠다! 오늘을 살자. 매순간 다시 태어난다. 나는 다시 태어났다. 현재는 선물이다, 겁먹지 말고 운명을 안아라."

이는 아마도 내 안의 붓다가 내게 주는 메시지요, 새 삶의 선물이 아닐까….

사찰을 뒤로하고 비탈길을 내려오다 보니 견인차가 와서 도랑에 박혀 있는 지프차를 끌어올리고 있었다. 올라갈 때보다 한결 헐거운 마음으로 눈길을 천천히 미끄러지듯 내려왔다. 주차장에 당도하여 차 시동을 걸고 히터를 최대로 켜서 언 몸을 녹였다. 얼마 지나지 않아 따뜻한 차 안 공기에 몸이 사르르 풀리기 시작했다. 내비게이션에 다음 목적지를 찍고는 선암사에서의 강렬한 기운을 싣고 차는 움직였다.

송광사 입구에 도착, 황량한 벌판 같은 주차장에 차를 대 놓고는 급할 일 없이 눈길을 걸어 올라갔다. 거기 바람도 코끝이 찡하게 눈물 날 만큼 매섭기 그지없었는데, 올라가는 길이 선암사길보다 걷기가 훨씬 수월했다. 비우며 버리며 눈 덮인 길을 '스벅스벅' 걸어 일주문에 당도하니 사찰양식으로 지어진 기념품 숍이 있었다. 기와지붕 추녀 끝에 매달린 금빛 물고기들이 세찬 바람을 타고 공기 중을 헤엄치며 울고 있었다. 물을 만나지 못한 물고기의 설움인 냥 그윽한 풍경소리가 내 주변 공간을 죄다 메웠다. 모든 소리를 빨아들여 되 뱉는 것일까… 고요한 적막감 속에 나는 숨소리도 잊고 넋이 나간 채 침잠했다.

"뗑그렁 뗑… 뗑그렁 뗑뗑… 뗑그렁 뗑… 뗑그렁 뗑뗑…."

나중에 알게 됐지만 그날이 그해 겨울 중 가장 추운 날이었다. 그날은 또 의미를 갖다 붙이자면 우연히도 내 양력생일과 아내의 음력생일이 조우된 운명적인 날이기도 했다. 헤르만 헤세가 한 말을 빌려본다면, 알은 세계이고 우리는 그 하나의 세계를 깨뜨려 태어난 것인 바, 온 천지가 하얗던 그날 나는 새로운 세계에 다시 태어났음을 고요히 선언했다. 세찬 눈바람 물결을 따라 헤엄치며 판타지한 영혼의 울림으로 울려 퍼지는 풍경소리는 내 안으로 깊숙이 타고 들어와 내게 '니체'의 주문을 걸었다.

"아모르 파티Amor Fati! 운명의 참된 주인이 되시게나."

두 번째 순천여행길을 훌쩍 떠났다. 무궁화호 열차에서 내려 순천역 구내를 이제는 제법 익숙하게 걸어 나오는 나를 보며 슬며시 웃음이 나왔다.

그날도 혁신센터로 가기 위해 집 앞에서 시내직행에 올랐다. 한 시간이나 걸려 창원역 앞 정류장에 내렸다. 아침 출근에 등교시간과 맞물려 차가 제법 밀렸다. 싱그러운 5월의 아침 햇살은 안 그래도 싱숭생숭한 내 마음에 콧바람 들게 하기에 충분했다. 내 발걸음은 이미 센터와는 반대방향으로 돌아서서 창원역 2층 대합실로 올라가는 에스컬레이터에 올라 서있었다. 전광판의 열차노선과 시간표를 훑어보았다. 가장 빨리 움직일 수 있는 코스가 부산발 목포행 완행열차 시간이었다. 목포는 어쨌거나 한번 가 봤으니 일단 순천까지 가는 표를 끊었다. 탑승시간이 많이 남았지만 에스컬레이터를 타고 플랫폼으로 내려갔다. 따스한 봄볕과 함께 아무도 없는 고즈넉한 플랫폼 벤치에 앉았는데, 마치 영화 찍는 기분이랄까 색다른 경험이었다. 백팩에서 읽던 책을 꺼내 기차가 올 때까지 시간 가는 줄 모르고 맛있게 읽었다. 멀리서 기관차가 미끄러져 들어오는 것을 보고, 명함책갈피를 꽂아 책을 덮고는 일어났다. 나는 예전부터 내 명함을 책갈피로 사용해오던 터라 읽은 책들 속에는 명함이 한 장씩 꽂혀있다. 기차는 금세 눈앞에 다가와 '끼이익' 하고 멈춘 후 객실 문이 '덜커덩' 열렸다. 열차표에 적혀 있는 호실을 다시 한 번 확인하고 객실 계단을 올랐다.

순천역 앞 광장을 천천히 가로질러 갔다. 순천만을 가기 위해서는 버스를 맞은편에서 타는 게 맞을 것 같아 우선 횡단보도를 건넜다. 아래쪽으로 조금 걸어 내려가니 시내버스 정류소가 나왔다. 바다와 접해 있는 만 하구의 동글동글한 초록색 갈대밭 사진으로 유명한 '순천만'을 꼭 한번 가보고 싶었다. 그날같이 허파에 바람 든 날, 방향도 맞아 떨어졌고 마음이 동하는 그 곳으로 길을 잡은 터였다.

행선지 표지판의 버스번호를 살피고 있는 데 시내버스 한 대가 '끼이익' 멈춰서며 앞문이 '쉬이익~덜커덩' 하고 열렸다. 안에서 중년 여성의 밝고 구수한 전라도 억양의 목소리가 들려왔다.

"할머니, 안녕하셔요. 어디 불편한 데는 없으셔요? 워~디로 가셔요?"
"..."

버스정류소 의자에 앉아 계시던 세 분의 할머니들이 기사님과 반갑게 인사를 나누시고는 타실 분만 천천히 버스에 오르셨다. 할머니 뒤에 줄을 서 있던 나는 그 틈을 놓칠세라 이 친절한 기사님께 물었다.

"기사님, 순천만 갈려는데 이 차 맞나요?"
"아, 워디서 오셨어요? 순천만은 저쪽 건너편에서 타야 하는데 방향이 아니시네여. 음… 그럼, 일단 타셔요. 순천만 입구로 바로 가지는 않는데, 그 근처에서 내려 드리고 가는 길을 설명 드리께요. 거리는 얼마 안 되니까요."
"예, 감사합니다."

나는 기사님께 감사하다는 말로 화답하며 잽싸게 버스에 올라 운전석 바로 뒷좌석에 앉았다. 이미 첫 인상이 좋게 꽂힌 이 여성 기사분이 무척 궁금해졌다. 버스 앞 유리에 붙여 놓은 기사 프로필에서 이름과 나이는 알 수 있었고 일단 복장부터가 제대로이셨다. 아래위 승무원 제복 차림에 넥타이, 여성용 제복모자, 흰 장갑, 거기에다 옅은 선글라스까지… 승객들이 안심하고 탈 수 있는 최상의 버스기사님 자세였다. 잠시 후 다음 정류소에 차가 멈추고 앞문이 열리자마자 똑같이 정겨운 어투로 어르신들께 안부를 물었고, 내리는 사람들에게는 주위를 살피고 천천히 내려설 것을 당부하며 충분히 기다려 주었다. 출발 시에도 "버스 출발합니다. 서 계신 분들 손잡이 꼭 잡으셔요."라며 예령을 넣고 실내를 룸미러로 한 번 더 확인하고는 버스를 출발시켰다.

"와아~ 기사님, 정말 친절하세요. 어르신들 공경하고 승객들 배려해 주시는 모습이 감동이에요."

나는 진심어린 인정과 칭찬으로 기사님께 말을 붙였다.

"저는 이 직업이 너무 좋아서 25년째 하고 있어요. 첫째는 승강장마다 남녀노소가 매일 나를 기다리고 있으니 얼마나 좋아요. 둘째로 더 좋은 건 일단 끌고 나와 버리면 눈치 볼 필요 전혀 없잖아요. 이억 천만 원짜리 내 공간을 완전히 내 마음대로 소유할 수 있잖아요. 이 두 가지면 최고의 행복이지 않아요?(호호)"

기사님은 기분이 상당히 업Up되셔서 상냥하면서도 거침없이 말씀하셨다. 물론 기사님의 본성이 밝고 긍정적이셨지만 나는 속으로 '인정과 칭찬의 힘은 역시 대단하구나.'라며 코치적 생각이 일어나는 건 어찌할 수 없었다.

"차가 커서 여자한테 힘들긴 해요. 하지만 내 마음이 즐거우면 피곤은 하룻밤만 자고 나면 다 풀려 버려요. 남자기사님들한테는 아무리 이야기를 해도 기존에 해 오던 게 있어서 잘 안 돼요. 그래서 승객들은 운전자를 최대한 많이 괴롭혀야 돼요. 묻고 또 묻고 해야 돼요. 손님들이 내가 밥 먹고 살 수 있게 양식을 주는 분들인데 어떻게 짜증을 내요? 감사를 드려도 모자랄 판에….”

기사님과 시간 가는 줄 모르고 훈훈한 대화를 나누다 보니 어느새 목적지에 다다랐다. 내리기 전 약속대로 기사님이 친절하게 길 안내를 해 주셨다. 낯선 모임을 갔는데 생각지도 않았던 친한 누나를 만난 기분이랄까? 암튼 그 기분을 다 잘 아시리라…. 52번 시내버스기사님 덕분에 나의 두 번째 순천여로는 시작부터 행복함으로 가득 찼다. 도저히 그냥 내릴 수 없어서 성함과 차량번호를 스마트폰에 기록하고는 사양하시는 기사님께 거듭 부탁드려 운전대를 잡고 계신 멋진 포즈도 한 컷 담았다. 여행을 마치고 집에 돌아왔을 때 순천에서의 ‘행복 득템’과도 같은 이 훌륭하신 버스기사님 미담을 순천시 홈피에 들어가 ‘아름다운 시민의 발’이라는 제목으로 칭찬 글과 사진을 함께 올려 드렸다.

순천만 입구에 들어섰을 때는 이미 점심때를 훌쩍 넘긴 시간이었다. 즐비하게 늘어서 있는 식당들 중에 맛있어 보이면서 헐렁한 집을 골라 들어갔다. 순천만의 별미 ‘짱뚱어탕’을 주문해서 점차 익숙해지고 있는 혼밥족으로서 굳건하게 맛있게 먹고 매표소를 찾았다. 표를 끊고 들어가 갈대밭 사이를 지그재그로 펼쳐놓은 우드데크를 걸었다. 신발을 신었지만 발바닥으로 편안한 나무의 감촉이 느껴졌다. 데크 밑 축축한 습지바닥에서는 작은 ‘게’와 걸어 다니는 '짱뚱어'의 전투장면이 곳곳에서 목격되었다. 쪼그리고 앉았다 걷다를 반복하며 그들을 편 가름 없이 응원하고 관찰하는 재미가 쏠쏠했다.

"갈대를 흔드는 것이 나요."라고 속삭이는 봄바람에게 흔들리는 내 마음을 쥐어 주었더니, "아니, 갈대도 아니면서 왜 흔들거려?"라며 되묻는 바람에 나 스스로 민망하기도 했다. 모자 챙 밑으로 끼고 있던 검은 선글라스에 흔들리는 갈대숲이 비친 모습을 상상하며, "나를 그만 좀 흔들어. 제발!" 하며 내 속의 그들에게 부탁도 해보았다. '느적느적' 걸으면서 셀프코칭을 통해 질문을 계속 던지며 답을 구했지만, 머리를 비워내도 가슴으로 내려오지 않는 이 헛헛함이란? 날더러 어쩌란 말인지….

나는 누구인가?Who am I?

나는 무엇을 원하는가?What do I want?

내 삶의 목적은 무엇인가?What is the purpose?

내가 감사한 것은 무엇인가?What is grateful?

몇 개 질문에서는 답들이 올라왔지만 더 이상 재촉한다고 마땅한 대답이 나올 것 같지 않았다. 내 안의 나를 찾는 질문을 진지하게 던지기 시작했다는 것으로 만족하며 출렁다리를 지나 언덕위 전망대를 올랐다. '와우~' 용산 전망대 3층에서 내려다본 탁트인 광경은 왜 '순천만 순천만' 했는지를 알게 했다. 노랑, 갈색,

연두, 초록 등의 형형색색 갈대들의 향연은 장관이었다. 벤치에 정좌를 하고 한참을 그냥 그렇게 앉아 있었다.

돌아가는 기차 시간에 맞추기 위해 왔던 길을 천천히 되돌아 나와 순천만 정류소에서 시내버스를 탔다. 이번에는 남자 기사분이셨는데 역시나 아무 말없이 무표정으로 거칠게 운전을 하셨다. 올 때의 그 여기사님이 저절로 생각났다. 물론 잘잘못을 따지자는 게 절대 아니다. 보통의 시내버스 탑승품질은 거의 다 비슷하다. '그럼 무엇이 정상일까?' 하는 생각은 잠시 들게 했었다. 순천역 앞에서 나는 늘 그래왔듯이 버스에서 '털썩' 떨어져 내렸다.

'덜커덩 덜커덩' 집으로 돌아오는 기차 안, 순천만과 마주한 존재로의 이행 연습을 통해 머리에서 가슴까지의 멀고 먼 여정에 또 한 걸음 보탰음을 위안하며, 백팩에서 책을 꺼내 펼쳤다.

◎ 코칭적 레슨 – 셀프 코칭(Self Coaching)

- '나 자신을 코칭한다.(Be Coachable Myself!)' 숙달된 코치는 모두 자기 자신을 코칭한다. 고객들에게 실행을 요청하는 것처럼 나도 지속적으로 배우고, 성장하고, 한계를 넓혀 나가야 한다. 코치는 기꺼이 코칭 받는 고객들로부터도 배운다. – 한국코칭센터, 『CEP 매뉴얼』

따스한
재스민 향기와 함께

　귀에 익은 낭랑한 목소리의 기내 방송이 3개 국어로 차례차례로 흘러나왔다. 명함책갈피를 꽂고 책을 덮고는 머리 위 백팩을 내려 착륙준비를 했다. 현역 시절, 공항에서 티켓팅을 할 때면 항상 "Aisle side, please!(복도 쪽으로 부탁합니다)"를 요청했던 만큼 내겐 복도 쪽 좌석이 여러모로 편하다. 하강하기 시작하는 비행기 창밖을 흘끗흘끗 쳐다보며 차분히 앉아 있었다. 사전에 친구가 일러준 대로 중간에 '옌타이'를 경유하여 '난징 루커우 공항'에 내렸다. 난징은 난생 처음이었다. 목소리가 크고 시끄러운 중국 사람들 사이에 줄을 서서 입국수속을 마치고 출국장 밖으로 빠져나왔다. 정면에 잘생긴 젊은 중국청년이 영어로 내 이름이 적힌 피켓을 들고 서 있는 것을 발견했다. 반갑게 악수를 나누고 인사말을 주고받고는 대기해 둔 자동차로 발걸음을 옮겼다. 통상 내가 생각했던 중국인과는 달리 젊은 운전기사인데도 영어를 잘해서 느낌이 신선했다.

지난 구정, 설 연휴기간 때 몇 년 만에 죽마고우 '고추친구모임'을 가졌다. '고추 먹고 맴맴, 달래 먹고 맴맴' 실컷 소싯적 이야기를 나누었다. 가슴 몽골몽골한 이야기꽃에 분위기가 무르익어 갈 쯤 중국 주재원으로 나가 있다가 명절 휴가차 들어온 친구가 내게 말했다.

"철아, 난징에 바람 쐬러 한번 와라. 어차피 넓은 아파트에 나 혼자 사니까, 와서 너 있고 싶은 만큼 있다 가면 된다.(…)"

친구의 진심을 알기에 그러마고 대답을 했다. 명절 연휴가 끝나고 이래저래 하는 것 없이 나름 바쁘게 시간을 쫓고 있었는데, 어느 날 중국 회사의 오퍼레이션 총괄로 나가 계시던 루키님으로부터 전화가 왔다.

"영철아, 잘 사나? 한번 온다더니만 안 오나? 꼭 한번 와라. 오기 일주일 전에만 연락 주고…."
"예, 알겠습니다, 상무님. 그럼 조만간에 진짜 날 잡겠습니다."

전화를 끊고 나니 사람 냄새가 그립기도 하고 중국 바람을 한번 쐬고 와야겠다는 생각이 간절해졌다. 저녁에 집에 들어오자마자 난징에 있는 친구와 보이스톡으로 일정을 논의하고, 가는 경로를 안내 받아 인터넷으로 항공편부터 검색했다. 당장 다음날 여행사에 가서 단기 비자VISA를 신청하고, '부산-난징-쑤저우-상하이-부산' 일정으로 스케줄을 확정했다. 그리곤 난징과 쑤저우에 있는 두 분께 따로따로 재스민 향내를 담은 최후통첩장을 날렸다.

공항에서 나를 픽업한 차가 친구가 근무하는 회사 정문을 통과하여 사무실 앞 주차장에 멈췄다. 한국 대기업의 중국공장답게 눈에 들어오는 오피스 빌딩과 공장 건물이 크고 산뜻했다. 차 문을 여니 친구가 환하게 미소 지으며 반겨 주었고 따뜻한 손바닥 체온을 서로 교환했다. 그 순간, 또 불쑥 머릿속 한 켠에는 옛날로 되감긴 필름 한 컷이 눈앞에 오버랩되었다. 현역 시절, 해외공장을 방문할 때면 주재원들이 마중을 나와 영접 받았던 장면이 스르르 스쳐지나갔다. 엘리베이터를 타고 친구의 연구소 사무실로 올라갔다. 얼핏 보아도 넓은 사무실에 한국인은 극소수이고, 주니어Junior급 중국 직원들이 와글거렸는데, 그들은 처음 보는 이방인에게 웃으면서 눈인사를 건넸다. 여직원이 타다 준 커피를 마시며 친구와 편하게 이야기를 나누었다. 아무래도 배운 도둑질이 '기업·공장·현장' 이런 거다 보니 개인사보다 우선 친구 회사의 중국 비즈니스 현황이 주 얘깃거리가 되었다. 친구가 생산라인을 보여 주겠노라 하여 "땡큐!" 하고 들뜬 마음으로 1층으로 다시 내려 갔다. 공장 입구에서 방문자 비표와 안전장구를 갖추고 숍 투어 Shop Tour를 시작했다. 업종은 다르지만 너무나 익숙한 장면에 내 속에 웅크려 있던 '오퍼레이션 컨설턴트'의 에고Ego가 발동하여 공 정 공정마다 연신 질문을 해 댔다. 라인을 돌며 대충 알만하니까 우쭐한 맛에 과거 경험사례를 들먹이며 신나게 지저귀는 내 모습 이 보였다. 동시에 마음 한 켠으론 불편한 감정 덩어리가 스멀스 멀 기어 나오는 것을 밀어 넣으며 공장 출구 쪽으로 나왔다.

퇴근시간에 맞춰 주재원들이 타고 다니는 출퇴근 승합차에 친 구와 함께 올라타서 동료분들께 이방인임을 신고했다. 해외에 나 가있는 한국기업들의 경우, 특히 우리나라보다 형편이 못한 국가 에 나가 있는 주재원들은 안전Security문제나 문화적 차이 때문에 대부분 자가운전을 하지 않는데, 친구 회사도 마찬가지였다. 이 또한 내겐 매우 익숙한 보편타당함인지라 큰 불편함이 없었다.

아파트단지에 도착, 동료분들과 헤어지고 친구는 아파트 상가 1층에 있는 단골집으로 나를 데려갔다. 본토박이 중국음식과 고 량주를 한 병 시켜 놓고 이국땅에서 죽마고우지간 첫 상봉을 둘 이서 자축했다. 학창시절 교과서에 실린 덕에 자주 써먹던 말, 「논어」에 나오는 '유붕자원방래불역락호有朋自遠方來不亦樂乎'라는 공 자님 말씀을 공자의 나라에 와서 만끽하고는 얼큰한 기분으로 엘 리베이터를 타고 아파트로 올라갔다. 현관문을 들어서니 친구가 말한 대로 거실이 넓고 방도 세 개나 되는 혼자 살기엔 큰 공간이었다. 거실 벽걸이 TV를 켜니 한국방송이 나왔다. 커피포트에 물을 올려 재스민 차 한 잔씩을 식탁 위에 타 놓고 차향같이 구수한 이야기를 나눴다. 내일은 평일이라 친구는 출근을 해야 하기 때문에, 근처에 나 혼자 가 볼 만한 곳과 교통수단을 소상히 일러 주었다. 그러면서 위안화로 용돈까지 쥐어 주는데, 아무리 친구지간이라지만… 말로 표현할 수 없는 그 무언가가 속을 타고 흘러내렸다.

다음날 아침, 아파트단지를 같이 나서 기다리던 셔틀승합차에 오르는 친구를 먼저 배웅했다. 그런 다음, 나는 지도 한 장을 쥔 채 한국의 촌사람보다 더 촌스러워 보이는 난징 사람들과 거리를 구경하며 급할 이유 전혀 없이 유유자적 걸었다.

이윽고, 첫 번째 목적지인 '중산릉' 입구에 도착했다. 평일인데도 수많은 차들과 인파에 떠밀리듯 정상까지 걸어올라 위대한 한 존재와 마주했다. 중산릉은 중국민주혁명의 선구자인 '쑨원(손문)'의 묘다. 한눈에 봐도 그 규모가 어마어마했다. '중산'은 그의 호인데, 황제의 무덤에만 붙인다는 '능' 자를 붙이는 것만 봐도 그렇고, 이곳을 참배하지 않으면 중국인이 아니라는 말이 있을 정도로 쑨원에 대한 중국 사람들의 애정이 얼마나 깊은지 가히 짐작할 수 있었다. 쑨원의 일대기를 돌아보고는 동일세상을 먼저 살아낸 한 사람의 선각자였던 그에게 두 손 모아 고개를 숙이고 나왔다. 능 앞 꼭대기의 높은 계단에 걸터앉아 남경시내를 내려다

보니 한눈에 다 들어왔다.

"저 분은 한 시대를 풍미하고 역사가 되어 여기에 누웠는데, 나는 지금 여기서 무얼 하고 있는가? 죽기 전에 세상에 얼마만한 흔적을 남길 것인가? 아니 남길 수는 있을까….."

과거와 현재가 공존해 있는 듯한 허공에 마음글씨를 휘갈기며 스스로에게 물었다. 그러나 그 셀프 질문 시간은 결코 길 수가 없었다. 관광객들의 족히 절반은 되어 보이는 와글와글한 중국인들과 연신 셀카봉을 들이대며 익숙한 말이 삐져나오는 한 무리의 코리언들이 막무가내로 밀고 들어왔다. 미련 없이 자리를 내어주고 엉덩이를 털고 일어나 한참을 걸어 내려와 중산릉 입구로 나왔다.
다음 목적지인 박물관을 가기 위해 어렵사리 택시를 잡아탔다. 그런데 택시기사가 엉뚱한 방향을 돌며 작전을 구사하는 듯한 것이 아무래도 수상쩍어 친구에게 전화를 걸었다. 택시기사에게 내 핸드폰을 바꿔주자, 친구와 중국말로 소통을 하고나서는 금세 박물관 앞에 도착했다. 박물관 내부로 들어가 전시품들을 둘러보면서 오히려 스치는 사람들의 면면을 관찰하는 재미가 더 쏠쏠했다. 배꼽시계가 알람을 울려 길 건너 마트에서 샌드위치와 음료를 사들고 다시 박물관의 넓은 정원으로 돌아와 적당한 벤치에 앉았다. 따사로운 봄 햇살은 내게 가방에서 책을 꺼내도록 주문을 넣었다. 샌드위치 한 입 베어 물고 콜라 한 모금 넘기며 묵직한 종이책의 손맛과 함께 맛있게 책을 먹었다.

주말이 되었다. 친구는 관광가이드가 되어 지하철과 버스를 번갈아 타고 다니면서 편하고 헐렁하게 난징 시내투어를 다녔다. '난징대학살기념관'을 들렀다가 '남경성루'에 올랐다. 사실 어두컴컴한 실내의 난징기념관에서 나를 붙박이로 불러 세웠던 사진이 하나 있었다. 중일전쟁 당시 일본군의 포화에 무너져 내렸던 남경성벽 사진이었는데, 실제 성루를 앞에 두고 보니 실제와 역사가 교차되면서 기분이 묘했다. 30만 명이 넘는 억울한 영혼들이 그 자리, 그 공기 속에 떠돌며 아직도 울부짖고 있는 듯 했다. 친구와 돌계단을 따라 성루를 올랐다. 넓고 길게 둥그런 길이 뻗어 있는 성루 위에서 우리를 제일 먼저 맞이한 건 '자전거대여소'였다. 누가 먼저랄 것도 없이 "야, 친구야. 우리 한번 탈래?" 하고는 한 대씩을 빌려 자전거 안장 위에 올라앉았다. 다행히 관광객이 얼마 없어 앞서거니 뒤서거니 성루 위를 신나게 달리며 어릴 적 추억을 노래할 수 있었다.

성루를 내려와 성벽 안쪽으로 진을 치고 있는 '진회하'라는 아름다운 옛 거리 투어에 나섰다. 이것저것 군것질을 해가며 다채로운 기념품 가게들을 기웃거리다 중국 전통 자수가게를 들어갔다. 하나 골라보라며 친구가 권했다. 크고 작은 화려한 그림들을 살펴보다 빨간 단풍자수가 마음에 들어 "이거!" 했더니, 친구가 바로 중국말로 "싸 주세요."라고 말했다. 한국에 있는 다른 친구들 것도 선물하자고 해서, 고추친구 놈들 얼굴 면면을 떠올리며 네 개의 비단자수 그림을 더 골라 포장을 시켰다. "햐~ 참" 친구에겐 미안하지만 그 순간, 어릴 적부터 친구들이 불렀던 '좀팽이' 내 친구는 어디가고 없고 지금 옆에 다른 사람과 있는 듯…(허허). 품이 커져버린 친구의 행동에 감동을 먹으며 "하하, 울 친구 마이 컸네!"라고 말하며 같이 웃었다. 그래, 친구는 그런 거였다.

사실 내가 벌겋게 물든 단풍자수를 고른 이유는 하나였다. 언젠가 법륜스님의 『인생수업』이라는 책에서 만난 이 한 마디의 말 때문이었다

"잘 물든 단풍잎이 봄꽃보다 아름답다."

'일어난 일은 일어난 일일 뿐이요, 언제나 잘된 일이니, 지금을 충실히 살라!'는 말과 연결시켜 상시에 되새김질을 하고 있다. 지금까지 물들어온 빛깔을 받아들이고, 중년을 살고 있는 내 삶의 지금·현재·여기에서 계속 잘 물들어 가기 위해 친구로부터 받은 선물은 내게 좋은 방편이 되리라.

한국의 KTX보다 훨씬 빠르다는 '난징-쑤저우'행 고속열차에 앉아 먹먹해진 귀를 새끼손가락으로 뚫어 가며 차창 밖을 응시하고 있었다. 4박 5일간의 난징 투어를 마치는 날, 친구는 아침 출근을 늦추면서까지 역까지 바래다주었다. 기차표를 끊어주면

서 혹시 중간에 무슨 일이 있을지 모르니 넣어가라며 또 위안화로 비상금까지 두둑이 챙겨 주었다. 친구의 세심한 마음 씀에 형용할 단어를 찾는 게 무슨 의미가 있겠냐마는… 친구라는 이름의 재스민 향기는 참 따습고 향기로웠다.

기차 객실 천정 전광판에 'Suzhou Arrived(쑤저우 도착)'이라는 영문글귀가 지나갔다. '끼이익~' 정차하는 브레이크음이 들리자 책을 접어 백팩에 집어넣고 일어섰다. 쑤저우 역은 생각보다 엄청 컸다. 역 대합실을 빠져나가 루키님과 약속한 역 앞 광장으로 나갔을 때는 이미 어둠이 내려앉아 있었다. 빨간 네온사인이 밝게 반짝이는 '쑤저우 역' 명판을 등지고 서 있는데 핸드폰이 울렸다. 반가운 목소리와 함께 저쪽 멀리에서 손을 흔들며 검은 형체의 한 사람이 이쪽으로 다가오고 있었다.

"야아~, 영철아. 온다고 고생했다. 반갑다. 반가워."
"아이쿠 예, 상무님, 잘 지내셨어요? 보고 싶었어요. 상무님!"

회사를 나온 후 실로 오랜만의 만남을 그것도 이국땅에서 갖다 보니 큰 소리로 인사말을 나누며 악수하고 허깅 세레모니까지 했다. 얼굴 뵙고 목소리만 들어도 이미 가슴이 훈훈했다. 역사 지하주차장으로 내려가 루키님 차의 운전석 옆자리에 앉았다. 회사가 제공해 준 이 차로 자가 운전해서 출퇴근을 하신다며, 약 삼십 분을 달려 아파트 지하주차장에 도착했다. "여기서는 파킹 랏Parking

Lot을 따로 분양을 받아야 되거든. 심지어 아파트 입주민이 아닌 사람이 분양받은 공간도 있어서 반드시 자기 자리에 차를 대야 돼."라고 알려 주신 덕에 중국에 대해 새로운 걸 또 하나 알게 됐다. 지정된 자리에 파킹을 하고는 엘리베이터를 타고 올라갔다. "띵똥" 초인종을 누르니 "누구세요?"라며 낯익은 목소리가 들렸다. 루키님이 "나다."라고 응답하시자마자 '삐비빙' 하며 현관문이 열렸다.

"아이구, 어서 오세요. 이게 얼마 만이에요? 살다보니 여기서 만나게 되네요.(호호)"
"예, 형수님, 정말 오랜만입니다. 잘 지내시지요? 한국에서는 찾아뵙지도 못하고 죄송합니다.(허허)"

형수님께서 미리 차려 놓으신 버섯전골로 기억되는 푸짐한 식탁에 둘러앉아 화기애애한 저녁식사를 마치고, 거실 소파에 앉아 과일을 깎으면서 옛날이야기와 중국생활 이야기로 꽃을 피웠다. 밤이 깊어지자, 형수님께서 안쪽 침대방으로 잘 방을 마련해 주셨다. 갈아입을 추리닝을 건네주시며, 전기장판 스위치 작동법, 화장실 사용법 등을 일일이 설명해 주셨다. 혹시 춥거나 불편하지 않도록 세심하게 마음 써주시고 내일을 위해 아파트 키와 비밀번호까지 챙겨 주셨다. "감사합니다. 형수님! 상무님, 편히 주무십시오!" 하고 취침인사를 드리고는 주신 추리닝으로 갈아입었다. 좀 전에 추리닝을 받아든 순간 두 분의 때 묻지 않은 성품을 느끼며 마음이 촉촉해졌었다. 십오 년도 넘은 회사 로고가 새겨진 추리닝을 아직도 갖고 계시다니… 따뜻한 동질감을 느꼈다. 대충 씻고 따뜻해진 침대로 쏙 들어가 휴대폰에서 아내 번호를 눌렀다.

"재미있게 지내고 있어? 당신이 말하는 '또다시 우뚝 서기' 잘될 거야. 조급해하지 말고, 한곳만 너무 바라보지 말고…다 내려놓고 편하게 즐기다 와."

아내의 따뜻한 취침인사를 들으면서 바로 꿈나라로 곯아 떨어졌다.

입춘을 지나 경칩을 목전에 둔 쑤저우Suzhou의 날씨는 추웠다. 남경 날씨와는 차원이 달랐다. 방 안 공기는 우풍 때문인지 한랭전선이었지만 후끈한 전기장판 덕분에 푹 잤다. 방 한쪽 면이 천정부터 발끝까지 유리창으로 확 트인 고층빌딩인지라 쳐진 커튼을 열어젖히니 아침 햇살이 방 안 가득 쏟아져 들어왔다. 어젯밤에는 몰랐는데 창가로 다가가서 보니 내려다보이는 뷰View가 환상적이었다. 특히 아파트 동과 동 사이로 보이는 바다인지 분간이 안 될 정도로 커다란 호수가 내 시선을 쏙 뺏어갔다.

형수님이 차려 주시는 정성 담긴 따뜻한 아침밥을 후딱 해치우고는, 셋이서 차를 타고 시동을 걸었다. 루키님은 나 때문에 평일인데도 회사에서 하루 휴가를 빼셨다. 한 시간 정도를 달려 '칠리산당가'라는 중국 옛 거리 도착, 각양각색의 인파로 북적이던 옛 거리를 눈요기와 입요기를 병행하며 천천히 걸었다. 운하를 오가는 배 위로 걸쳐진 아치형 돌다리 위에 걸터앉아 단체 셀카도 찍었다. 여기는 특히 골목골목 걸린 홍등들 때문에 밤이 되면 더욱 낭만적인 거리로 변신한다고 했다. 분명히 낮 시간인데도, 내 마음 속에서는 아까부터 홍등 불빛이 달빛과 어우러져 물 위에 '어른어른' 일렁거리고 있었다. 어딜 가나, 누구랑 있으나 즐거움 이면에 드리워진 그 헛헛함이란 어찌할 도리가 없었다. 좀 잔잔했으면 좋으련만….

집으로 돌아오는 길에 루키님이 지역 별미를 맛보여 주시겠다며 데리고 갔다. 아파트에서 멀지 않은 레스토랑이었는데 10가지가 넘는 면 재료를 육수국물에 담가 먹는 샤브샤브식 저녁을 맛있게 먹었다.

다음날은 각자 개인플레이를 하기로 했다. 루키님은 출근, 형수님은 마트에 장 보러 가시고, 나는 백팩에 책을 쟁여 넣고 지도 한 장 들고 아파트를 나와 걷기 시작했다. 쑤저우라는 도시는 원나라 때 이탈리아 상인이자 『동방견문록』의 저술자 '마르코 폴로'가 자신의 고향 '베네치아'와 너무도 빼닮은 쑤저우를 보고 '동양의 베네치아'라고 이름 지었을 만큼 항저우와 함께 '물의 도시'로 유명하다고 한다. 걷다보니 역시 도시가 온통 수로로 연결되어 있다는 것을 느낄 수 있었다. 다운타운으로 들어갔다가 미로처럼 얽힌 수로 위로 난 길을 따라 비우고 비우며 걸었다.

드디어 첫날 아침 아파트에서 내려다보았던 그 바다보다 큰 호수 '금계호'에 도착했다. 호수 너머에는 파리 개선문보다 6배나 크다는 바지 모양의 '동방지문'이 보였다. 그 중앙에 뻥 뚫린 '공_空'을 중심으로 어우러진 휘황찬란한 하늘과 햇살 내리비치는 금은빛 물 빛깔의 하모니는 순간 숨을 멎게 할 만치 아름다웠다. 호숫가에 깔려 있는 우드데크를 걷는 감촉이 호수를 바라보는 내 마음을 더욱 포근하게 만들어 주었다. 반걸음으로 아주 천천히 호수를 음미하며 프렌치카페 앞을 지날 때였다. 귀에 익은 기분 좋은 음악에 절로 발길이 멈춰 섰다.

"The falling leaves, drift by window….."
"저 떨어지는 잎새들, 창가에 휘날리고…."

'이브 몽땅'보다 내가 더 좋아하는 '넷 킹 콜'의 음성으로 샹송 「고엽Autumn Leaves」이 흘러나오고 있었다. "세상에, 여기서, 이 타이밍에 넷 킹 콜의 고엽을 듣다니…." 나는 순간 소름 돋음을 느끼며 그 카페 앞 벤치에 살며시 앉았다. 흘러나오는 선율 속에 반짝이는 은빛 물결을 한참 동안 바라만 보았다. 그러나 황홀했던 세로토닌 호르몬의 분비도 잠시뿐이었다. 아름다운 소리와 빛깔에만 주의를 집중시키고 있었는데도, 어느 순간 내 안의 참새는 이 나무 저 나무를 '푸드득푸드득' 날아다니며 왔다 갔다 했다. '또 니가 그러고 있구나.' 하고 바라만 보려고 애써 보았지만 쉽지 않았다. 지금 내가 처해있는 현실에서 스스로 반응 짓는… 좋다고 올라왔다가 푹 꺼져버리는 감정 사이클의 기복은 어디에 있건 도망칠 수가 없었다.

저녁에 우리는 각자 미션을 끝내고 아지트로 집결한 솔져Soldier처럼 아파트에서 다시 만났다. 장을 새로 봐 오신 형수님께서 진수성찬을 거하게 차려 주셔서 낮 동안 소진한 에너지를 과하게 보충했다. 과일을 먹으면서 루키님이 "오늘은 우리 다 같이 영화를 한 편 볼까?" 제안을 하셔서 다같이 "오케이" 했다. 한국영화 채널을 검색하다 「로봇소리」라는 영화를 선택했다. 당시 국내에서는 상영작으로 영화 제목은 들어 본 것 같았다. 아빠와 딸이 서로 사랑하는 마음을 점차 알아가는 내용이었는데, 영화가 끝나고 나서 딸아이에게 많이 미안함을 느꼈다.

나의 갑작스런 퇴임 소식을 듣고는 당시 몇몇 임원들께서 전화를 주셨다. 그분들께는 머리 숙여 감사드린다. 루키님도 그분들 중 한 분이시기는 했지만 완전히 다르셨다. 진정으로 가슴 아파하시며, "내가 있었으면 너를 계열사로 보내지도 않았을 텐데… 내 책임이 크다."라고 하셨던 그 한 말씀으로 모든 것을 위로 받은 기분이었다. 오히려 '나는 행복한 사람이구나.'라고 생각하며 미소 지을 수 있게 해 주신 분이다.

"영철아, 절대 조급하지 마라. 기업 오너 입장에서 사업을 맡기는 데 어떤 사람을 원할지 잘 생각해 보고, 레주메Resume를 작성할 때도 그래서 포인트가 중요하다.(…)"

쑤저우Suzhou에서의 마지막 밤. 내 삶의 향방을 걱정해 주시는 루키님과 나누는 이야기 속에 어둠은 깊어갔다. 아침 일찍 형수님이 차려 주시는 따끈한 밥을 얻어먹고는 문 앞에서 감사의 마음을 표하고는 엘리베이터를 탔다. 공항리무진 시간에 맞춰 루키님이 일부러 이른 출근을 하시면서 정류장에 나를 내려 주셨다. 직접 끊어 놓으신 버스표를 건네시면서 "조심히 잘 들어가라." 한마디 하시고는 차를 돌리셨다. 고맙고 감사한 마음으로 멀어지는 차에서 시선을 오랫동안 거두지 못했다.

상하이 푸동공항에 도착하여 백팩을 챙겨들고 리무진에서 내렸다. 오랜만에 상하이 땅을 밟아보니 감회가 새로웠다. 현역시절, 상하이 출장 중 한여름 무더위뿐만 아니라 백주와 싸웠던 기억, 여름밤 황포강가에서 맥주 캔 들고 바라본 동방명주의 황홀한 야경과 새벽까지 취했던 기억 등등.

일찌감치 티켓팅 및 출국수속을 마치고 면세구역 안으로 들어가 부산행 탑승게이트 주변에 자리를 잡고 앉았다. 리무진 안에서 읽던 책을 꺼내 마저 읽었다. 달리는 차 안에서는 책을 읽지 말라고 한 아내가 알면 혼날 일이지만, 이동하거나 기다리는 시간은 내겐 소중하고 행복한 시간이다. 좋아하는 책읽기에 마음껏 집중할 수 있는 최고의 자유시간이기 때문이다. 앞으로 어떤 삶을 살 것인가에 대한 물음에 대한 팁을 얻고자 넣어 온 강헌구의 『가슴 뛰는 삶』을 읽고 연필로 밑줄 친 문장들을 발췌하여 스프링 노트에 정리한 내용들이다.

비전은 '먹고 살기 위해 사는 삶, 죽지 못해 사는 그런 삶'을 멈추게 한다.

무언가를 성취하기 위해 더 멀리 바라보고 더 많은 시간 투자를 하라.

지금 당장 수입이 아니라, 먼 미래의 성공을 바라보며 인내하면서 시간투자를 해야 한다.

내가 하면 더 잘할 수 있는 것, 내 것과 비교하면 1% 부족해 보이는 것을 하라.

'가슴 뛰는 삶'의 매니페스토(Manifesto), 『사명선언문』을 작성하라.

내 자신과 타인들과 바람과 구름과 온 우주가 알게 하라.

익숙한 사람들과 익숙한 장소를 떠나 외톨이가 되어라. 그 속에서 필사의 의지와 절박감, 초인적인 능력이 깨어난다.

관 속에 드러누워 이번 생을 돌아본다면 무엇이 가장 후회스러울까? 원했으나 한 번도 시도하지 않았던 것들을 후회한다. 현명한 사람은 내일이라는 공수표를 믿지 않는다. 지금 당장 시작하라. 그렇지 않으면 당신의 묘비명도 '조지 버나드 쇼'의 것과 다를 바가 없다. "우물쭈물 하다가 내 이럴 줄 알았지"
– 강현구, 『가슴 뛰는 삶』 중에서

가슴 뛰는 삶을 살고자 하는 이들을 위한 가슴 치는 말들이 내게 싱잉볼Singing Bowl 소리가 되어 깊고 은은하게 오랫동안 울려 퍼졌다.

탑승 게이트 옆 대형 글라스월Glass Wall 너머를 응시했다. 뜨고, 앉고, 기어가고 있는 항공기들을 물끄러미 바라보았다. 지난 8일 간의 비움 여정을 녹화한 동영상이 정면 유리스크린에 비춰진 듯 또렷하게 리플레이 되었다. 슬라이드 장면들 사이에서 발견한 나 스스로에게 칭찬해주고 싶은 지점은 금번 여행기간 중에도 '코칭'에 대한 끈을 놓지 않았다는 것이다. 틈틈이 코칭 책도 공부하고, 난징에서도 쑤저우에서도 사실 코칭을 계속했었다. 난징의 죽마고우 친구 아파트에서의 마지막 밤이었다. 저녁을 먹고 식탁에 앉아 친구에게 '코칭'에 대한 간략한 소개를 해 주었다. 그런 다음 "한번 해 볼래?"라고 물었더니 그러마고 해서 코칭 대화를 시작한 것이 2시간 동안이나 진행되었다. 코칭이 끝나고 어땠는지를 솔직히 피드백해 달라고 했더니, 친구 왈 "전혀 기대하지 않았는데 생각했던 것보다 훨씬 좋았다."고 했다. 결국 친구는 내가 한국에 돌아가서도 계속 코칭을 받고 싶다고 하여, 돌아와서는 페이스톡 또는 스카이프로 텔레코칭세션을 총 8회까지 진행하고 만족스럽게 마무리되었다. 쑤저우에서는 한국에서 코칭하고 있던 고객과의 약속된 일정을 미룰 수 없어, 도착 첫날 저녁에 두 분께 양해를 구하고 밤늦은 낯선 공간인데도 코칭을 했다. 중국의 네트워크 사정상 와이파이가 거실에서만 터지는 바람에, 어떻게 보면 두 분을 방으로 밀어 넣고 객이 거실을 차지하여 보이스톡으로 코칭세션을 진행했다. 코칭 공부를 시작하고부터 나는 코칭을 하면 할수록 마법에 걸린 듯 코칭의 매력에 흠뻑 빠져들어 갔다.

내게 '가슴 뛰는 삶'이란, 모든 사람을 온전한 존재로 믿고 내면의 잠재력을 극대화하여 스스로 변화와 성장을 일궈내어 '가슴 뛰는 삶'을 살 수 있도록 지원하는 '코치의 길'이다. 굴기의 땅 여행을 통해 얻어 온 재스민 향기 짙게 배인 인향人香은 내 흔들림의 진폭을 줄이는 데 큰 도움이 되었다. 가끔 삶의 공간과 환경을 좀 더 낯선 곳으로 옮길 필요가 있겠다. 거기서 나를 발견하기 위한 질문을 던지고, 내면을 향한 여정을 떠나 보는 것이 얼마나 중요한지를 새삼 깨달았다. '난징~쑤저우'에서의 재스민 향기 나는 여정은 내게 또 하나의 소중한 경험자산으로 내 마음근육 속 깊이 저장되었다. 가슴 깊이 감사드린다.

티베트의 위대한 성자 '밀라레빠'는 여행을 떠나는 것만으로도 깨달음의 반을 성취한다고 했다. 나는 내 삶의 목적을 향한 큰 여정에서 낯선 여행지에서 처음 만나는 타자들과의 다양한 마주침을 위해 매순간 작은 여행을 떠나고 싶다.

"여행은 새로운 가능성에 눈뜨게 하고, 자기다운 삶의 방식을 깨닫게 해 준다."

◎ 코칭적 레슨 - 연민(Compassion)과 공감(Empathy)

• 연민(Compassion)은 어떤 사람에 대한 관심, 친절, 배려 그리고 심지어는 동감(Sympathy)까지를 느낄 수 있도록 표현하는 것이다. 공감(Empathy)은 당신이 다른 사람들과 같은 경험, 느낌, 생각을 해 보았기 때문에 당신이 그들의 경험, 느낌, 생각을 충분히 이해해 주는 것이다. 두 가지 다 코칭에서는 필수적인 요소들이다.
  − 한국코칭센터, 『CEP 매뉴얼』

산상에서의
도인 코스프레

"바람에 몸을 맡겨 봐."

나를 내려주고 다시 운전석에 오르기 전 아내가 내게 당부한
말이다.

"응, 알았어. 고마워. 조심해서 내려가."

아내의 차 문을 닫아주며 나는 대답했다.

오월의 철쭉꽃 활짝 핀 산등성이에 나를 내려 주고는 왔던 길
을 되돌아가는 아내의 차가 이내 시야에서 사라졌다. 매형에게

받아 놓았던 열쇠로 컨테이너 하우스 문을 열고 신발은 바깥에 벗어 둔 채 방 안으로 들어섰다. 컨테이너 하우스는 저쪽 아래에 있는 관리사무소와는 뚝 떨어져 있어 혼자 고독을 짓기에는 딱 안성맞춤이었다.

며칠 전, 집에서 저녁을 먹으며 '자연인' 관련 TV프로그램을 보다가 곧바로 막내매형에게 전화를 걸었다. 산에서 혼자 고독을 뽀개고 싶다는 생각을 그 TV 속 자연인이 불을 지폈다. 지난 봄 누이들을 따라와 컨테이너에서 하룻밤 묵어 본 경험이 있었기에… 매형에게 오케이 사인을 받고는 아내에게 산에 들어가서 며칠만 살고 오겠다고 승낙을 얻었다. 다음날 아침, 최소 생필품만을 챙기고 있는데, "자연인 하려면 제대로 해 봐야지." 하면서 아내는 즉석에서 막장을 만들어 주었다. 이어서 아내가 태워다주는 차에 얹혀 해발 약 900미터 고지 산 위에 도착했다.

몇 년 전 막내매형은 도시생활을 접고 고향인 '합천'으로 귀촌했다. 마을에서 노부모님을 모시고 살면서, '황매산 오토캠핑장'을 마을청년회 소속으로 운영하고 있는 걸로 알고 있다. 내 고향도 지리적으로 떨어져 있지만 '합천'인지라 이쪽 동네로 방향을 잡을라치면 콧속으로 들어오는 공기부터가 다르다. 막냇누이는 도시에서 교직에 몸담고 있다 보니…, 아니 보통 여자들은 산골에 들어와 살 마음이 없다 하니 가끔 매형과 산상데이트를 즐기러 오곤 했다. 그 덕분에 지난번 셋째누이, 막냇누이와 함께 와서 불타는 철쭉과 억새 군락지 산행을 하고 하룻밤을 지새웠다. 그 날 밤 산 위에서 올려다 본 새까만 밤하늘에 떠 있던 초롱초롱한 별빛은 잊지 못할 환희의 여운으로 남아 있었다.

회색 컨테이너 하우스 내부는 아주 좁지만 냉장고, 가스레인지, 싱크대, 바닥 전기보일러까지 있을 건 다 있었다. 챙겨 넣어 온 쌀·김치·라면의 생필 먹거리를 대충 전투배치 시켜 놓고 가방에서 읽을 책, 코칭 텍스트북, 노트북컴퓨터 등을 꺼내 놓았다. 다행히 작은 접이식 밥상이 하나 있어 앉은뱅이책상 대용으로 방 한가운데 펴 놓고 노트북컴퓨터를 올렸다. 방문을 활짝 열어 놓으니 스크린도어 그물망 사이로 오월의 싱그러운 햇살과 철쭉꽃 향기와 산들바람이 방 안으로 우루루 쏟아져 들어왔다. 전국에서 50만 명 이상이 몰린다는 유명한 '황매산 철쭉제' 기간이었는데도 끝물 평일이라 그런지 사람들이 거의 없었다. 나는 방을 나서 등산화 끈을 질끈 동여매고 오토캠핑장 좌측 개울을 건너 불타는 철쭉군락 봉우리를 올랐다. 등산로 바닥에 멍석처럼 거적을 깔아놓은 덕에 걸을 때 발바닥 쿠션감이 좋았다. 철쭉꽃들 사이로 난 산책로를 느적느적 걸었다. 베틀봉 방향으로 천천히 걸어 올라갔다가 중간 봉우리쯤에서 방향을 틀어 내려왔다가 다시 올라가기를 몇 번을 반복했는지 모른다. '격랑 없는 바다가 없듯이 일렁이지 않는 마음은 없다'는 것을 마치 증명이라도 하려는 것이었을까? 내면의 백성들이 무차별로 아우성치며 올라왔다. 머리를 몇 차례

흔들고 산책로 흙벽에 기대어 선 채로 스마트폰을 꺼냈다. 메모장에 그 순간의 사유로 퍼즐링되어진 생각조각들을 주워 담았다. 다음은 그때 양 엄지손가락이 애쓰며 저장해 뒀던 내용이다.

신이 죽은 후 실존조건이 정해진 바 없고, 나의 존재방식을 지금 스스로 결정해야 한다.

상(相)을 바꾸는 현재를 기투하자. 죽음이 찾아오면 내가 한 행동 외에는 남는 것이 없다 했다.

업&다운의 반복은 긍정과 부정의 감정이 공전하고 있다는 것! 내버려 두는 것이 강한 멘탈이다.

알아차리고 흘려보내자. 내면의 메스꺼운 감각을 피하지 말자.

행복에 대한 집착이나 불확실함과 모호함을 외면하기 위해 싸우거나 도망치지 말자.

마음은 언제나 모르는 것에 붙들리고 아는 것에 매달리니 도(道)로써 마음 단속을 하자.

나는 유니크(Unique)하고 온리 원(Only One)인 길가에 핀 풀꽃이다. 잡초 마인드로 밟히고 일어서면서 바닥 삶을 살아보자.

Do Best@Controllable, Put-Down@Uncontrollable(할 수 있는 것에 최선을 다하고, 할 수 없는 것은 내려놓기 위해 구성한 나만의 문장이다).

마지막으로, 몸과 마음에 힘을 빼자.

철쭉과 억새 군락지로는 전국 두 번째라면 서러워할 만큼 아름다운 산상화원답게 수많은 사람들이 밟고 뭉개고 다녀갔다. 그 무게에 땅이 내려앉은 탓인지 푹 꺼진 산책로를 따라 철쭉 속에 파묻혀서 오르락 내리락을 반복하며 머릿속 목소리는 롤러코스터를 탔다. 아래쪽 오토캠핑장이 시원스레 내려다보이는 길가 작은 바위에 걸터앉았다. 시선이 산 쪽에 핀 철쭉꽃에 머물렀을 때 덤불 속 바위 표면에 얼룩처럼 그려진 뭔가가 눈에 들어왔다. 벌떡 일어나 다가가 자세히 살펴보니 내 눈에 마치 가부좌를 틀고 앉아 있는 도인의 형상이 보였다. 이 무슨 조화냐 싶어 '바위 꽃 도인'을 마주보고 앉아 한참동안 면벽사유 포즈를 취했다. '비우고, 내려놓고, 내면의 소리에 따라 나의 길을 뚜벅뚜벅 걸어가리라'며 눈을 감고 두 손을 모아 바위 꽃 도인과 깊게 소통한 후 봉우리를 내려왔다.

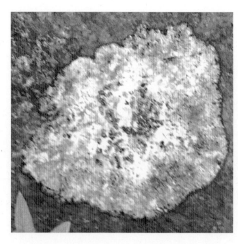

황매산 바위꽃 도인

산등성이라 그런지 해가 뉘엿뉘엿하더니만 둘러싼 봉우리들이 금세 검푸른 색으로 옷을 갈아입었다. 최우선적으로 첫날 저녁밥을 해결해야 했다. 컨테이너 안을 두리번거리다보니 싱크대 밑에서 조그맣고 찌그러진 양은냄비 하나가 발견되었다. 밥을 앉혀놓고는 찬을 해결하기 위해 밖으로 나섰다. 인기척이 전혀 없는 불 꺼진 오토캠핑장을 아래로 굽어보며 낮에 봐 뒀던 굵은 민들레들이 많이 피어 있는 개울가 풀밭으로 갔다. 깨끗하고 싱싱해 보이는 놈으로 몇 포기를 과일칼로 뿌리째 캐서 개울물에서 꽃대를 떼내고 다듬고 씻어서 가져왔다. 다 된 밥을 밥그릇에 옮겨 담아 놓고는 양은냄비에 다시 물을 붓고 라면 한 봉지도 끓였다. 아내가 싸준 김치와 자연인 특별식 막장까지 꺼내 놓고 보니 혼밥상이 푸짐했다. 라면국물에 밥을 말아서 민들레를 막장에 푹 찍어서 맛있는 저녁을 먹고 나니 산상도인의 만찬이 따로 없었다.

설거지를 간단히 마치고 다방커피(일회용 밀크커피) 한 잔을 타서 들고 컨테이너 문지방에 걸터앉아 시커먼 주변을 둘러보았다. 막내매형과 교대로 근무하시던 관리인도 야영객이 없다 보니 해가 지기 전에 내려가셨고, 저녁시간 이후 해발 900M 고지 산등성이를 나는 통째 접수하였다. 올려다 본 밤하늘은 어찌 그리도 높고, 별들은 어찌 그리 총총한지, 공기와 바람은 어찌 그리 달콤한지…. 불교에서 '불립문자'라 했건만 나는 우주 하늘 아래서 말 너머의 또 다른 표현을 찾지 못한 채 잠시 동안 취해 있었다. 방문 밖으로 환한 불빛이 달려 나가게 문을 열어 둔 채로 싸들고 온 책

보따리를 풀었다. 손에 먼저 잡히는 어여쁜 놈들부터 펼쳐들고 그 속의 보석들을 황홀하게 캐내는 작업을 시작했다.

밤 10시, 스마트폰 알람이 진동하며 때가 되었음을 알렸다. 무장해제 상태에서 옷들을 다시 챙겨 입고 바람막이 외투의 지퍼를 올리고 등산화 끈을 조여 매고는 검은 모자를 눌러 썼다. 방 안에 전등은 켜 둔 채 방문 자물쇠를 채우고는 컨테이너 하우스를 나섰다. 구름이 달님을 가려서인지 달빛은 온데간데없고 별빛만이 희미하게 비춰주는 길을 따라 산 정상을 향해 발걸음을 뗐다. 흰 것은 길이요, 검은 것은 산이요, 나무요, 풀이었다. 낮엔 그렇게 예쁘고 아름답던 꽃과 나무가 밤이 되니 시커먼스로 돌변하여 올라가는 내내 내 앞으로 툭툭 튀어나왔다. '밤길에 마주치면 제일 겁나는 것이 사람이라 했었지…(허허)'라며 잡생각도 일어났다.

산꼭대기에 점점 가까워질수록 뒤에서 잡아당기는 등골의 오싹함과 중력의 힘이 합쳐져 두 배로 힘들게 했지만 그 또한 내가 어떻게 할 수 있는 게 아니었다. 어둠은 엄정한 자연의 법칙에 따라 단지 해가 자러 들어간 사이시간이며, 밝음이 어둠으로 바뀐 연속공간에 불과하다. 그럼에도 그 어둠 앞에서 껍데기적 생존을 두려워하고 있는 작은 존재가 인간이요 그때 그 인간이 '나'였다. 그렇게 용광로처럼 들끓던 내면의 부글거림은 어디로 갔단 말인가? 몸뚱이에 대한 표피적 두려움 앞에 내면적 괴로움은 한방에 다 증발해 버렸단 말인가….

산 중턱에 다다라 어둠 속에 깊이 잠들어 있는 황매산성 성루의 윤곽을 확인하고는, 고바위 계단을 올라 드디어 해발 1108M가 적혀 있는 황매산 정상 팻말을 만났다. 시원한 우주하늘바람이 양다리 사이와 겨드랑이 사이를 파고들며 축축한 땀을 말리고 영혼을 씻어주었다. 황매산 정상을 기점으로 양쪽으로 갈라진 합천군과 산청군의 저 멀리 마을 불빛들과 검게 드러누운 황매평원을 번갈아 응시해 보았다. 선 채로 두 팔을 벌리고 눈을 감고 우주의 기를 받아들이는 '도인 코스프레'를 펼쳤다. 땀이 다 식고 마음이 밑으로 가라앉았을 무렵 올랐던 길을 되돌아 내려왔다. 해발 1,000M 고지 평원까지 내려왔을 때 오른쪽으로 펼쳐진 황매산성 누각의 기와지붕 너머 산청군 쪽 야간 불빛이 유난히 반짝거렸다. 고원을 지난 뒤 작은 반대편 경사로를 거슬러 올라 사실상 오늘 야간 산행의 목표지점인 베틀봉 정상에 위치한 초소에 당도했다. 모자와 백팩을 벗어 던져놓고는 나무평상 위에 올라서서 세차게 불어 올라오는 심야의 산바람을 마음껏 들이켰다. 잠시 후 땅바닥으로 내려서서 별 총총 밤하늘의 북극성과 북두칠성의 위치를 더듬어 보았다. 평평한 곳이었지만 가장 안정적인 곳에 두 다리를 벌려 섰다. 그리고 양팔을 앞으로 둥글게 펴서 손바닥을 단전을 향하게 한 다음, 코칭을 인연으로 배웠던 내 나름의 우주와 호흡하는 심야 산상 의식Ritual을 거행했다.

"매 순간 깨어 있어서 만나는 모든 것들을 감사와 사랑으로 대하리라!"

"천지신명이시여, 저에게 올바른 질문을 할 수 있는 힘을 주십시오!"

산꼭대기 일점에 서 있는 '나'와 '별'과 '달'과 '바람'과 '우주'가 연결되는 기운을 알아차리기 위한 시도는 내 안의 내가 주는 메시지를 받아들이기 위한 발버둥이었다. 모산재 방면으로 계단식 등산로를 타고 내려와 다시 컨테이너 하우스 방으로 돌아오니 자정을 훌쩍 넘긴 시간이었다.

그렇게 일주일간을 '산상 도인 코스프레'를 거행했다. 낮에는 산길을 걸었고, 황매산성 돌담 위에 올라앉아 명상도 하면서, 책 읽기와 코칭 공부는 빼놓지 않았다. 밤에는 내 안의 내가 주는 메시지와 접속하기 위해 계속 발버둥쳤던 시간들이었다. 그래, 차라리 발악이었다고 하는 게 더 맞을 듯하다.

내 인생에 가설은 있는가? 보다 나은 삶으로 질적 전환을 하고자한다면 내 삶의 가설을 성립시킬 수 있어야 한다. 가설이란 것은 가정보다는 구체적이고 예측보다는 과학적이고 예언보다는 현실적이다.
가설은 반드시 검증되어야 한다. 그리고 현실화되고 구체화될 수 있는 것이어야 한다. 그러니까 가설이 없는 삶, 발전적인 인과가 성립할 수 없는 삶이라면 삶이란 개념은 성립하지 않는다. 막 사는 삶,

되는 대로 굴러가는 삶이라면 그것은 연명일 뿐이지 삶은 아니다.

우주로 나가자면 지구를 떠나야 하고 지구를 떠나자면 지구의 인력, 중력장을 차고 나갈 탈출력이 있어야 한다. 지구의 중력장을 차고 나가는 로켓을 새롭게 만들어야 한다. 그러니까 우주적 조망이 성립하는 자아실현의 가설은 나로부터의 탈출력에서 성립한다.

우리가 많은 생각을 하지만 가설을 성립시킬 수 없으면 그것은 생각이 아니고 번뇌, 망상이다. 생각은 반드시 가설을 성립시킨다. 가설은 새로운 것이고 새로 만드는 것이다. 가설은 가정과 다르다. 삶의 진보를 향한 원인력(=실천력)을 갖고 있을 때 가설이 성립한다. 가설이 성립할 수 있는 삶, 이것이 도전적인 삶이다.

어차피 도전하지 않을 수 없다. 도전을 포기한다면 그대로 끝날 수 없다. 지금의 시절은 무사안일하기를 바라는 것이 차라리 욕심이다. 오늘 열심히 하고, 내일 더 미친 듯이 열심히 하고, 이렇게 살아서는 안전한 생존은 불가능하다. 정말 안전하고자 한다면 가설을 성립시켜야 한다.

내 인생의 가설을 세울 수 있다는 것은, '나'의 중력장을 넘어서 내 인생의 우주정거장을 만드는 일이다. 그것을 만들기 위해서는 깨어 있는 혼, 깨어 있는 행위가 필요하다. 그것만이 내일을 이야기할 수 있고 희망을 이야기할 수 있다. 그것이 생존을 담보할 수 있는 준비된 실천이다.

– 배영순, 「배영순 교수의 방하 한 생각」(문화일보) 중에서 –

아랍에미리트UAE 두바이에서 근무하던 시절, 직속 임원께서 주기적으로 신문칼럼을 프린트하여 자신의 생각까지 손글씨로 말풍선을 달아 직원들에게 공유하신 적이 있었다. 당시 '관리부장'이었던 내게 당신의 이런 의향을 미리 물어와 "좋을 것 같습니다."라고 했더니 바로 시행에 들어가셨다. 나는 그 출력물을 구성원들에게 배포하며 내 스프링노트에 스크랩 해두었다. 그 통찰적인 글귀들이 너무 좋았던 탓에 국내에 복귀해서도 자주 문화일보 '배영순 교수'의 칼럼을 인터넷으로 일독하며 일깨움을 얻어 왔다. 어느 날, 스프링노트를 뒤적거리다 발견한 오래전에 파일링 해 놓은 위 글은, 현재의 내가 갇혀 있는 중력장을 넘어서서 내 삶의 새로운 우주정거장을 만들라며 강력한 메시지를 던져 주었다.

나의 황매산상 도인 코스프레는 내게 『무문관』처럼 자연스레 자리매김 되었다. 집으로 돌아온 이후 나의 심야 홀로산행은 그 뒤 몇 차례 더 진행되었다. 일상에서 탈출한 마음이 내면을 괴롭힐 때면, 군대에서 '고향 앞으로' 명을 받은 병사처럼, 아무에게도 말하지 않은 채 심야 황매산을 만나러 튀어나갔었다.

비가 내리는 어느 날 오후였다. 헛헛한 마음을 도저히 수습할 길이 없어 핸들을 고향 앞으로 꺾어 저녁녘에 도착했다. 우산을 쓰고 비 내리는 해발 1,000미터 고지 평원을 올랐다. 그곳에는 중간 키의 나무 한 그루가 산청 방향을 바라보며 항상 서 있었는데 그날도 그 나무만이 나를 맞이해주었다. 우산을 내던지고 나무 아래에 서서 내리는 비를 맞았다. 하늘과 우주 공간에 나를 허용시키고자 선 채로 눈을 감고 명상에 잠겼다. 불안함도 집착도 있음 그 자체로 받아들이며 생각을 관(觀)하려 애를 썼다. 그러나 바깥의 비바람 몰아치는 물리적 날씨와 내 안의 감정적 날씨 간 화학적 반응이 증폭된 듯 시간이 지날수록 더 헝클어지고 힘들었던 기억이 있다. 만일 그때 어떤 등산객이 내 모습을 보기라도 했다면 아마도 산 위에 실성한 사람이 있다고 119에 신고를 했을지도….

  시간이 흘러 생각해 보니 이제는 조금 알 것 같다. 그때는 비우고자 떠난다고 말을 했지만, 실제는 도인 코스프레로 너스레를 떨며 비움이 아니라 오히려 채우려 발버둥 쳤음을….

◎ 코칭적 레슨 – 메시징(Messaging) 스킬

• 코칭에서의 메시지는 상투적이거나 평범한 말이 아니다. 메시지는 항상 개인에 맞게 만들어진다. 상투적인 말은 기억 속에서 나오지만 메시지는 영혼에서 나온다. 일반적인 메시징 형식은 '요청한다(Request)', '확인한다(Identify)', '알려준다(Inform)'이다. 메시징은 간결하고, 중립적이며, 시의적절한 언어로 바꾸는 것이다. 따라서 코치라면 '요청받지 않은 조언은 비난이다.'라는 말을 뼛속 깊이 묻어 두어야 한다고 생각한다.

남쪽바다
70리 길을 걸으며

"조심히 잘 다녀와! 너무 무리하지 말구…."

진해루 앞에 나를 내려주고는 아내의 차는 어디론가 제 갈 길로 미끄러져 갔다. 바닷가 쪽에 서 있는 안내지도 앞으로 갔다. '진해바다 70리 길 주요관광안내'라는 큰 타이틀 아래 1구간에서 7구간까지 길과 사진들을 예쁘게 그려 놓은 나무안내판 앞에서 그날 트레킹 할 루트Route를 전체적으로 살펴보았다.

'이왕이면 끝에서 끝까지 가 보자' 싶어 지도에 안내되어 있는 출발점인 속천 방파제로 갔다. 방파제 바다 쪽 끝에 있는 하얀 등대가 내게 오라 손짓하여 가까이 다가가 등대 눈을 올려다보며 우뚝 서 있는 밋밋하고 하얀 다리를 쓰다듬어 주었다. 그 아래 벤치에는 실오라기 하나 걸치지 않은 브론즈Bronze 인어 아가씨가 다소곳이 앉아 있었다. 누군가를 기다리며 바다를 응시하는 그녀의 슬픈 눈망울이 내 마음속으로 타고 들어오는 듯했다. 왠지 부끄러워 옆에 앉아보지도 못하고 멍하니 서 있다가 그녀에게 안녕을 고하고 진해바다 70리 길 시작점을 출발했다.

'스토리가 있는 벽화길'이라 안내되어 있는 속천 어촌 골목길을 들어가 보았다. 오래된 집들 외벽을 바다그림으로 채색해 놓은 안곡마을 안길을 둘러보고 돌아 나왔다. 거기서부터 오른편으로 바다를 끼고 본격 걷기에 시동을 걸었다. 낚싯배들이 옆으로 줄지어 차례로 묶인 긴 부두를 지나니 속천 유람선 선착장이 눈앞에 다가왔다. 이곳 속천항은 예전에 거제까지 카페리선이 왕래했을 당시만 해도 배에 오를 자동차들이 길게 줄지어 서 있던 제법 시끌벅적한 항이었다. 그런데 거가대교가 놓인 후로는 역사 속 전설이 되어 버렸다. 나도 두 아이들이 어렸을 때 여기서 카페리호에 차를 싣고 거제도로 가족여행을 자주 다녔었는데…. 속천항을 뒤로하고 '진해루' 원점까지 다시 왔다. 거북선 모양의 2층 카페, 따뜻한 아메리카노 커피 한 잔을 시켜 놓고 호수 같은 바다를 정원 삼아 책 읽기 삼매경에 빠져들기에 좋은 곳, 언제부턴가 혼자 놀기 선수가 되면서 찜해놓은 내 아지트다. 나름 이름 붙인 쉼터 '거북다방'을 뒤로하고 본격적으로 트레킹을 시작했다.

'도道란 걸으면서 생각하는 것이다.'

언제부턴가 내게 각인되어 있던 이 말에 나는 백 퍼센트 동의한다. 11호 자가용을 운전해서 걷노라면 참 많은 머릿속 목소리들이 쉴 새 없이 재잘거린다. 그러다가 어느 순간 솟아오른 구슬땀과 거친 숨소리의 주인공인 '몸'이라는 하드웨어와 메스껍고 뻘쭘한 감정의 주인공인 '마음'이라는 소프트웨어가 접속되면 비로소 에너지 밸런스를 이루면서 전 시스템이 웜업Warm-up되며 가뿐해진다. 이론적으론 자율신경계의 교감·부교감신경의 밀당으로 심장박동, 혈관 및 소화기관이 하나둘씩 수축·이완 정리되어 가벼워지는 지점에 다다르게 되는 것이리라. 찰나일지라도 박카스 같은 기분을 느끼고 싶은 마음에, 나는 굳이 버스를 타야 할 거리가 아니면 무조건 걷기를 일상화했다. 어젯밤, '진해 바닷가 70리 길' 일일 트레킹 계획을 아내에게 구두 신고한 후 물 한 병, 과일 몇 개, 초콜릿 몇 개 그리고 책은 한 권만 넣어서 가볍게 백팩을 쌌다.

늦지도 빠르지도 않은 보폭으로 눈에 들어오는 풍광과 사람들을 즐기며 걸었다. 늘 쓰고 다니던 검은 골프모자에 시꺼먼 선글라스 너머로 바라본 5월 아침의 진해바다는 화려하진 않지만 잔잔히 빛나는 매력을 발산했다. 바다 위를 두둥실 떠다니며 물속으로 오르락내리락 물질하는 오리 떼를 눈에서 떼어내며 소죽도 팔각정을 올랐다. 평일 아침이라 인적 없는 텅 빈 공간을 오롯이 향유하며, 은빛 '해海 바라기'는 그 순간 내 안에서 올라오는 감정 쓰레기들을 공기 중에 하치시켰다. 물 빠진 갯벌에 앉아 조개를 캐는 몇몇 어르신들, 그 사이를 비집고 먹잇감을 찾아 뒤뚱거리는 갈매기들, 저 멀리 바다 한가운데 닻을 내리고 일렁이는 배들까지 모든 게 살아 움직이고 있었다. 가만히 멈춰 있는 것은 아무것도 없었다. 지금은 자그마한 둔덕으로 쪼그라들었지만 옛날엔 '작은 대나무 섬'이라 이름 붙여질 정도로 제법 성했을 법한 '소죽도'의 계단을 총총히 내려와 다시 발걸음을 뗐다.

동그랗게 둘러싸인 소담한 항구와 추억의 기찻길이 나 있는 행암항에 도착, 그곳은 바다라기보다는 작은 연못처럼 폭 둘러싸여 고요하고 포근한 운치가 있었다. 계단식 시멘트 부두의 바닥에 그려진 아트페인팅들은 볼 때마다 가족과 함께 와서 불판 올려 굽고 싶은 충동을 일게 했다. 군용철로가 나 있는 기찻길 받침목을 징검징검 걸어 자판기 커피 한 잔을 뽑아 들고 나무 그늘 밑 벤치에 앉았다. 아무도 없는 부둣가에서 바다를 정면으로 응시했다. 가만히 앉아 비우려는데 그냥 속에서 뭔가가 꾸역꾸역 밀고 올라왔다. 몸의 작동을 멈추기만 하면 '이때다.' 하고 내면의 백성들이 들고 일어났다. 괭이, 쇠스랑, 곡괭이, 삽 등 내 안의 백성들이 들고 위협하는 농기구 무기들이 무서워서가 아니라 그 불편한 심기에 눈앞에 찰랑거리는 FRP통통배 속으로 숨어들고 싶었다. '바닥까지 내려가 보자.'고 되뇌면서도 바닥을 확인하기도 전에 차오르고 싶어 하는 용기 없는 나를 관찰하고 있었다.

일회용 커피잔을 자판기 옆 쓰레기통 입으로 던져 주고 다시 발걸음을 옮겼다. 임진왜란 두 번째 해전지로 알려진 웅천 땅 '합포 승전길'을 따라 소박한 '처박기' 낚시꾼들에게는 정감 어린 수치해변을 지났다. 현역 시절, 시장 환경의 부침에 따른 기업의 악화된 경영상황을 돌파하고자, 이순신 장군의 리더십을 접목시켜 '필사즉생, 배수지진, 명량대첩' 등의 키워드로 중무장한 '위기경영'을 기획하고 실행하여 목표달성을 일궈냈던 기억은 뿌듯하다. 그때 그 일을 계기로 이순신이라는 역사적 인물에게 매료되어 그에 관한 책과 자료를 탐독했고, 그때 읽은 『난중일기』의 글 고랑들 사이에서 위대한 평범함을 발견할 수 있었다. 그는 싸움이 없을 때는 진중에서 부하들과 회식을 통한 소통을 많이 했고, 또 자주 몸살을 앓아 구들장에 군불을 지피며 몇날 며칠씩 땀을 빼기도 했다. 난중에 기록한 그의 진솔한 일기 속에서 그도 나와 별반 다르지 않다는 '이순신'이라는 순수한 인간 면모를 만나 볼 수 있었다. 그 모습을 통해 동일 존재이자 품 큰 리더로서 더 깊이 존경하게 되었다. 잠시나마 성웅의 숨결을 느끼며 웅천 땅을 밟고 지나왔다.

오른쪽으로 STX조선소가 내려다 보였다. 거듭되는 글로벌 조선경기 불황으로 물량이 줄어 도크에는 건조중인 배가 드문드문 있고 '웅웅'거리는 크레인과 중장비들 사이로 작업자들이 개미처럼 움직이고 있었다. 그 순간 또 내 마음은 나도 모르게 과거 기억에 찰싹 달라붙어 조선소와 유사한 중공업 현장의 모습들을 하나둘씩 떠올렸다. "내가 지금 여기서 뭐하고 있지? 왜 내가 여기서 이러고 있어야 하지?"라며 불편한 감정에 붙들렸다. 기업만 보면 이런 생각·감정이 올라오니⋯ 일단 병명을 '기업병'이라고 자가 진단했다. 재빨리 머리를 털며 다시 걸음을 재촉해 해양공원에 도착하니 점심때가 훌쩍 지나 배가 몹시 고팠다. 우선 허기진 식욕부터 해결하고자 연육교를 건너 퇴역군함 두 척이 내려다보이는 2층 편의식당의 창가에 자리를 잡았다. 모녀가 같이 하는 식당 같았는데 손님이 아무도 없었다. 라면정식을 시켰는데도 자율배식 밑반찬을 대여섯 가지나 잔뜩 담아주신 덕에 배를 한가득 채웠다. '아하, 이래서 욕구는 낮은 단계가 충족되어야 높은 단계로 나아갈 수 있다고 했구나!'를 몸소 체험했다. '매슬로우 욕구 5단계' 중 1단계 '생리적 욕구'를 해결했으니, 이젠 다음 단계로 나아가기 위해 식당을 힘차게 나섰다.

음지도 연육교를 되돌아 나오니 오른쪽으로 한국판 모세의 기적 '동섬'으로 가는 바닷길이 열려 있었다. '신비의 바닷길 동섬'이라 적혀 있는 갈색나무 포털을 지나 내려서 양쪽으로 갈린 바닷물 사이로 밖으로 드러난 모래바닥을 밟으며 자그마한 섬에 올랐다. 울퉁불퉁한 바위 위에 설치해 놓은 우드데크길을 한 바퀴 돌아 섬봉우리에 올랐다. '우와' 할 경관은 없었지만 오래전부터 그 자리를 지켜 온 소나무는 고즈넉이 해풍을 빗질하고 있었다. 바닷물이 갈라질 때면 어김없이 찾아드는 입도객들이 귀찮을 법도 한데, 푸른빛으로 반가이 맞이해주는 넉넉한 해송의 자태에서 '평상심시도平常心是道'를 배울 수 있었다. 그 자연의 '그냥 있음'을 그대로 닮고 싶은 심정뿐이었다.

　동섬을 뒤로하고 어촌의 아름다운 해안선을 따라 걸어 올랐다. 약간 오르막인 산자락 길옆에서 이번에는 '삼포로 가는 길' 노래비를 만났다. 비석 발에 붙어 있는 버튼을 누르니 80년대 학창시절에 많이 들었던 가수 '강은철'의 그때 그 노래가 음향시설에서 잔잔히 흘러 나왔다. 나무담장 너머 삼포마을의 정경을 바라보노라니 아름다운 어촌의 정취가 노랫말에 고스란히 담겨 있었다. 인생이란 구름 한 점 일어났다 흩어지는 것이라고 했건만, 긴 한숨 그만 쉬고 편안하게 고향으로 돌아갈 수 있기를…. 노래비 중앙에 박혀 있는 배의 조타 핸들 돌조각에 새겨진 가사를 흥얼흥얼 따라 불러보았다.

> 바람 부는 저 들길 끝에는 삼포로 가는 길 있겠지.
> 굽이굽이 산길 걷다 보면 한 발 두 발 한숨만 나오네.
> 아아 뜬구름 하나 삼포로 가거든 정든 님 소식 좀 전해주렴.
> 나도 따라 삼포로 간다고.
> 사랑도 이젠 소용없네. 삼포로 나는 가야지.
> - 강은철, 「삼포로 가는 길」 가사 중에서 -

　삼포마을을 벗어나 웅포해전기념비를 멀찍이 스쳐 지나 흰돌메공원에 도착했다. 차를 주차해 놓고 쉴 수 있는 공간과 전망대가 있다 보니 사람들이 제법 북적거렸다. 휴게소에서 생수 한 병을 사들고 빈 벤치를 골라 앉아 '꿀꺽꿀꺽' 들이켰다. 땀을 어느 정도 식히고는 계단을 올라 도로 위를 횡단하는 구름다리를 건넜다. 정면에 흰 글씨로 '흰돌메공원'이라 크게 박혀 있는 우드데크를 돌아 올라 전망대에 섰다. 옛날 팀장 보임을 받은 그 주말, 이곳에 왔던 기억이 또렷이 떠올랐다. 처음으로 팀장 보임을 받은 터라 정말 잘하고 싶다는 열망이 끓어 넘쳤다. 주중에 서울 교보문고에서 『팀장 리더십』이라는 책을 한 권 골라 주말에 집에 내려와 이곳으로 왔었다. 거의 한나절을 투자하여 책을 완독하고는 팀장으로서의 행동강령까지 여기서 노트에 그렸었는데…. 세월이 흘렀지만 그때 그 팀장은 여전히 그 자리에 함께해 있었다.

바다를 메운 간척지 위에 세워진 신항만의 크레인들과 신축 공장 빌딩들을 조망하면서 가슴 뚫리는 상쾌함도 잠시, '기업병'이 스멀스멀 또 도졌다. 가는 곳곳마다 공장건물이 올라가고 지도를 바꾸며 사업들이 활발히 진행되고 있는데, 내 경험과 역량으로 자리매김할 곳이 없단 말인가? 이러다 이 바닥에서 잊혀져 간 존재가 되는 건 아닌가? (…) 현역 시절, 긍정만을 노래하던 삶에서는 결코 상상할 수 없었던 부정적인 감정들이 마구 나를 긁었다. 활발발活潑發하게 움직이는 세상 바퀴와 한통속이 되어 구르지 못해, 불안, 집착, 원망까지 삐딱선을 타는 불유쾌한 내면을 어찌할 수 없었다. 그냥 들여다보고만 있을 수밖에는….

구름다리 계단을 내려와 바다를 오른쪽으로 끼고 용원 방향으로 발걸음을 옮겼다. 얼마 지나지 않아 황포돛대 노래비 앞에 다다랐다. 거기에도 가수 '이미자'의 노래를 들을 수 있는 발버튼이 있었지만 이번에는 누르지 않고 비석에 새겨진 노랫말만 음미했다. 노래비 앞에 외로이 띄워 놓은 녹물 잔뜩 밴 돛단배에게 어데로 가느냐고 묻지 않았다. 석양노을을 황포에 품고 순풍에 돛 단 듯 어디론가 떠나갔을 뱃사공을 그려본 후 그곳을 천천히 벗어났다.

드디어 이번 트레킹의 마지막 코스, 말발굽처럼 육지 안으로 움푹 들어와 있는 안골포 해안선을 돌아서 종착점인 '굴강' 선착장에 도착했다. 해가 벌써 뉘엿뉘엿 넘어가 있는 시각, 바다 가운데 서 있는 빨간 등대를 뒤로 세우고는 '찰칵' 인증샷을 찍었다. 굴강은 임진왜란 때 이곳에 거북선을 매어 두었다는 말도 전해 내려올 정도로 배의 수리나 보수 등을 맡았던 선박장의 구실을 했던 곳이라 되어 있었다. 근데 지금은 아무리 봐도 어떤 흔적이 그러한 목적과 연관되는지 연결이 잘 되지 않았다.

안골포 굴강 어시장을 돌아보고 나오는 길이었다. 바다를 향해 문을 활짝 열어 놓은 카페 하나가 눈에 들어와 70리 길 도착 세레모니 장소를 거기로 정했다. 1층 카운터에서 '카라멜 마끼아또' 한 잔을 주문하고는 2층 야외 테라스로 올라가 등받이가 푹신한 의자에 백팩을 내려놓고 자리를 찜했다. 화장실에서 얼굴의 땀을 대충 씻고 의자에 몸을 푹 파묻었다. 하루 종일 무거운 나를 싣고 다니느라 무지 고생한 11호 자가용에게 제일 먼저 휴식을 선사했다. 땀으로 빠져나간 당을 보충하기 위해 달콤한 마끼아또를 한 모금씩 음미하며 수평선 너머를 응시했다. 석양으로 변하여 사라지기 직전의 햇살이 눈부시게 부서지는 안골포만의 붉은 바다는 예전 두바이의 아틀란티스호텔 앞 '팜-아일랜드'에서 바라다보았던 은빛 바다 못지않았다. 내 안으로 저녁바다가 걸어 들어왔다.

남녘 진해바다 70리 길, 집 앞이라 늘 생각하고 있던 트레킹 버킷을 완수했다. 하루 종일 바다 내음을 맡으며 비우고 내려놓으려 걸었다. 카페 테이블 위에 놓인 스프링노트에 4색 볼펜으로 휘갈기면서 정리한 키워드는 '죽음', '바닥', '연결' 세 가지였다. 달달한 마끼아또 한 모금을 넘겼다. 현역 시절, 멈출 수 없었던 불기관차로서 조직을 위해서라면 무슨 일이라도 어디에서건 미친 듯이 내달렸었다. 내 아내뿐만 아니라 주변으로부터 "몸 좀 챙겨라. 그러다 큰일 난다."는 우려 섞인 말들을 들었음에도 나는 말귀를 알아듣지 못했다. 그렇다보니 모르긴 해도 내 안의 신이 나에게 마지막 기회를 주고자 죽음의 문턱을 향한 길에서 나를 중도 귀환시키지 않았을까…. 지금-현재를 선물이자 축복으로 믿는다.

곧 죽는다는 생각은 인생결단을 내릴 때 가장 중요한 도구였습니다. 죽음 앞에서는 외부의 기대, 자부심, 당혹감, 실패의 두려움은 모두 떨어져 나가고 오직 진실로 중요한 것만 남기 때문입니다. 죽음을 생각한다는 것은 무엇을 잃을지 모른다는 두려움에서 벗어나는 최고의 길입니다. (…) 죽음은 삶을 대신하여 변화를 만듭니다. (…) 여러분의 시간은 한정되어 있습니다. 따라서 다른 사람의 삶을 사느라 시간을 낭비하지 마십시오. (…) 가장 중요한 것은 가슴과 영감을 따르는 용기를 내는 것입니다. (…) 항상 배고파하고 항상 무모하십시오. 'Stay hungry, Stay foolish.'
– 스티브 잡스, 「스탠퍼드 대학교 졸업식 연설」 중에서

스티브 잡스의 너무도 많이 알려진 유명한 말이지만 '가슴과 영감을 따르는 용기'라는 대목에서 나는 심장이 벌렁거린다. 죽음이 진실이요, 죽음이 두려움에서 벗어나는 길이며, 죽음이 변화라는 것이라고? 이보다 더 강력한 삶의 패러독스가 있을까 싶다. 나름 생각 갈무리를 해보면 '죽음이 곧 삶이다.'라는 것이리라. 그러면서 그는 "죽음은 삶이 만든 최고의 발명품이며, 천국에 가고 싶어 하는 사람조차도 죽어서까지 천국에 가고 싶어 하지 않는다."는 유한 생명을 가진 존재로서의 진솔한 일침을 날렸다. 그런데 이 지점에서 아이러니는 결국 그도, 최고급의 값비싼 병원에서 최고의 의료진과 의료장비에 둘러싸인 상황에 직면해서야 삶에 대한 아름다움의 극치를 제대로 노래할 수 있지 않았을까 하는 것이다….

나는 그냥 산 날이 단 하루도 없었다. 매 순간 고민하고 깨어 있고자 노력했다. 나의 에너지로건 남의 에너지로건 간에 의식의 부

팅상태를 유지시키고 있었다. 어쨌거나 지금은 죽음으로부터 중도 귀환된 삶임을 인정하며, 남은 세컨드 라이프2nd Life의 후반전 삶은 '그냥' 살아야겠다는 생각이다. 내게 와 있는 그대로를 받아들여 순간순간에 충실하게 사는 것이다. 물론 말처럼 쉽지는 않다. 그렇지만 "그래, 바닥까지 내려가 보자. 일단 바닥을 확인하고 난 다음엔 차고 오를 일밖에 없을 것이니…."라며 가고자 한다.

땅과 바다, 그리고 모든 오브젝트가 다 연결된 하나의 우주임을 알아차려야 할진데…, 순간순간의 연결된 삶을 살다 생生의 끝점에 당도했을 때, 천상병 시인이 말한 것처럼 '소풍 끝나는 날 아름다웠노라.'고 나도 말하고 싶다.

◎ 코칭적 레슨
– 자기 자신 · 다른 사람 · 상황과의 연결(Connection)

• 연결은 창조력의 샘이다. 협력은 사람들의 강점을 키우고 혁신적 해결방안을 낳는 통로이다. 사람은 자기 자신과 연결되었을 때 자신감과 확신이 생긴다. 다른 사람들과의 연결은 커다란 성장잠재력을 만들어 낸다. 상황에 연결되면 주변 사람에 대한 의식이 향상된다. 코치가 고객과 진정으로 연결되면 한계라고 여겨지는 것 그 이상을 성취한다. – 한국코칭센터, 『CEP 매뉴얼』

Chapter 3

메시지가
이끄는 대로
흘러가라

'그룹 다이내믹스Group Dynamics'는 언제 어디서나

　꽉 막힌 도로 위, 너무 느긋하게 달리는 앞차 뒤에서 신호를 기다리고 있었다. 희한하게도 바쁜 날에는 느긋한 차들이 참 많다. 매주 목요일 아침이면 주간회의가 잡혀 있다 보니 평소보다 몸과 마음을 조금 더 서둘러 집을 나선다. 차 시동을 걸고 클래식 방송을 기분 좋게 들으며 여유 있게 도로 위로 차를 올린다. 그런데 이런 날은 유난히 앞에서 얼쩡거리며 과다여유를 부리는 차들을 많이 만나게 된다. 그럴 때면 살짝 조급한 마음 때문에 이리저리 차선을 바꿔 보지만 별 소용이 없다. 그날도 그랬다. 다른 날 대비 실제 차가 많은 것인지, 아니면 내 급한 마음이 차들을 불러모으는 것인지…. "허허, 그것 참!"

　그 순간 갑자기 드는 생각이었다. '아무리 회의가 잡혀 있다 한들 나를 급하게 몰아붙이는 이 마음이 왜 일어나지?' 어디서부터 조급한 마음이 비롯되었는지를 찬찬히 들여다보고 있자니, 어느새 제 시간에 학교에 당도해 있었다. 단지 내가 대학이라는 조직에 속해 있다는 사실만으로도 알게 모르게 매 순간 '조직역동'이 작동하고 있는 것이리라….

모기업의 비상근자문 기간이 끝나는 그해 한가위 명절연휴를 보낸 뒤 나는 '대학'이라는 낯선 세계로 첫발을 내딛게 되었다. '약한 연결자 효과'에 의한 인연이었다. 연결해 주신 대표멘토님이 들으면 섭섭해하실 수 있겠지만 사실이 그랬다. 당시 경남창조경제혁신센터 멘토단으로서 얼굴 몇 번 본, 약해도 아주 약한 연결 상태였는데…, 돌이켜볼 때 진심으로 감사드린다. 퇴임 이후 나의 넥스트 스텝Next Job 리스트에는 '대학교수' 카드는 당연히 꽂혀 있지 않았고 생각해 본 적도 없었다. 누가 '삶은 그 무엇을 기다리는 느림의 미학으로 살아가는 것일 뿐, 그 이상도 이하도 아니다.'라고 했던가? 삶의 간이역에서 기차를 기다리다 만난 약한 연결자로부터 건네받은 티켓 한 장! 그 낯선 이정표를 받아들고 출발하는 기차에 나는 그렇게 올라탔다.

다음 날, 내 방을 노크하신 어떤 교수님 한 분과 나눈 커피 한 잔의 대화다.

"교수님, 창녀가 욕을 먹는 이유가 왜인지 아십니까?" 난데없이 까칠한 질문을 내게 던지셨다.

"아니오. 말씀해 보시지요." 나는 짧게 대답하며 하고 싶은 말씀을 하시도록 기다렸다.

"쉬운 길을 택했기 때문입니다. 사람은 누구나 종교와 자기를 알아주는 사람, 그리고 명예, 이 세 가지를 위해 죽을 수 있습니다. 그런데, 상황이 어렵다고 리더가 명예를 버려서야 되겠습니까? 그러면 함께 일하는 사람은 뭐가 됩니까?…."

그 교수님은 그때 가슴 위로 감정이 올라와 있는 상태였던지라, 나는 나가봐야 함에도 짧게나마 진정어린 마음으로 눈빛을 바라보고 고개를 끄덕이며 충분히 말하고 싶은 것들을 쏟아내도록 열어 주었다. 대화상대가 말을 할 때면 진심으로 공감하고 인정해 주려는 코치본능의 반응 메커니즘은 자동적으로 작동되었다.

이야기를 경청하면서 '리더십이란 우리가 평상시 머릿속으로 알고 있다고 발현되는 것이 아니라, 압박을 받았을 때 나타나는 그 사람의 진짜 모습이다.'라는 말이 떠올랐다. '조직'이란 공동의 목표 수행을 위해 2명 이상의 존재적 인간이 모인 집단이다. 따라서 그 어떤 조직이건 그 안에서 작동하는 관계적 역동성을 긍정적 방향으로 살아 꿈틀거리게 선순환 시켜주는 것이 리더의 중요한 덕목임을 다시금 깨닫는 대화였다.

"보보, 잘된 여성 뒤엔 아버지가 있다고 해. 남자와 차별 없이 동등하게 믿고 지지해 주는 산 같은 아버지 말이야! 이젠 우리 딸에게 당신이 그런 멋진 아빠가 되어 줬으면 좋겠어. 우리 아이들이 둥지를 떠나 홀로서기를 할 수 있게 같이 만들어 줬으면 해! 내가 약할 때나 힘들 때 당신이 그 자리에 없지 않도록, 나한테서 전해 듣지만 말고 직접 아이들이랑 대화하고 부딪히기도 해 주길 원해. 당신은 밖에서 멋있는 사람이지 집에서는 얼굴 볼 틈도 없는 사람이잖아. 가족과 함께할 수 있는 시간을 계산해 봤으면 좋겠어. 나는 당신이 회사 회장님이 부르더라도 가족에게 무슨 일이 있으면 최우선으로 달려와 주었으면 좋겠어."

현역 시절, 팀장으로서 한참 일에 빠져 있을 때였다. 일요일 아침 거실에서 모처럼 아내와 차 한 잔을 마주 들고 나눈 대화 중 아내가 쏟아 낸 말이었다. 조직의 리더로서 수직·수평적 관계 메이킹Making에 중독되어 브레이크 없이 달렸다. 그러다 휴일이면 집에서 지쳐 쓰러져 잤다. 고등학생 딸아이와 중학생 아들을 둔 당시 상황에서 내 생활에 대한 아내의 호소였다. 평일은 밤늦게까지 일 아니면 회식, 주말엔 운동(골프)하고 또 마시고, 누가 보면 매일 보는 회사사람들과 붙어서 사귀는 것처럼 보였을 것이다. 그렇게 아내로부터 가슴 뜨끔한 충격파를 먹을 때면, '그래, 이리 살아선 안 되지.' 하며 반성을 했다가도 월요일 출근과 동시에 또다시 똑같은 라이프사이클을 반복했다. "아니, 직장에서 주어진 일만 하면 되지, 뭣 때문에 몸 버리고, 돈 쓰고, 시간 쪼개면서 왜 그렇게 힘들게 살아?"라고 묻는다면, 끓어오르는 말들은 많으나 딱히 자신 있는 대답을 건져 올리기는 쉽지 않을 듯….

얼마 전, 모기업의 현직 40대 후반의 젊은 팀장의 부고소식을 전해 들었다. 그 후배 팀장은 전날 조직구성원들과 저녁회식을 하고 귀가했는데 아침에 침대에서 깨어나지를 못했다는 것이다. 그 이야기를 들은 순간 남의 일이 아닌 듯 옛 기억이 교차하며 가슴이 먹먹해진 채 삼가 고인의 명복을 빌었다.

'회사'라는 곳은 오직 하나의 목적·목표를 위해 다양한 사람들이 뭉친 집단이다 보니, 무슨 '회'를 구성하고 '회의', '회합', '집회' 등을 한다. 뿐만 아니라 먹고살자고 하는 일이다 보니 '회식'이라는 것은 필수적이다. 태생적으로 '회會'자로 시작되거나 끝나는 낱말들이 많다는 것은, 역으로 혼자 할 수 있는 게 없다는 것으로 해석할 수 있다. 나 이외의 다른 사람들과의 상호작용Interaction 속에서 '존재'에서 '관계'로 끊임없이 나아가야 하는 조직역학Group Dynamics은 윗사람이건 아랫사람이건 조직구성원들의 숙명이다.

'조직이란 평범한 사람들이 모여 비범한 일을 이루는 곳이다.'라고 피터 드러커가 말한 것처럼, 조직은 두 사람 이상이 모인 에너지장으로서, 집단의 비전과 바라는 무언가를 이루기 위한 집단역동이 살아 숨 쉬는 곳이다. 가족에서부터 시작해서 학교, 정치단

체, 종교단체, 기업 등 크건 작건, 공적이건 사적이건 간에 모든 조직범주 안에서는 이해가 얽히고설키게 되는 관계적 역동은 필연적으로 일어난다. 어떤 조직에서건 기대나 요구는 있기 마련이다. 그에 따라 사람들은 해내어야 하고 잘하려고 하다 보니 결과에 대한 부담을 느끼고 비교의 대상으로 놓이게 된다. 심지어 수행을 하시는 스님들의 세계에서도 이런 부분이 예외가 아니라고 들었다.

지난날 내게 있어 너무나도 자연스럽고 친숙했던 '기업'이라는 조직생태계 안을 잠시 들여다보자. '기업은 하나의 공통적인 목적으로 상호 연결되어 있는 사람들이 상호 보완적인 스킬을 보유하고 있으며, 매우 높은 복잡성을 보이는 상호 의존적인 임무를 수행하는 조직이다.'라고 정의될 수 있다. 따라서, 통상 기업에서는 공통목표 달성을 위해 핵심성과지표KPI: Key Performance Indicator라는 것을 만들어서 활용한다. 최고경영층부터 단위조직과 개인별로까지 목표를 부여하여 조직이 원하는 방향으로 구성원들에게 드라이브를 건다. 이후 성과를 평가하여 당근과 채찍을 행사함으로써, 구성원들은 달콤한 당근 맛에 중독되어 더 많이 먹고자 하는 부담감과 스트레스로 일을 한다.

기업조직의 특징적인 역동상황에 따라 내부적으로는 항상 '문제'와 '갈등'이라는 두 가지 장애요소가 나타나게 되고, 구성원들은 이에 대응하여 돌파해 나갈 수 있는 개인별 역량 수준을 요구받게 된다. 첫 번째로 '문제 해결' 역량은 성과를 만드는 데 장애가 되는 현재상태에서의 문제를 발견·해결하고 미래에 예상되는 문제를 발굴·예방하는 능력이다. 두 번째의 '갈등 관리'역량은 인간관계에서 발생하는 다양한 갈등을 이해하고 이를 관리하는 능력을 말한다. 대부분의 조직구성원들은 이 두 가지 역량 잣대에 따라 평가를 잘 받기 위해 스스로를 재단하고 옥죄이는 프레임에 구속시킨다.

기업 조직에서 통용되고 있는 숫자로 된 말의 의미를 조직역동 차원에서 해석해 보자. 먼저 '80대 20'의 '파레토 법칙'인데, 매우 자주 사용되는 말로서 '상위 20%의 고객이 매출의 80%를 창출한다.'는 것이다. 즉 소수[20]가 전체 성과의 대부분[80]을 만들어 낸다는 의미인데, 정작 조직 구성원으로서의 나는 80과 20 중 어느 그룹에 속하는지 늘 불안할 수밖에 없다. 두 번째, '51대 49'의 기업지배구조에서도 마찬가지로 단지 지분을 2%만 더 쥐고 있어도 경영주도권을 갖는 것처럼, 조직구성원들은 각자의 생명 연장을 위해 어느 쪽에 줄을 서야 할지 항상 고민을 해야 한다. 세 번째, '99대 1'이라는 숫자에서 에디슨의 유명한 말을 떠올릴 수 있다. "천재는 99%의 노력과 1%의 영감으로 이루어진다."는 말인데, 진실은 99%의 노력도 1%의 천재성이 없으면 안 된다는 것일 수도 있다. 그렇다면 조직구성원들 중 99%의 평범한 사람들은 노력을 내려놓아야 하는지, 아니면 없는 천재성을 죽을 때까지 개발해야 할 것인지 아이러니다.

현역 시절, 골프에 푹 빠져 있을 때, 이현세의 『버디』라는 골프

만화책 1, 2 전집 19권을 인터넷 중고서점에서 주문을 해서 읽은 적이 있다. 거기에 나오는 천재를 이기는 단 한 가지의 방법이다.

'천천히 한 걸음만 더!'

미국 곤충학자 윌리엄 모턴 휠러가 개미 생태를 연구하다 발견한 '집단지성Collective Intelligence'이란 용어가 있다. 이 말은 거대한 개미집이 만들어지는 과정에서 다수의 개체들이 서로 협력하거나 경쟁을 통하여 얻게 된 지적능력의 결과로 얻어진 능력을 일컫는다. 이러한 긍적적인 집단지성의 발현을 위해 특히 기업조직에서는 정보공유와 경청을 통해 '건설적 갈등'을 고취시킨다.

그에 반하여, '집단사고Group Think'라는 용어도 있다. 이 말은 구성원들 간에 강한 응집력을 보이는 집단에서 의사결정 시에 만장일치에 도달하려는 분위기가 다른 대안들을 현실적으로 평가하려는 경향을 억압할 때 나타나는 구성원들의 왜곡되고 비합리적인 사고방식을 말한다. 여기서 생각해 볼 때, 조직에서의 집단역동은 필연적이나 조직 바닥에 흐르는 저류에 따라 어느 방향으로 작동하느냐가 매우 중요하다 할 수 있겠다.

집단역동의 유발자인 인간 존재를 내면적 차원에서 들여다보자. 모든 인간은 유전적으로는 99.9%가 동일하다. 동일한 유전적 요소를 갖고 있다는 것은 비록 우리가 모습이 다르고, 생각과 행동이 달라도 수많은 감정, 동기, 충동, 욕구, 감정, 약점을 공유하고 있다는 것을 의미한다. 또한 인간은 공통의 내적 성질Inner Quality을 갖고 있어서, 우리 모두는 사랑, 존중받고 소중한 존재가 되는 것을 갈망하고 필요로 한다. 이것이 『CEP 코칭교재』에서 말하는 우리 인간존재의 공통기반이다.

김상운이 쓴 『왓칭』에서는 전자電子고 원자原子고 모두가 파동일 뿐이며 모든 세포도 마찬가지인지라, 인간도 쪼개 보면 두뇌고 몸뚱이고 텅텅 비어 있는 빈 공간이라고 했다. 스탠퍼드 대학의 양자물리학자인 틸러 박사는 "인간의 99.9999퍼센트는 빈 공간" 이라고 했다. 그래서 아인슈타인은 일찌감치 "우리는 시각적 착각 속에 살고 있다."고 했는데 즉, '색즉시공 공즉시색'인 것이다. 양자물리학자인 울프 박사도 "영혼의 0.0001퍼센트만 육신 속에 들어 있고 나머지 99.9999퍼센트는 육신 밖의 우주에 퍼져 있다고 했다. 현미경이나 확대경을 깊게 들여다봤을 때를 상상해 보면 공감할 수 있다. 인간은 텅 빈 존재로서 안과 밖이 하나로 연결된 우주조직체의 구성원이자 미립자 에너지라는 것을….

유발 하라리의 『사피엔스』에서 말하는 통찰이다. 불교는 사람들에게 경제적 풍요나 정치권력 따위가 아니라 번뇌로부터의 완전한 해방이라는 궁극의 목표를 지향해야 한다고 가르쳤다. 그러나 불교도의 99퍼센트는 열반에 도달하지 못했고, 설령 언젠가 내세에서 열반을 이루기를 원했다 할지라도 현세의 삶 대부분은 세속적 성취를 추구하는 데 바쳤다고 역설했다. 여기서 나는 특정 종교에 대해 가타부타 하자는 것이 아니다. 내적 안정화를 추구하는 부디스트Buddist에게 있어서도 99대 1이라는 압도적 숫자로 세속적 성취를 추구하는 조직역동을 느낄 수 있을 것이다.

인간은 존재의 공통기반 위에서 두 사람 이상의 사람이 모인 집단 속에서 일방향의 목적·목표를 향한 수레바퀴를 굴려야만 하는 집단역동 속에 있을 수밖에 없다. 언제 어디서나…. 조직에서의 갈등은 주로 수직적 관계에서 발생하며 역동상황 차이에 따른 갈등 때문이다. 인간에게는 내면의 날씨에 대한 반응선택의 자유가 있기에, 매 순간 '그룹 다이내믹스Group Dynamics'의 장場에서 올바른 선택을 할 수 있는 지혜가 필요하다.

'우리는 한 행동은 후회하지 않고 하지 않은 행동만을 후회한다.'

◎ 코칭적 레슨 – 팀·그룹 코칭 다이내믹스

- 일대일 코칭과 팀코칭·그룹코칭과의 차이는 '그룹 다이내믹스 (Group Dynamics)'의 형성 여부다. 일대일 코칭은 코치가 한 사람에게 몰입하는 반면, 팀·그룹 코칭은 각자 또는 전체가 팀워크를 바탕으로 상호작용 촉진을 통해 공동의 목적을 달성하기 위함이다.

- 그룹 코칭은 공통의 주제를 가지고 상호학습효과를 증진시키는 것이 목적이며, 팀 코칭은 공동의 임무를 수행하는 팀이 상호 이해관계 속에 상호 책임을 지며 성과를 향상시키기 위한 것이다.

선방 문고리를
잡다

일요일 늦은 오후, 달리는 백미러에 비친 붉은 석양이 뒤로 물러나는 걸 보면서 고속도로 인터체인지를 내려섰다. 톨게이트를 통과 후 곧바로 좌회전하여 막냇누이의 아파트 주차장에 도착, SUV차량의 엔진 스타트 버튼을 눌러 시동을 끈 뒤 뒷좌석의 백팩을 걸머쥐고는 운전석에서 내렸다.

"고생했소, 누우. 난 안 올라가고 집으로 바로 가께."
차 키를 누이에게 건네주며 말했다.

"그래, 고생했다. 이제 성찰 그만하고 당당하게! 이미 당당한데 그냥 가면 된다. 니한테 오는 메시지를 잘 찾아봐라. 알았제!"

누이의 마음 담긴 당부 말이었다.

며칠 전, 막냇누이로부터 SNS문자가 한 통 들어왔다. 지리산 대원사에서 진행되는 '집중명상' 프로그램이 있는데 같이 가보지 않겠냐는 거였다. 누이는 교직에 몸담고 있다. 늘 아이들을 동등한 인격체로 대우하며, 이 시대에 보기 드문 참 스승의 길을 닦아가는 누이의 삶은 '진짜 선생님'으로 존경받아 마땅하다. 10년을 넘게 상담과 수행공부를 해온 누이의 눈에 간이역에 내려서서 흔들거리고 있는 동생의 모습이 얼마나 안타깝게 밟혔을까? 그녀의 사랑과 연민을 잘 안다. 그렇게 난생 처음으로 '스님과 함께하는 마음 여행'이라는 1박 2일 집중명상 템플스테이에 참여했다. 누이와 같은 교직에서 참 선생님의 길을 걷고 있는 예쁜 조카딸과 셋이서 함께 가족세트로 다녀왔다.

"주 선생님은 지금이 축복이고 행운이에요. 일 잘하는 노예였는데, 일을 잘하니 주인이 풀어 준 겁니다. 이제 노예근성만 버리면 되겠네요. 직장이라는 조건화된 마음을 졸업하고 자기의 길을 가면 되요. 지금은 무너지는 게 가장 좋은 겁니다. 저항하는 마음은 오히려 장애를 일으키고 나를 힘들게 합니다. 나를 위한 진짜 길들이 주어졌으니 얼마나 행복합니까? 세상은 이미 충만해 있어요. 내 마음만 책임지면 이 세상은 아무 문제없어요. 이런 말 하면 그렇지만, 지금 구속 수감되어 있는 대기업 총수 그분도 축복의 한 예에요. '조건 지어진 삶'에서 '자기의 삶'으로 시프트Shift 할 수 있는 기회지요."

있는 그대로 드러내 버린 내 속 감정들의 민낯을 보시고는 다른 도반님들 앞에서 스님께서 내게 던지신 일갈이었다. 대원사 선방에 스님을 좌장으로 다 함께 둘러앉았다. 스님이 이끌어 주시는 말씀에 따라 '집중명상'에 돌입했다. 거의 한 시간이 흘렀을까… 노래하는 접시라는 '싱잉볼Singing Bowl' 소리와 함께 눈을 떴다. '샤샤 샤샤 샤샥~' 비빈 손바닥의 따뜻한 기로 눈과 얼굴, 팔다리를 문질러 주며 경직된 근육을 풀어 주었다. 명상 중 대면한 각자의 내면세계를 차례로 꺼내 놓고 스님께 피드백을 받는 시간이었다. 내 차례가 되었다. 신참자로서 고요해지고 싶었으나 끊임없이 밀고 올라왔던 내 안의 생각과 감정들을 있는 그대로 쏟아냈다. 코칭 공부를 시작하면서 배운 명상을 간간히 해오고는 있었지만, 이렇게 제대로 가르침과 피드백을 받아본 건 처음이었다. 스님의 걸림 없는 피드백에서 묘한 카타르시스 같은 것을 느꼈다. 명상 자체는 종교적인 색깔이 아님을 증명하듯 기독교인을 비롯한 다양한 도반님들이 참석했음을 알게 되었다.

스님의 법문강의가 이어졌다. '마음은 내가 아니다. 생각·감정의 동일시에서 벗어나기'라는 주제의 공부 속에서 많은 깨우침들을 들키지 않게 삼키려 애썼다. "세상은 있는 그대로 완전해요. 나는 이미 충만해 있고 본래 행복하니, 에고Ego마음을 알아차리고 지금-여기를 사세요."라는 스님의 말씀을 일단 머리로 쑤셔 넣어 놓았다. 그 다음은 명상에 들어 가슴으로 비워내 보고자 호흡에 집중에 집중을 시도해 보기도 했다.

다음 날 새벽, 4시 반에 일어나 대웅전 새벽예불에 참석하고, 6시 아침공양을 마치고 나오면서 스님과 마주쳤다. "주 선생, 같이 산책이나 하러 갑시다."라고 스님께서 제안을 하셨다. "예 스님." 하고 대답하고는 절 밖을 나서 계곡물을 거슬러 위쪽 길로 스님과 걸었다. 아직은 서늘한 기운의 계곡 물소리와 함께 약간은 어색하고 황송한 아침 산책길이었다. 스님과 가볍고 편하게 말씀을 나누며 갔던 길을 돌아 내려왔다. 절 입구를 들어서자 스님께서 웃으시면서 한마디 던지셨다.

"허허허, 나도 문제는 항상 있어요. 주 선생. 그러나 있으면 있는 대로, 없으면 없는 대로 나는 항상 행복해요. 허허허…."

템플스테이 이후 한 달이라는 시간이 훌쩍 지난 어느 일요일, 막냇누이에게서 전화가 왔다.

"내일 저녁에 시간 되나? 주소 찍어 줄 테니까 해운대로 한번 와 볼래? 괜찮을 거다.(…)"

다음 날, 학교에서 일을 보고 오후 늦게 김해에서 부산 방면 고

속도로에 차를 올렸다. 내비 아가씨가 친절히 안내해 준 해운대에 있는 아파트단지 지하주차장에 차를 대고는 엘리베이터를 타고 13층 초인종을 눌렀다. 문이 열리자 "어머, 어서 오세요."라며 지난번 템플스테이에서 만났던 사무국장 '무진 님'께서 반가이 맞아 주셨다. 한 번 뵀었는데도 전혀 어색하지 않고 오히려 친근한 느낌으로 안으로 들어섰다. 스님께 합장하고 다른 수행자분들과도 반갑게 인사를 나누었다. 처음 느낀 실내분위기는 한마디로 '하얀 심플White Simple'이었다. 새하얀 톤의 벽지와 커튼에 정갈하고 심플한 공간이 거실이 아니라 도심 속 '선방'이었다. 잠시 후 스님께서 차방에서 나오셔서 거실 가운데 정좌하셨다. 바닥까지 쳐진 흰색 블라인드가 문풍지문 같은 착각을 불러일으키며 스님의 후광을 받은 것처럼 환했다. 스님 앞의 낮은 고목테이블 위에 사뭇 놓인 싱잉볼Singing Bowl 소리가 선방에 깊고 넓게 울려 퍼지자 수행자들은 벽 쪽으로 붙어 각자의 두터운 회색 방석 위에 정좌했다. 베란다에 걸린 풍경이 바람을 타고 청명하게 울며 이국적인 티베트산 향냄새가 은은하게 퍼지면서 텅 빈 공간을 비워냈다. '집착과 혐오'라는 주제의 스님 법강이 끝나자 곧바로 한 시간 동안의 명상 수행이 이어졌다. 나는 그날 저녁, 세 시간여가 어떻게 갔는지 모를 정도로 어떤 강렬한 기운에 포획당했다. 그러면서도 내 속에서 올라오는 헛헛함이 계속 나를 물음 묻게 함은 어찌할 수 없었다.

'내가 이 밤에 지금 여기 와서 뭐하고 있지? 뭐가 나를 이리로 이끌었나?(…)'

그날 스님의 법강과 명상수행 참여로 내 안의 흔들바위는 다소간 '쓰담쓰담' 위안을 얻었고, 모두들 자리를 파하기 위해 일어섰다. 그때 누이가 내게 말했다. "철아, 오늘은 니가 스님 좀 모셔다 드릴래?" 예상치 못한 요청에 살짝 당황스러웠지만 "예 스님, 가시죠. 제가 모시겠습니다."라며 망설임 없이 대답했다. 스님께서는 '통합명상학교'의 지도법사로서 서울과 부산에서 매주 한 차례씩 수업을 여셨는데 오늘이 그날이었다. 부산수업 후에는 밤차를 타고 서울 선원으로 바로 올라가시기 때문에, 수행제자 중 누군가가 버스터미널까지 모셔다 드려야 했다.

수행도반님들께 인사를 하고 먼저 아파트 지하로 내려가 차를 빼서 지상에서 기다리고 계시던 스님을 운전석 옆자리에 모셨다. 해운대를 출발하여 창원터미널로 가는 내내 차 안 분위기는 보충수업시간이 되어 버렸다. 스님을 편히 모셔야 함에도 내면의 찌꺼기를 치우기 위한 발악처럼 질문을 던졌고 스님께서 마다치 않으시고 일일이 답해 주시면서 내겐 뜨끔한 깨침을 얻는 시간이었다. 터미널에 도착할 무렵 내 속사정을 다 알아차리신 스님께서 말씀하셨다.

"주 선생, 서울 한번 올라오세요. 선원에서 며칠 같이 생활해

보는 것도 나쁘지 않을 거예요."

　그날 저녁, 나는 누이의 제안으로 자력에 끌리듯 그곳을 찾아가게 되었다. '통합명상학교'라는 선원에 들어서서 종교를 초월한 강렬한 수행도량의 기운과 함께 수행스승을 만나게 되었고, 그날 그렇게 나는 선방 문고리를 잡게 되었다.

　"스님, 금요일 오후에 올라가겠습니다."라고 스님께 문자를 보냈다. 평소 수행 중에는 전화를 받지 않으신다 하여 무진 님으로부터 전화번호를 얻어서 문자를 드렸다. 강남터미널에서 지하철을 타고 구로역에 내려 스마트폰 지도에 주소를 찍어 뙤약볕 오르막을 걸어 올라갔다. 잠시 후 알려준 '선원' 간판을 발견하고는 2층 계단을 올라 현관문을 노크하니 스님께서 반가이 맞아 주셨다. 간단히 저녁식사를 마치자 스님께서 차를 끓여 내오셨다. 스님과 마주 앉아 세상 돌아가는 이야기를 나누다 보니 밤이 깊었다. "잠은 편하게 주무시고, 법당에서 한번 자 보세요. 편안할 거에요."라고 한마디 던지시고 스님께서는 영성학회 발표자료 준비하신다며 들어가셨다. 그날, 선원에서의 첫날밤을 나는 거실에서 보냈다.
　다음 날, 이른 아침 무진 님이 선원에 들어서셨다. 스님께서 정릉에 있는 사찰에서 법회를 새로 여시는 건 때문에 부산에서 올라오셨다 했다. 들어서자마자 소매를 걷어붙이시더니 녹차밥을 지어 주셔서 스님과 함께 아침밥을 맛있게 먹었다. 그날은 정릉

사찰로 동행해서 스님이 여시는 법회에도 참석해 보고 돌아오는 길에 조계사 앞 종로서적도 들러서 왔다. 저녁 늦은 시간, 무진님이 보이차를 내려 주시고 돌아가신 뒤 스님과 오래토록 차톡Tea Talk을 나누었다. "오늘은 법당에서 자 보세요." 스님께서 또 말씀하시고는 방으로 드셨다.

어제 사실 법당에서 자 보려고 들어갔다가 낯설고 편치 않은 마음에 나와 버렸었는데, 스님께서 두 번이나 말씀하셨으니…. 법당으로 들어가 세 분의 불상 맞은편 바닥에 이부자리를 깔았다. 이쯤 되면 나도 불교 쪽에 가까운 무신론자쯤 된다고 봐도 될까? 가끔 절에 갈 때면 아내가 하는 걸 보고 따라 절하고 합장하고는 했었지만, 어쨌거나 현재까지 나는 나를 믿고 살아왔다. 법당 안 제단 위에 앉아 계신 부처님과 좌우 협시보살님께 합장하여 절하고는 마주 보고 정좌했다. 눈을 감고 고요한 초자연적 기운 속에서 명상에 잠겼다.

새벽 5시 30분, 스마트폰 진동알람이 나를 흔들었다. 창문으로 한여름 새벽빛은 이미 들어와 있고 아무 일도 일어나지 않았다. 명상 후 자리에 눕자마자 편안하고 기분 좋게 아무런 꿈도 꾸지 않고 푹 잤다. 몸과 마음이 가뿐하고 개운했다. '아하!' 뭔지 알 것 같은 작은 깨침이 거기에 있었다. 벌떡 일어나 고양이세수만 하고 스님께서 깰세라 조용히 선방 문고리를 여닫고는 선원을 나섰다. 일요일 새벽, 올라갈 때와는 왠지 다른 상쾌한 기분으로 새벽 지하철을 타고 고속버스터미널을 향했다.

2008년 4월 러시아 우주선 소유즈 호에 탑승해 우주를 경험한 한국 최초의 우주인 이소연 씨가 언젠가 신문에 인터뷰한 내용이다.

우주에서 본 것은 경이롭게 아름다운 우주의 일부인 행성 블루마블(Blue Marble), 지구다. 이렇게 아름다운 경이로운 별 지구에서 자랐는데, 요만한 걸로 죽네 사네 한 게 후회스럽다. 만약 다시 저 별로 건강하게 돌아간다면 예전처럼 열심히 살겠지만 요만한 것에 죽네 사네 하지 않겠다.

같은 지구촌 주민으로서, 깊은 공감이 일어 스프링노트에 옮겨 적어 두었던 글이다. 작은 것들에 붙들려 아등바등 살고 있는 삶을 하늘 위에서 내려다보듯 '메타 뷰Meta View'적 관점을 통해 요만한 것들을 훌훌 털어 버릴 수 있게 해준 우주적 파문이었다.

'선방 문고리를 잡으려면 3대가 선업을 쌓아야 된다.'라는 말이 있다. 내 아버지와 할아버지께 즉시 감사를 올려야 할 듯하다. "할아버지, 아버지 감사합니다." 나는 이미 운 좋게도 '코칭'이라는 열린 선방에 들어와 있는데, 진짜 선방 문고리를 잡게 되었으니 마땅히 올려야 할 인사다. 강력한 끌어당김의 법칙이 작동되었을까? 명상수행을 만나 코치로서 더욱 깊어질 수 있도록 우주가 나를 이끌어 주는 듯…. 언젠가 멘토 코치님 중 한 분께서 하신 말씀이 떠오른다.

"하고 싶은 것을 먼저 축적해 보십시오. '진짜 맞는 거야? 이거 하면 먹고 살 수 있어?' 이런 식으로 불안, 걱정으로 가다 보면 에너지만 고갈될 뿐⋯. 나 자신과, 우리, 그리고 세상을 위해 기여하고자 하는 주 코치님의 꿈은 가슴으로부터 와서 머리에서 확정시키는 것입니다. 미래는 확신하는 대로 되는 게 아닙니다. 가 보는 것입니다. 그래서 인생은 샛길입니다."

그 샛길 인생에서 나는 또 선방 문고리를 잡았다!

◎ 코칭적 레슨 - 코칭에서의 수행은 연습(Practice)

• 수행이란, 하나의 관념과 개념을 배우는 것이 아니라, 앎과 이해의 바탕에서 실제적 체험을 통해 하나의 변형이 일어나는 것이다.
  – 통합명상학교 지도법사 종진스님 법강

• 코칭에서의 수행은 말 그대로 프랙티스(Practice)이다. 즉 실제 코칭을 통한 실습이다. 그래서 코치다운 코치가 되기 위한 길은 '3P' 밖에 없음을 강조한다. "Practice! Practice! Practice!" 코칭을 하고 또 해 보는 것이 코치로서 깊어지기 위한 유일한 최고의 수행이다.

"오뎅 네 개 주세요. 김밥 한 줄이랑 삶은 계란 두 개는 싸 주시구요."

뜨끈한 어묵국물에 꼬치를 끼워 넓적하게 접힌 어묵, 나만의 언어로 '종이오뎅'이라 부른다. 아주머니로부터 종이오뎅 네 개가 담긴 쟁반을 받아들고 버스터미널 분식집 안쪽 테이블에 스님과 마주 앉았다. 군인들에게 주어진 싫든 좋든 먹어야만 하는 '개인 단량'처럼 어묵을 두 개씩 먹으면서 맛있는 대화를 나누었다. 대합실 의자로 옮겨 밤 12시 심야버스 출발 전까지 대화는 이어졌다. 버스 출발 오 분 전이면 어김없이 일어나 김밥 한 줄과 삶은 계란 두 개가 담긴 비닐봉지와 차표를 스님께 건네드렸다. 스님께서 1번 플랫폼을 통해 차에 오르시고 심야버스가 엉덩이를 보일 때면 합장하여 가볍게 목례 후 돌아서 나왔다.

밤 11시가 넘은 시간, 그것도 버스터미널 분식집에서 가사를 걸친 삭발승과 중년 남자가 어묵을 먹으면서 눈을 반짝거리며 무슨 얘길 하는지…. 어찌 보면 내가 생각해도 '풋~' 웃음이 삐져나올 만하다. 매번 배웅을 마치고 혼자만의 시간으로 돌아올 때면, 스님께서 뱉으신 울림들이 파도처럼 재차 밀려왔다. 자정이 넘은 시간임에도 터미널 앞 가로등 불빛 아래 앉아 하신 말씀들을 복기하며 마음근육에 각인시키려는 마치 의식과도 같은 시간을 보내고 집으로 돌아오곤 했다. 하루는 앉고 보니 그 벤치가 '회사형 인간'으로 충실했던 시절 뇌리 속에 박혀 있던 추억의 자리였다. 그 순간 오랜 기억이 새록새록 올라왔다. 어느 여름날 '차장' 시절이었지 싶다. 기업에서 차장이면 실무자로서는 업무 면에서 최정점에 있을 때다. 그날도 서울 출장을 위해 심야버스표를 미리 끊어 놓은 뒤 저녁회식을 한탕 뛰고 버스터미널로 왔다. 차 시간이 좀 남아 있어 술도 깰 겸 바깥 공기를 쐬러 터미널 밖으로 나와 벤치를 찾았다. 바로 그 벤치 가로수 부목에 노트북 가방과 양복저고리를 걸고는 잠시 누워 별을 헤아렸다. 시간이 얼마나 지났을까… 벌떡 눈을 떠보니 버스는 떠난 지 오래고 어둠이 걷힐락 말락 하고 있었다. 얼른 가방과 뒷주머니부터 살폈다. 당시 퍽치기가 뉴스에 자주 등장했던지라… 노트북과 지갑이 온전함에 감사했다. 대합실에서 아침을 기다려 새벽 첫차를 타고 부랴부랴 올라갔던 오랜 필름 영사기가 '챠르르' 돌아갔다.

매주 월요일, 부산 해운대 선원에서 '통합명상학교' 명상수업이 열렸다. 지도 법사이신 종진스님께서는 당일 서울서 내려오셔서 명상 강의와 수행지도를 하셨다. 내가 내게 주는 메시지를 받아들여 코치로서 깊어지는 삶을 살고자 나는 '통합명상학교'에 정식 입교를 했다. 스님께서 던지시는 주옥같은 법강과 수행 실습·피드백이 끝나면 밤늦게 부산에서 창원 집으로 귀가했다. 어차피 넘어와야 하니 스님을 창원버스터미널까지 자주 모시게 되었다. 물론, 거기에는 얕은 초심수행자에 대한 도반님들의 배려심이 깔려 있었을 터…. 나로선 스승과의 동행에 부담도 있었지만, 오랜 수행으로 열려 계신 분이신지라 타고 가는 내내 나눌 수 있었던 스님과의 '카톡Car Talk'은 금언金言이자 행운이었다. 그렇게 스님과 차 안에서 1차 '카톡'을 하고, 버스터미널에서 2차 '오뎅톡'을 통해 '지금−여기'에 머물기 위한 배움들을 보충했다.

첫날, 해운대 명상수업을 마치고 나니 밤 10시가 다 되었다. 조수석에 스님을 모시고는 해운대 신시가지를 빠져나와 별빛 내린 광안대교를 올라섰다. 스님과는 계속 문답식 대화를 나누며 왼쪽으로 우뚝 솟은 해운대 초고층 빌딩들의 알록달록한 불빛을 받으며 밤하늘 먹구름 속으로 뻗어 있는 광안대교 가로등 불빛 터널을 질주했다. 전방 밤하늘에 비춰진 달리는 자동차의 헤드라이트는 야외극장 영사기가 되어 내 감정 스펙트럼을 상영했고, 나는 스님께 계속 뭐라고 중얼중얼대고 있었다.

"스님, 뭐가 저를 이리로 이끌었는지, 제가 왜 여기 와 있는지도 모르겠어요."라고 말을 꺼냈다.
"주 선생은 지금의 상태를 받아들여야 하는데… 내려놓는다 말은 하고 있지만 내려놓지 못하고 있어요. 지금 여기에 머물고 받아들여 보세요. 받아들이게 되면 고통스럽지 않고 현실적인 출발점이나 방향성에 대한 문제 해결 방안이 나타나게 돼요."

스님 말씀에 기분이 좀 뻘쭘하긴 했지만, 이왕 들켜 버린 거 여과 없이 내면 상황을 토해냈다.

"스님, 지금까지의 저는 남들 앞에 나서서 '으샤 으샤' '먹고 죽자'를 외치며, '난 완벽한 회사묵기야'라고 자신하며 외향적 인간으로 살아왔습니다. 그런데 조직을 나온 뒤부터는 방향이 180도로 달라져 내면을 향해 들어가고자 하는 저를 발견하게 됩니다."
"주 선생의 전반전 인생이 외향적이고 남들의 스포트라이트를 받아 온 것은, 타인들의 에너지를 먹고 살아온 것이라 할 수 있어요. 그러면서 정작 주 선생 자신의 내면에너지는 약했다고 볼 수 있어요. 그래서 지금의 삶에서 자신의 내면에너지 레벨의 전환이 필요해진 거라고 보여져요."

스님의 말씀을 들은 순간 당혹스러웠다. '아니 내가 남의 에너지를 먹고 살았다고? 내 에너지가 약했다고?'라는 반문이 입안을 맴돌며 바로 수용·인정되지 않았다. 마음속으로 머리를 쉴 새 없이 들이밀고 올라오는 두더지 군단을 뽕망치로 쳐 넣으며 질문을 이어 나갔다.

　"예 스님! 어쨌거나 지금은 제 후반전 삶의 방향을 '바라고·원하고·좋아하는 삶'을 사는 것으로 세팅해서 나아가고 있습니다. 그럼에도, 아내와 아이들의 가장으로서의 책임감을 생각하면 옛날에 대한 집착과 미래에 대한 두려움에 순간순간 휘청거리고 붙들리는 저를 보게 됩니다."

　"주 선생한테 온 지금 상황이 아이들에게도, 아내의 길에도 나쁘지 않아요. 솔직하게 드러내고 가족과도 고통 분담을 하세요. 아버지로서, 남편으로서의 책임감도 질 수 있을 만큼 지는 거예요. 아내분과 아이들도 각자 자기의 역할과 몫이 있어요. 메시지가 이끄는 방향으로 흘러가세요. 아이들도 인생을 살아가면서 이러한 굴곡을 반드시 겪게 될 거예요. 그럴 때 아버지가 방향을 못 찾아 헤맸던 것과 자기 삶의 새로운 방향을 찾아갔던 모습 중에 어떤 것이 진짜 도움이 될 거 같아요? 좋은 학교를 보내 주거나 돈을 많이 주는 게 중요한 게 아니에요. 부모가 삶을 살아가는 태도 전체가 아이들에게 진짜 도움을 주는 거예요."

거침없으신 스님 말씀에 부끄러움과 동시에 용기를 얻으며, 나는 속에서 걸리적거리는 것들을 연거푸 쏟아냈다.

"예, 스님 말씀을 인정하지만 그래도 제 삶만을 위해 사는 듯 왠지 이기적인 느낌이 들어 불편해요."

"커다란 방향 전환을 위해서는 지금 당장의 부정적 반응이나 불편함도 감수해야 해요. 아내에게 잘 보이고 싶고, 멋져 보이고 싶고, 부정적 피드백을 받지 않으려는 것까지 내려놓으세요. 멀리 보면 나중에는 반드시 인정을 받을 것이니 충돌도 피하지 말고 받아들이세요."

순간, 운전 중 전방주시를 놓칠 뻔했다. 가까스로 차가 중심을 잃지 않기 위해 핸들을 꽉 붙잡았다. 그럼에도 스님의 말씀이 폐부를 파고드는 바람에 결국 끝에 좌회전신호를 놓치고 말았다. 스님께 이실직고하고 직진했다가 유턴해서 다시 정방향으로 태웠다.

"스님, 사실 그간에 제가 학교에 몸을 담고 있지만, 가장으로서의 책임감 때문에 몇 군데 콜이 온 기업대표들을 만나보고 밥도 먹고 했었습니다. 모 기업과는 갈 자리까지 얘기가 다 되어 있었는데 얼마 전 중국발 사드이슈가 터지면서 제가 맡기로 했던 사업이 무산되어 버리더라구요. 그 일이 있자마자 갑작스레 현역 시절의 목 디스크가 재발되어 엄청 힘들었고 지금도 치료 중입니다.(…)"

"삶은 강물과 같은 커다란 흐름이에요. '억지로'가 아닌 '자연스러운 노력'을 해야 되요. 흐름을 역행하거나 변화를 받아들이지 않을 때는 저항이 일어나게 되요. 만약 주 선생이 다른 길로 갔다면 몸이 안 좋아졌을 수도 있고, 아내분이 평생 병수발을 했을 수도 있어요. 내 안의 내가 주는 메시지를 받아들이세요."

언젠가 막냇누이도 내게 메시지를 찾으라고 주문한 적이 있었다. 스님과 카톡Car Talk을 나눈 후 받아들여야 할 메시지가 희미한 상태에서 점차 윤곽이 또렷해져 갔다. 그럼에도 '도대체 그 메시지가 무어란 말인가?'를 뇌까리며, 속에 있는 불편한 감정을 양파 껍질 벗기듯 차례차례 까서 스님께 갖다 바쳤다.

"스님! 제가 지금 학교에 나가고는 있지만 제 자리라는 생각이 안 듭니다. 잠시 머물다 갈 곳이다 생각해서 그런지 솔직히 학교에 머물러 있는 시간 자체도 편치가 않고 정이 안 듭니다."

"주 선생님, 학교를 좀 더 소중히 여겨 보세요. 지금 주 선생에게 교수로서 학교 일이 주어진 것이 사실은 내게 온 테스트에요. 「지금의 테스트를 클리어Clear 시키세요.」 학교로 오게 된 이유가 분명히 있고, 뭔가 메시지가 있어요. 나중에 다른 데 갈 때 가더라도 좀 더 열정을 쏟고 학교 교수들과도 가슴을 열고 동료애를 쌓다 보면, 배움을 얻고 인연에 따라 변화와 기회가 주어질 거예요. 미래는 아무도 몰라요. 조급해하지 말고 자신감을 갖고 지금 그 자리를 사랑하고 머물러 보세요."

그날 밤 스님께서 던지신 일갈은 운전 중 또 한 번 시야가 흔들릴 정도로 큰 울림이 있었다. 그때 만약 음주운전단속이 떴다면 알코올 기운 이상의 어지럼증으로 인해 검문에 걸렸을 수도…. 스님 말씀의 여진은 서울행 심야고속버스를 배웅한 뒤에도 한참 동안 내게 시꺼먼 대합실의 흔들거리는 의자를 지키게 했고, 집으로 돌아오는 차를 지그재그로 흔들며 머릿속을 어지럽혔다.

다음 날 아침, 여느 때처럼 차 시동을 걸고 고정된 주파수의 클래식 라디오가 연주하는 현악기 소리를 들으며 학교를 향했다. 집에서 출발하여 두 개의 터널을 차례로 통과하여 서김해를 지나, 도로 한가운데로 설치된 김해-부산 간 경전철 고가도로가 지나가는 김해대로를 들어섰을 때였다. 웬일인지 저 멀리서 다가오는 두 칸짜리 경전철과 고가도로가 그렇게 예뻐 보일 수가 없었다. 지나치는 도로와 주변 시가지 전경 또한 전에 없던 편함이 느껴지며 환하게 눈에 쏘옥 들어왔다. 전방 유리창 너머로 보이는 상가 간판, 건물, 경찰서, 마트 및 지나는 행인들을 호기심 어린 눈으로 하나하나 유심히 훑어보았다. 그러면서 언제 날 잡아서 이 지역을 속속들이 돌아봐야겠다는 생각도 일었다. 학교에 도

착, 주차장에 차를 파킹하고 계단을 올라 건물 복도를 지나 연구
실까지 들어오는 내내 평소 쭈뼛했던 기분과는 달리 마음이 밝고
편안했다. 내 방에 들어서 에어컨을 켜고 책상에 앉으니 편안한
충만감이 밀려왔다. 그러면서 내 후반전 삶의 목적인 '코치적 삶'
과도 근접거리에 있는 학교와의 인연에 감사하는 마음이 일었다.

「지금의 테스트를 클리어Clear 시켜라」는 스님의 촌철활인 한 말
씀에 내 온 몸과 마음이 반응했다. 내가 내게 주는 메시지를 알아
차리고 긍정적인 전환이 일어났다. 만일 달리던 불기관차의 관성
을 못 이겨 기업으로 갔더라면, 역본능에서 오는 몸과 마음에서
의 큰 저항에 붙들려 있을 모습에 눈앞이 아찔했다.

옛날에는 서울에서 돌멩이를 던지면 김·이·박 삼씨 중에 한
명이 맞는다고 했지만, 지금은 무조건 '아픈 사람'이 맞는다고 본
다. 굳이 환자라고 표현하지는 않더라도 이 시대를 살아내고 있
는 사람들은 붙잡고 물어보면 열에 열 사람 안 아픈 사람이 없다.
누구나 각자 삶의 수준에서 몸이 아프거나 정신이 아플 수밖에
없는 시대를 우리는 안고 가고 있는 것이다. 그러한 모든 인간존
재들이 가진 아픔에 비할진대, 어쩌면 지금 나는 꽃자리일는지도
모른다.

나는 스님과의 '카톡Car Talk' 과외수업을 설레며 기다리는 바닥
이 다 들여다보이는 얕은 수행자다. 순간순간 일어나고 흘러가며

대체되는 생각들을 바라보며, 현재에서 배우고 그가 이끄는 대로 나를 온전히 내맡겨 보려 한다. 차에서 내리기 전 카톡^{Car Talk}을 마무리하시며 스님께서 말씀하셨다.

"결국 수행은 받아들임이에요."

◎ 코칭적 레슨 - 미래현재(FutureNow)

- 미래현재(FutureNow)는 함께 동시적으로 존재하는 시간이다. 그러므로 삶의 비결은 지금 이 순간을 다루는 방식에 있다. 미래는 오늘을 걸어가는 한 걸음, 한 걸음에 있음에도, 오늘을 살아가는 우리는 끊임없이 미래에 대한 불안과 기대에 일희일비한다. 따라서 미래에 대한 이미지를 우리의 가슴속에, 그리고 근육과 세포 속에 저장해 놓고, 오늘을 살아가는 것이 매우 중요하다. - 박창규(MCC), 『임파워링하라』 중에서

- 우리의 뇌는 가상과 현실을 구별하지 못한다. 이루어졌다고 상상하면 그것을 현실로 받아들인다. 목표에 대해 이루어졌다고 상상하고(As-if) 물어라.

자극과 반응
사이에서

아침마다 출근길은 러시아워일 수밖에 없다. 집을 출발하여 안민터널을 빠져나와 우회전한 다음 창원터널로 진입하기 위해 오르막을 올라 천천히 본선으로 합류했다. 교통체증에 거북이걸음을 하다 터널 앞까지 왔을 때 중앙분리대 옆에 갈색 털 한 뭉치가 보였다. 차가 빠지면서 가까이 보니 벌겋게 범벅이 된 로드킬Roadkill이었다. 뻘건 살색 덩어리가 눈에 들어오자마자 얼굴을 돌렸으나 역겨운 감정이 훅 올라왔다. 터널에 진입하여 깊은 호흡으로 쭈뼛함을 뱉어 내고 방금 본 잔상을 얼른 지우려 내벽 황색 등 불빛에 눈을 끔벅이며 씻어냈다. 터널을 나오자마자 내리막길에서는 속도가 붙었다. 미끄러져 내려오며 지하차도가 눈앞에 들어오는 지점, 열한 시 방향의 노란 중앙선 위에 또 한 마리의 납

작한 털 뭉치가 눈에 들어왔다. 그것은 이미 말라 버려 딱지처럼 땅바닥에 찰싹 들러붙어 있었는데, 차창 밖으로 휙 지나갈 때까지 곁눈으로 확인사살까지 했는데도 한 줌 흙더미를 본 듯 아무 감정도 못 느꼈다. 그 순간, '아하!' 하면서 머릿속으로 '일체유심조一切唯心造'란 말이 떠오르며 안면도 없던 원효대사가 지팡이를 짚고 웃고 있었다.

신라 고승 원효는 661년(문무왕) 의상과 함께 당나라 유학길에 올라, 어느 무덤 앞에서 잠을 갔다. 잠결에 목이 말라 물을 마셨는데 그 물이 감로수처럼 너무 시원하고 맛있었다. 날이 새서 깨어 보니 어둠 속에서 마신 물은 벌레가 득실득실한 해골에 괸 썩은 물이었음을 알고, 사물 자체에는 정淨도 부정不淨도 없고 모든 것은 오로지 마음에 달렸음을 깨달아 대오大悟했다. 원효는 그 순간 크게 웃으며 의상과 작별을 나누고는 그길로 유학을 포기하고 돌아왔다는 이야기이다.

로드킬Roadkill 한 마리에다 감히 원효대사의 득도를 비교하기엔 우습지만 그 순간 내 마음은 순수하게 그러했었다. 운전 중 연속적으로 관찰된 유사 상황에서의 감정 정리는 생활 속 작은 '일체유심조' 유레카였다. 밤사이 도로를 횡단하는 고라니나 고양이 같은 동물들의 로드킬Roadkill은 안타깝지만 점점 늘어나고 있는 게 현실이다. 아침에 피 터져 누워 있는 동물을 쳐다봤다고 거북하고 불편하게 느끼는 것은 내 마음이 반응하는 것이었다. 뻘겋게 내장이 터져 나온 고깃덩이나 말라비틀어진 가죽껍데기 자체에는 정도 부정도 없이 그냥 그 자리에 있었을 뿐인데 말이다.

그로부터 얼마 뒤, 자가운전 장거리 출장에서 국도를 타고 집으로 돌아오고 있었다. 달리는 전방 도로 가운데 또 한 마리 털 달린 핏덩어리가 누워 있는 것이 보였다. 그 순간 '어 저거 내가 정리했었지!' 하고 리셋 시그널을 주었더니 마음이 아무렇지도 않았다. "삶은 도대체 얼마나 많은 것들을 정리해야 평안에 이를 수 있단 말인가?" 하는 독백이 일었다. 엄마 배 속에서 태어나 네 발·두 발·세 발로 걷다 자연으로 돌아갈 때까지 정리하고 또 정리해야만 하는 것이 인생인가보다! 그렇다면 인생은 수없이 맞닥뜨리는 자극들에서 일어나는 반응을 선택할 수 있는 마음 공간을 얼마나 확보하느냐가 관건일 수밖에….

전국을 자동차로 다니다 보면 우리나라 길에는 터널이 정말 많다. 그만큼 꼬부랑길을 다림질하듯 구석구석 산들을 관통시켜 직선거리로 도로망이 잘 뚫려 있다는 반증이기도 하다. 청명한 하늘과 시원한 바람을 맞으며 고속도로 IC로 내려서서 국도를 달리고 있었다. 새로 뚫린 입구가 예쁘게 장식된 터널에 진입하기 바로 직전이었다. 황금색 나비 한 마리가 '부우웅' 돌진해 내려오더니 '딱' 하는 소리와 함께 앞 유리에 부딪혔다. 터널 위 산자락에서 작전모의 후 가미가제 자살비행을 감행한 듯 부딪친 자리에는 금가루들이 잠시잠깐 들러붙어 있다가 달리는 바람에 흩어져 갔다. 이들의 무모한 공습을 피하기라도 하듯 시커먼 터널 방공호 속으로 들어갔다. 정속주행을 하며 작은 생명의 죽음에 대해 한 생각이 일어났다. 터널을 나가면 분명히 또다시 죽기 살기로 공격해 올 것임에 마음 채비를 단단히 해야 했다. 터널은 곤충의 이승과 저승을 가르는 레테의 강이요, 내 의지는 나룻배를 젓는 뱃사공이었다.

하이패스를 통과하여 다시 고속도로를 진입했다. 속도를 높여 규정 속도를 넘나들며 달리는 내내 전방 유리창이 수시로 '딱딱' 거리며 연두색 핏빛으로 물들어 갔다. 곤충 공수부대가 거점도로를 방어하기 위해 달려드는 치열한 전쟁터 같았다. 앞 유리가 투명 글라스 도화지가 되어 녹색 물감으로 채색되어감에 따라 내 마음은 점점 붉은 수채화처럼 변해 갔다. 예전 같으면 그냥 앞 유리에 먼지가 달라붙은 듯 별 느낌 없이 핸들 위 오른손가락으로 워셔액 레버를 당겼을 텐데… 그날은 쉬이 그럴 수 없었다.

사실, 나비나 풍뎅이 등 곤충들은 일부러 죽음으로 돌진하지 않는다. 자기들은 태어난 곳에서 늘 살던 대로 주변 영역을 날아다니고 있었을 뿐이었다. 난데없이 인간들이 자동차라는 무쇠괴물을 타고 빛의 속도로 달려와 그들의 세계에 대한 배려 없이 무차별 침략을 범한 것이다. 부딪힌 곤충들은 왜 죽는지도 모른 채 죽임에까지 이르게 된다. 이 모든 대형 교통사고의 주범은 인간인데, 참 얼마나 억울하겠냐마는 그 또한 자연인 것을…. 작지만 결코 작지 않은 자극과 반응 사이의 간극이 넓어짐을 발견했다. 앞 유리가 풀빛 크레용으로 낙서한 것처럼 탁해졌다. 나는 할 수 없이 운전시야 확보를 위해 워셔액을 분사하고 전방와이퍼를 작동시켰다.

자고 일어나면 지구촌 TV뉴스는 늘 큼지막한 사건사고들을 보도한다. 지구상에 사는 인류는 시시때때로 무언가로부터 큰 타격을 받고 수많은 죽임이 발생하고 고통스러움에 울부짖는다. 사십오억 살배기 지구의 마그마가 숨을 쉬기 위해 일으킨 지진이나 쓰나미에서도, 또는 다른 인간집단이 어떤 목적을 위해 가한 테러나 전쟁에서도 인간은 피눈물을 흘린다. 그렇지만, 두 가지 큰 충격Deep Impact 상황에서 인류의 반응을 살펴보면 그 차이는 실로 크다는 것을 발견할 수 있다. 먼저, 자연이 일으킨 행위에 대해서는 인간은 순응적으로 반응한다. "오 신이시여!"를 외칠지언정, 철저히 뭉개졌음에도 이를 받아들이며 최대한 빨리 수습국면으로 돌입한다. '거스를 수 없음'을 인정하고 오히려 당한 입장에서 더 잘 대비하고 예측하기 위한 변화를 꾀한다. 반면, 인간이 또 다른 인간에게 저지른 행위에 대해서는 철저히 보복적으로 반응한다. 내편, 네 편을 갈라서 피눈물을 흘리며 '와신상담'이란 말에서 보듯 쓸개를 씹으면서까지 복수를 다짐한다. 역사적으로 봤을 때도 '용서와 이해'보다는 할 수 있을 만큼의 '응징의 서'를 실행에 옮겼다. 한참 미국의 '북한 선제 타격론'이 분분했던 어느 날 아침, 학교에 출근하여 커피 한 잔과 함께 읽은 신문사설 내용이다.

> 북미가 주고받는 '강 대 강' 분쟁상황은 두 정상이 자신의 입지
> 를 다지기 위한 그림을 만드는 과정에 불과하므로 북한과 미국
> 간 전쟁은 없다. 따라서 우리는 두 나라의 최고통치자가 자신
> 의 입지를 다지는 전략에 휘말리지 말고 평상심을 가지고 대북
> 기조를 그대로 유지하면 된다.(…)

2018년 현재 돌아가는 상황 인식에서는 당연히 차이가 있을
수 있겠지만 당시 개인적으로 통찰을 느끼게 한 글이었다. 작금
의 한반도 상황은 이미 국가적 차원을 넘어서 범지구적 차원의
최고로 뜨거운 핫-포테이토가 되어 있다. 이 지점에서 '자극과
반응 사이의 공간을 어떻게 확보할 것인가?'라는 질문은 국가적
으로나 개인적으로도 매우 중요할 것 같다. 이것은 전 지구촌 인
류 개개인 삶의 확장판으로서 미래·현재적인 지혜와 통찰적 담
론이 지속되어야 할 이유이다.

코치로서의 나는 스티븐 코비의 『성공하는 사람들의 7가지 습
관』에서의 기본원칙들을 가슴 깊숙이 받아들인다. 이 책은 일반
인은 물론이요 코치들은 반드시 읽어야 할 '코칭'의 필독서라고
감히 말하고 싶다. 개별적인 습관 자체로서보다는 전체적이고 통
합적으로 개인과 대인관계의 효과성을 증진시켜 주는 접근방법

이 제시되어 있다. 스티븐 코비가 말한 '빅터 프랭클'이 발견한 인간 본질에 대한 기본원리로부터 '주도적 모델'을 개발하게 된 배경에서 나는 강력한 진동을 느꼈다. 같이 느껴 보자.

> 하루는 대학 도서관 뒤켠의 서가에서 이 책 저 책의 제목을 들춰 보고 있는데, 책 하나가 관심을 끌었다. 그리고 그 책을 빼내어 읽게 된 한 구절이 내 인생을 완전히 바꾸어 놓았다.(…) 「자극과 반응 사이에는 간격, 즉 공간이 있다」는 것과 우리의 성장과 행복의 열쇠는 우리가 이 공간을 어떻게 이용하느냐에 달려 있다는…. 마치 내가 이 간격의 틈 사이에 서서 밖에 있는 수많은 자극들을 내다보며 이 아이디어를 어떻게 적용하고 있나를 관찰하고 있는 것 같았다. 나는 스스로 반응을 선택할 수 있다는 정신적인 해방감을 느끼게 되었다. 또 자신이 자극이 될 수 있고 영향력을 행사할 수도 있으며 심지어는 자극과 반응을 거꾸로 돌려놓을 수도 있다는 사실에 흥분되었다.
> - 스티븐 코비/김경섭 옮김, 『성공하는 사람들의 7가지 습관』 중에서 -

주말에도 코칭 강의와 모임으로 바쁜 시간을 보내고 맞이한 가을날 월요일 아침, 없던 월요병이 왔는지 스마트폰 알람 재방송을 몇 번을 듣고서야 겨우 일어났다. 샤워를 하고 엘리베이터를 타고 내려왔는데도 머리가 묵직하니 맑지가 않았다. 학교 일과 집안일에 대한 복잡한 것들이 머릿속에 꽉 차 있으면서 아침 컨디션이 엉망이었다. 차 시동을 거니 연료램프에 불이 들어와 셀프주유소에서 기름을 넣고 차가 밀리는 도로에 다시 들어섰다. 답답한 상태로 차량 물결에 떠밀려서 가다가 우회전하여 터널 입구를 마주했다. 그날따라 평소 다니면서도 눈에 들어오지 않던 터널입구 위에 걸려있던 배너 문구가 아주 크게 선명하게 보이며, 내 안으로 쑤욱 빨려 들어와 버렸다.

'마음이 단풍들지 않으면 이 가을을 놓치게 됩니다.'

터널을 진입하여 통과하는데 갑자기 시커먼 터널 내부가 밝은 빛으로 채워지며 감정날씨가 차츰 개이기 시작했다. "그래, 맞아! 잘 물든 단풍잎이 봄꽃보다 아름다울 진데, 지금 나는 잘 가고 있지 않는가! 이 좋은 계절에 잘 물들고 잘 익어 가 보자!"라는 성찰과 함께 긍정 에너지가 갑자기 솟구쳐 올라왔다. 그 짧은 시간에 배너문장 하나의 자극으로 마음이 가라앉으며 뒷골 당기던 두통이 달아나 버렸다. 참 스스로 경험하고 있으면서도 신기하고 놀라웠다.

우리는 본질적으로 주도적이라고 하지 않았던가? 우리가 고통스러워하는 것은 일어난 사건 그 자체 때문이 아니라 그것에 반응하는 내 생각과 감정 때문이다. 물리적 환경이나 사회적 날씨에 반사적인 내가 되지 말아야겠다. 매순간 자극과 반응 사이에

서 긍정적인 선택으로 스페이스Space를 넓힐 수 있도록 간극조정
자가 되어야겠다. 청명한 가을하늘이 내 안에 가득 차 있는 것을
하루 종일 바라보며 행복할 수 있도록 말이다….

◎ 코칭적 레슨 – 창조적 침묵(Space)

- '자극과 반응 사이에는 간격(공간)이 있다.' 코치가 침묵하면 그 공
  간을 고객이 채운다. 고객이 응답 후 즉각 질문하는 것보다 여유를
  주고, 고객의 응답이 없을 때 즉각 질문하는 것보다 기다림을 제공
  해야 한다. 그 기다림의 공간(Space)은 길어도 전혀 상관이 없다.

- 연민(Compassion)과 공감(Empathy)을 가지고 코치는 고객이 어
  렵거나 불편한 이슈를 표현하고 다룰 수 있도록 안전한 공간(Safe
  Space)을 가져야 한다.

후회 없이
살기 위한 공부

"에이 씨펄~, 이래서 안 내려왔었네."

딸아이와 엘리베이터를 타고 내려와 지하1층 문이 열리자마자 안으로 튀어 들어온 말이었다. 순간 얼음 물동이로 버킷챌린지 세례를 받은 듯 내 얼굴은 새파래졌다. 눈앞에는 키가 크고 호리호리한 뽀글머리의 삼십대 초반쯤 되어 보이는 젊은 사내가 삐딱하게 서 있었다. 그날은 추석 한가위 아침이었다. 우리는 큰댁이 가까워 명절 차례를 지내기 위해 항상 당일 아침에 움직였고, 과일상자를 차에 싣고자 딸아이와 먼저 내려왔다. 그 찰나의 순간, 정말 오만가지 생각이 교차했다. 나를 단속한다고 했는데도 무의식은 자율신경계를 작동시켜 사과박스를 집어 드는 내 눈이 그 젊은 친구를 노려보았다.

"왜? 아저씨. 왜 쳐다보는데요, 예에~?"
"(…) 허허허, 쳐다보지도 못합니까?"

혀가 살짝 꼬인 젊은 친구가 두 번째로 내뱉은 말에 애써 태연한 척 허탈한 웃음을 내보냈다.

"자기 왜 그래? 자기가 말실수 했으면서… 그러지 마."

젊은 남자와 같이 서서 유모차를 끌고 아이를 안고 있던 아내인 듯한 젊은 여자분이 말했다.

"내가 뭘? 놔 봐! 에이~씨…."

젊은 아내의 만류에도 거칠게 대꾸하는 그 젊은 남자의 말의 품격 앞에서 딸아이는 엘리베이터 열림 버튼에서 손가락을 떼지 못하고 있었다. 현관문 앞까지 사과박스를 옮겨 놓고 나머지 박스를 가지러 왔을 때, 그들은 엘리베이터 안쪽에 타고 있었다. 박스를 들어 올리면서 입이 터트리려 하는 내 감정을 끝까지 붙드느라 진땀을 빼며 묵묵히 돌아섰다. 기분이 너무 상한 나머지 초점을 잃고 아무런 말도 할 수 없었다. 뜨악한 상황을 같이 당한 대학생 딸아이의 말없는 눈망울을 보니 속에서 뜨거운 불길이 활활 타올랐다. 말을 뱉었다 하면 걷잡을 수 없을 것 같았고, 여태껏 한다고 한 수행이 물거품이 될세라 참고 참았다. 아내와 아들이 뒤이어 내려와 짐을 트렁크에 마저 싣고 전원 탑승했다. 형님네 집으로 가는 내내 인상이 풀리지 않는 나를 보고 아내가 물었지만 그냥 앞만 보고 운전만 했다. 살면서 이런 경우는 또 처음이었다. '감히 명절날 내 집 안마당에서, 그것도 딸이 보는 앞에서 새파란 녀석이…'라는 감정덩어리들이 뭉치고 뭉쳐졌다. 폭발시키지 못한 부글거리는 큰 거품과, '아니 코치라면서, 수행한다며 그 정도에 펄펄 뛰다니…'라는 뽀글거리는 거품방울들이 서로 부딪히며 터졌다. 달리는 차 안에서 내 감정은 양쪽 경계지점에서 춤을 추었다.

한가위 차례를 지낸 후 황당했던 그 순간을 복기해 보았다. 의도치 않게 자극과 반응 사이 간극 확장이 시도된 것이었다. 정말 쉽진 않지만 '꽥꽥'대며 올라오던 내면의 오리를 주시하며 밀어 넣었다. 지나고 보니 '노려보지도 말고 차라리 좀 더 여유롭게 웃어줄걸….' 하는 욕심도 슬쩍 생겨났다. '피식' 웃음이 나오며 그 또한 '척체'적인 붙잡는 마음임을 알아차리고 호흡을 가다듬으며 여유를 찾았다. 대행스님의 법어 책, 『삶은 苦가 아니다』에 나오는 말이다.

" 안팎으로 일어나고 닥치는 것들이, 비유하자면 다 한 솥의 죽이란 말입니다. 방울방울 죽방울 끓듯 하는 것이니까 다 거기서 나온 것이니 나오는 대로 그와 같이 해 보기 바랍니다."

추석명절 연휴가 끝난 월요일 저녁, 오후 내내 학교에 머물고 있다가 해운대 통합명상학교로 달려갔다. 수행 도반님들과 둘러앉아 무진님께서 내려 주시는 보이차를 마시며 명절을 보내고 난 덕담을 나누었다. 적절한 타이밍에 나는 스님께 명절날의 황당 스토리를 꺼내 놓았다.

"스님, 제게 온 작은 시험대를 통과한 것 같은 느낌입니다."
"시험이 맞아요. 이제 주 선생이 안에서 올라오는 감정을 관觀할 수준이 됐다는 확인이니 축하드리고 다 함께 박수쳐 드립시다."

부끄러운 경험사례일 뿐인데도, 스님과 도반님들로부터 생각지도 못한 격려와 박수까지 받으니 초보 수행자의 가슴은 벌렁벌렁해졌다. 그해 팔월 한가위 아침 사건은 스님과의 대화를 통한 후기까지 첨해져서 내 경험서재에 소중한 책 한 권을 더 꽂을 수 있게 해준 선물이 되었다.

황금빛 들녘 가운데로 난 국도를 타고 가다 한적한 전원카페 앞 도로변에 K코치님이 차를 댔다. 카페 문을 열고 들어서니 넓은 실내 공간에 중년 남녀 한 쌍만이 창가를 지키고 앉아있었다. 졸고 있던 바리스타 아가씨를 깨우지 않을 수 없어 '똑똑' 카운터 데스크를 노크했다. 국화차 두 잔을 주문해 놓고 구석자리 널찍하고 푹신한 소파에 K코치님과 마주 앉았다. 통유리 너머 잔디밭과 단장된 개울, 그 너머 울긋불긋 상기된 가을 산이 한눈에 들어왔다. 위쪽 지방에서부터 매일 25km의 속도로 남하한다는 단풍은 서로의 눈에 눈부처로 비춰져 코치의 마음을 하나로 모자이크시켰다. 흑백명암을 대비시킨 듯 밝고 어두운 톤의 느낌 좋은 차주전자 두 개를 좀 전에 졸던 바리스타 아가씨가 테이블 위에 올려 주었다. 사기로 된 주전자를 서로의 찻잔에 기울여 주고는 어느 시인이 노래한 한 송이 국화꽃을 피우기 위한 기다림처럼 찻물이 우러날 때까지 여유롭게 기다리며 훈훈한 대화를 나누었다.

코칭도반 K코치님은 외투기업의 현직 임원으로서 전국을 관할하며 주 근무지를 천안에 두고 있었다. 가끔 학교에서 천안출장을 갈 때면 일부러 연락을 넣어 얼굴을 보곤 했었는데, 그날도 KTX로 천안아산역에서 내린 나를 K코치님이 픽업해서 멋진 전원카페가 있다며 데려갔다. 그와 나눈 대화 중에 평소 기업임원으로서 사람에 대한 관심이 많았던 K코치님이 들려준 이야기 하나를 소개해 볼까 한다. 회사 영업팀장이 너무 목표지향적인 탓에 스스로 힘들어하고 스트레스 받는 것이 안타까워 티타임을 가지며 그와 나눈 코칭적 대화 내용이다.

"김 부장, 혹시 '기대하지 말고 소망하라!'는 말을 들어봤나?"

"잘 모르겠는데요. 기대나 소망이나 말만 다를 뿐 똑같은 뜻 아닙니까?"

"그래? 그럼, 기대했던 일이 이뤄지지 않았을 땐 기분이 어떨까?"

"당연히 실망스럽고, 화나고, 짜증나고, 스트레스 만땅일 것 같은데요."

"으음~ 그렇겠네…. 그럼 소망했던 일이 이뤄지지 않았을 때는 기분이 어떨까?"

"그야 원하는 대로 되었다면 기분이 날아갈듯 좋겠지만, 안 되도 실망은 좀 덜할 것 같고 또 다음 기회를 노리겠죠 뭐."

"그래! 그렇다면 내가 한 말의 뜻을 한번 곰곰이 생각해 볼 수 있겠나?"

"예? 예… 무슨 말씀이신지 알 것 같습니다. 집에 가서 생각해보고 다시 말씀 드리겠습니다."

"그래, 생각 정리가 되면 다시 알려주게. 기다리겠네."

마치 두 사람이 옆에서 실제 대화를 나누고 있는 듯, 현장감 있게 코칭 대화 내용을 들려 준 K코치님이 내게도 같은 질문을 던져 놓고는 잠시 기다렸다가 자기생각에 대한 말을 이어갔다.

"주 코치님은 어떻게 생각하세요? '기대하지 말고 소망하라'에서 기대는 '당위'이고 '해야 한다'인 반면, 소망은 '순응'이고 '자연의 세계'라는 차이가 있어요. 목표를 세우거나 기대하는 것을 하지 말라는 것이 아니라, 붙들리지 말고 일어나는 그대로를 받아들이고 현존하라는 의미로 이해해요 저는….."

그 짧은 순간 K코치님의 말에 같은 코치로서 내 가슴속 소리굽쇠는 공진주파수를 만나 '우웅~' 울렸다. 또한 지난날 기업에서의 나랑 그 영업팀장의 모습이 어찌 그리 흡사한지…. 회사라는 상자 안에서 한 명의 열혈 '회사아빠'로 살던 시절 내 스프링노트(업무수첩) 커버페이지를 넘기면 첫 장에 적혀 있던 문구였다.

"위대한 인물에게는 목표가 있고 평범한 사람에게는 소망이 있을 뿐이다."

그 견고했던 직장이라는 상자에서 굳혀진 생각상자 밖으로 나와 보니, 이젠 그 말의 의미 차이를 알 것 같다. 4차 산업혁명이니 AI(인공지능)니 하는 작금의 시대는 가면 갈수록 '인간 존재' 상실의 시대로 치달리고 있다. 너 나 할 것 없이 조직 속에서 목표달성을 해내야만 생존할 수 있기에, 대부분의 사람들이 지하철에서 인파 속에서 떠밀려 다니듯 그렇게 휩쓸려서 흔들흔들 묻어가고 있는 것은 아닐까?

"기대하지 말고 소망하라!"

K코치님 덕분에 오늘도 기대목표를 위해 붙들었던 것들을 내려놓고 소망해 본다. 흔들리는 것조차도 '흔들리지 말아야지.'가 아니라 '아 흔들리고 있구나.'로 그냥 바라보려 애를 쓰고 있다. 애를 쓰는 것도 노력이며, 그 노력도 내려놔야 할 대상임을 알지만, 나의 현 수준을 인정할 수밖에 없기에 아직은 어쩔 수 없다. '지금 내게 일어나는 것은 가장 적절한 것이다.'는 스님의 말씀이 떠올려지며, K코치님과 함께 달리던 차창으로 들어오는 천안의 가을공기가 맛있었다.

계룡산 갑사에서 열린 집중명상 수련에 참가했을 때였다. 이튿날 스님과 함께 '대자암'이라는 곳을 향해 산길을 오르는 '걷기명상'에 나섰다. 낙엽 떨어지는 길을 탁발승이 걷고 있는 뒤를 따랐다. 지금 이 순간, 이 발바닥으로, 이 몸이, 이 공간으로 나아감을 느끼며 걸었다. 그때 길옆으로 속살을 드러낸 산비탈 쪽 바위에 뿌리를 휘감아 내린 나무를 만나게 되어 물었다. "너는 누구냐? 바위냐? 나무냐?"고….

이윽고 목적지에 다다랐다. 대자암은 '무문관'으로서 문이 없는 참선도량이라고 했다. '무문관'이란 수행자가 입실하고 나면 바깥에서 자물쇠로 문을 걸어 잠그고 3년 동안 골방 안에서 가부좌를 틀고 앉아 개구멍으로 넣어주는 공양만을 먹으며 나올 수 없다고 했다. 무문관 앞에 서서 펼쳐진 산 아래를 내려다본 뒤, 방 안으로 들어가 앉아도 보고 개구멍의 크기를 가늠해 보기도 했다. 그 순간 기억의 저편에 있던 군대 시절 쇠창살 속에서 통과의례로 겪었던 '영창'이라는 유사 무문관경험이 잠깐 투영되었다. 살아 보니 아무나 할 수 없는 공부를 군에서 했다는 생각이 들며 무문관 투어로 두 배의 울림을 받고는 합장하고 내려왔다.

명상수업 시간에 지도법사 스님께서 들려주신 불교계의 유명한 일화다. 어떤 스님을 초가삼간에서 10년간 봉양한 노파가 있었다고 한다. 하루는 스님의 수행정도를 시험해 보기 위해 노파는 아끼던 딸을 스님 방에 들여보냈다. 딸은 방 안에 들어가 일부러 스님한테 안기며 애교를 부렸다. 다음날 노파가 스님께 물었다.

"스님, 어떠하였습니까?"

스님이 대답했다.

"나무토막이 감각이 있나."

이 말을 들은 노파는 크게 화를 내며 스님을 쫓아내고 초가집에 불을 싸지르고 말았다는 이야기였다. "그렇다면, 여기서 노파가 듣고자 했던 대답은 무엇이었을까?"라며 스님께서 질문을 던지셨다. "아마도 딸을 여자라는 욕망의 대상으로 대상화하지 않고 처녀니까 순수하게 시집에 대한 고민 같은 것들도 들어주고 마음을 헤아려 줄 수 있는 진심어린 사랑이었지 않았을까…." 스님께서 하신 말씀에 고개를 끄덕였다.

"그 힘든 마음을 나한테 줘 봐?"

해운대 선원에서 명상수행이 끝나고 무진 님과 차 톡Tea Talk을 나누던 중, 자기 마음이 너무 힘들다고 호소하러 찾아온 어떤 이에게 던지셨다는 말씀이다. 듣는 순간 간결·명료한 통찰 질문이 내게로 즉시 전이되어 뜨끔했다. 지금-여기를 받아들이지 못한 채 흔들거리고 있는 내 속을 훤히 꿰뚫고 계신 듯…, 여전히 목표 지향적으로 치달리며 사서 힘들어하는 내게 슬며시 제동을 거시고는 한마디 더 점을 찍으셨다.

"영철 선생님, 하고자 하는 것을 멈추고 놓으세요! 놓는 게 목푭니다. '니 알아서 해뿌라' 하고 찌질하게 말고 훅 가 보세요!"

작년 가을, 무진 님은 스님을 모시고 도반님들과 함께 인도순례수행을 다녀오시고는 내게도 선물을 주셨다. 티베트 불교 원산지에서 샀다는 '엔젤라이트' 팔찌였다. 기쁘게 받아서 꼈는데 안타깝게도 내 손목이 남보다 좀 두껍다 보니 너무 조여서 낄 수가 없었다. "무진 님, 저도 다람살라의 기운을 느끼고 싶은데…."라며 말끝을 흐렸더니, 다시 달라고 하시고는 며칠 뒤에 다시 주셨는데, 알고 보니 그녀의 팔찌를 풀어 두 개를 크게 하나로 만들어주신 것이다. 감동이었다! 쑥스럽지만 다시 받으면서 "무진 님은 팔찌가 없어서 어떡해요?"라고 말했을 때 웃으면서 대답하신 한마디는 오랜 수행자한테서 뿜어 나오는 아우라였다.

"나는 이미 온몸에 칭칭 감고 있으니 괜찮아요."

'수행'이란 하나의 관념과 개념을 배우는 것이 아니라, '앎과 이해의 바탕 위에서 실제적 체험을 통해 하나의 변형이 일어나는 것'이라고 스님께 배웠다. "당신의 수행의 목적은 무엇입니까?"라고 달라이라마에게 물었더니 "죽음을 준비하는 것입니다."라 했고, 밀라레빠는 또 "후회 없이 죽기 위해서 수행합니다."라고 말했다 한다. 성인 반열에 오르신 현자로서의 통찰이 느껴지는 대목이었다.

앞으로 엎어져도 수행이고 뒤로 자빠져도 수행이라는 말처럼, 지금-여기 현실에서의 역경이 수행의 시험대이고 결과이리라. 수행은 곧 매 순간 '후회 없도록 살기 위한 삶 자체'라는 것을 다시금 마음근육 속에 깊이 새겨본다.

◎ 코칭적 레슨
– 통찰력(Insight)과 강력한 질문(Powerful Questioning)

• 수행을 하면 할수록 자기 자신에게 더 많은 질문을 할 수밖에 없다. 자신의 문제에 대해 새로운 시각을 갖게 되고, 그 의미를 새롭게 발견하는 것이며, 무릎을 치게 되는 순간의 번뜩임이 바로 통찰력(Insight)이다.

• 강력한 질문은 명료하고 단순하다. 발견, 통찰, 약속, 행동을 이끌어내는 질문(고객의 가정에 도전하는 질문), 강력하고 목표 너머의 목표(Over-arching)를 갖는 질문의 중요성은 아무리 강조해도 지나치지 않다. 강력한 질문 뒤에는 침묵과 성찰이 뒤따른다.

Chapter 4

존재와 관계적 삶, 다시 시작이다

아빠에서
아버지라는 이름으로

아침 9시 전까지 부산 해운대에 있는 상담센터에 도착해야 했다. 출근시간 러시아워를 피하기 위해 아침을 서둘러 창원에서 출발했다. 그날은 국내에서 제일 명망 높으시다는 초월영성전문가를 모신 집단상담 프로그램에 참여하기로 예정되어 있었다. 특히 새로운 길을 가는 나를 항상 응원해 주시고, 강의 등 이런저런 기회들을 열어주시고자 마음 써주시는 성관님의 센터에서 진행되는 프로그램인지라 일찍 가서 조금이라도 준비를 도와드릴 요량이었다.

"철이 니 유능한 코치가 되고 싶다며…, 내가 신청해 놨으니 꼭 참석해라!"

전날, 막냇누이로부터 집단상담 교육 참석을 전화로 확정통고 받았다. 상담전문가인 누이의 상담프로그램도 공부해 보라는 제안에 나름 코치랍시고 시큰둥한 반응을 보였더니, 비싼 교육과정을 직접 끊어서까지 내 등을 떠밀었다. 누이의 품 넓은 마음을 알기에 고맙다는 말 대신 퉁퉁거리면서도 내심 새로운 배움에 대한 기대와 호기심을 가득 안고 참석했다. 가운데 좌장이신 영성전문가 교수님을 중심으로 좌우로 참가자 12명이 둥그렇게 둘러앉아 수업에 집중하고 있을 때였다. 바지주머니 속에서 스마트폰이 울어대서 꺼내 보니 화면에 '아들 선생님'이라고 떴다. 분명 아내한테 먼저 하셨다가 통화가 안 되니 나한테 거셨을 게다. 급한 일이 틀림없으니 어쩔 수 없이 수업 도중 일어나 뒤꿈치를 들고 문밖으로 나가서 화면을 밀었다.

"아예, 선생님. 안녕하세요. HR아빠입니다."
"아버님, 안녕하세요? HR이가 몸살기가 있어 조퇴를 하고 싶다고 왔는데요, 바꿔 드리겠습니다."
"아예⋯. 아들, 왜? 어디가 안 좋아?"
"아빠, 그냥 선생님한테 조퇴시켜 달라고 말 좀 해줘."

아들이 목소리를 죽여 가며 내게 부탁을 했다.

"뭐? ⋯그래, 알았다! 선생님 바꿔 줘 봐."

"아예, 선생님. HR이가 몸이 좀 안 좋은 것 같아서요. 병원에 가서 링거 하나 맞히고 집에 데려가야 할 것 같습니다. 죄송하지만 조퇴 부탁드립니다. 선생님."

아들의 주문대로 선생님께 거짓말 아닌 거짓말을 했지만, 내 안에는 두 가지 생각이 부딪혔다. "아니, 이 녀석은 도대체…?"라고 말하는 신경질적이고 쪼잔한 아빠의 모습과 "그래, 공부 그 뭐라고? 제 하고 싶어 하는 걸 올인 해야지!"라는 쿨하고 대범한 아버지의 모습이 밀당을 했다. 또한, 동시에 담임선생님 마음이 헤아려지면서 죄송스러움도 일었다.

고3인 아들은 방과 후 보컬학원엘 다녔다. 실용음악과를 목표로 하다 보니 실제 아들에게는 학교수업이나 야자보다 대학 실기시험 대비를 위해 학교 밖에서의 연습시간이 더 중요했다. 그런데, 학교는 나름의 원칙과 입장이 있다 보니 학교와의 의견차이로 아내는 스트레스를 받기도 했다. 그런 상황에서 아들은 야자를 빼거나 그날처럼 조퇴를 위해 선생님께 이런저런 이유를 붙여 신청서를 올리곤 했다. 그러면 선생님께서는 부모동의를 구하고자 아이 엄마와 통화가 안 되면 내게 전화를 하셨다. 물론 매번 아들의 신청서가 순수한 보컬연습 목적이 아닐 때도 있었겠지만, 그 사연을 어찌 말로 다 할 수 있으리오마는….

다시 둥그렇게 둘러앉은 자리의 빈 곳을 채워 넣으며 동그란

원을 만들었다. 집단상담은 수강생들이 돌아가며 자신의 과거 아팠던 상처를 드러내고 꼬여 있던 매듭을 풀어내는 협치(협력치유)의 과정이었다. 내 차례가 되었을 때 나는 방금 전의 아들 선생님과 통화한 이야기를 끄집어내 공유했었다.

1일 차 교육이 끝나고, 귀가 방향이 같은 여성 참가자 한 분을 창원까지 카풀로 동승했다. 낮 수업시간에 대학생 아들하고 갈 때까지 가 버린 관계를 꺼내 놓고 펑펑 눈물을 쏟으셨던 분이었다. 차를 타고 가면서 아들과의 상황에 대해 좀 더 구체적으로 말해 달라 질문을 했다. 이분은 아들의 전공과 진로를 결정해 주고, 무난히 먹고 살 수 있는 직업도 선택해 주고, 또한 수시로 잘하는지 체크하고 잔소리하는 것이 부모로서의 역할이라고 굳게 믿고 있었다. 그렇게 정성을 쏟았는데도 아들이 반항을 하니 억장이 무너질 수밖에…. 눈가를 훔치며 속에 담아 뒀던 이야기를 계속 쏟아 내는 동안 내 두 눈은 전방을 향해 놓고 두 귀로 적극적으로 경청했다.

잠시 후, 감정을 추스르시고는 낮에 수강생들 앞에서 내가 공개했던 '고3 아들과의 전화통화' 내용이 도저히 자기는 납득이 되지 않는다며 질문을 던지셨다.

"아니, 아무리 그렇지만 어떻게 선생님한테 아들이 말해 달라는 대로 말을 해 줄 수가 있죠?"

"허허허, 어차피 지 삶인데요 뭐. 지금 세상은 남 따라 장가가는 것보다 제 하고 싶은 대로 해야 후회가 없겠지요. 공부야 나이 상관없이 하고 싶을 때 언제든지 할 수 있으니 하고 싶은 걸 하도록 해 줘야죠."

내 속에 들어 있던 생각들을 꺼내 즉각 답변을 드렸다. 이어서, 코칭 강의 시 자주 써먹는 작금의 '4차 산업혁명'이라는 「뷰카 VUCA 시대」 상황을 하나하나 설명 드리며 스스로를 한번 직면해 보시도록 했다.

"뷰카란 변동성Volatility, 불확실성Uncertainty, 복잡성Complexity, 모호성Ambiguity이라는 영어단어의 머리글자를 딴 말로서 불확실한 미래를 뜻합니다. 우리는 현 초등학교 입학생의 65%는 앞으로 지금 존재하지 않는 직업을 갖게 될 것이라는 4차 산업혁명의 뷰카 시대를 살고 있어요. 누구도 예측하기 힘든 불안의 시대를 다 함께 살아가고 있는 거지요. 그런 상황 인식을 못 하고, 부모가 자기가 살아온 경험치를 기준으로 아이의 미래를 점지해 주는 것은 오히려 재앙일 수 있습니다.(…)"

그렇게 잘 아는 것처럼 떠벌리면서도 솔직히 내 아들에 대한 현실적인 이슈 앞에서는 한없이 자신 없고 부끄러웠다. "나는 정말로 내 아이가 원하는 대로 살도록 완전히 열려 있는가?"라는 질문지를 테이블 위에 올려놓자 개운치 않은 감정이 바로 치고 올라왔다. 그럼에도 그러한 껄끄러움도, 나중에 대한 불안감도 끌어안고 가는 수밖에는 도리가 없다.

"보보, 아들이 지금 급한가 본데 보컬학원에 태워 줄 시간 돼?" 어느 주말 아침, 자는 나를 흔들며 아내가 물었다. "오케이!" 하고 응답하고는, 바로 일어나 새집 진 머리에 모자를 눌러쓰고 아들을 태우고 집을 나섰다. 운전석 옆자리에 앉은 아들 녀석이 친구와 핸드폰 통화가 끝나자마자 슬쩍 최대한 다정하게 말을 걸었다.

"아들, 아빠가 친구랑 같이 맛있는 거 사줄까?"
"아니, 됐어!"
"그럼, 몇 시쯤 마쳐? 끝나면 아빠가 태우러 오께."
"됐어. 마치고 친구랑 놀다 버스 타고 갈 거야."

충분히 예상한 답변이었기에 속으로 웃으며, "앗싸, 생각 대비 80%는 실천했다."며 만족했다. 사실 아들과는 고등학생이 되고부터는 소통이 잘 되지 않았다. 그간 수차례 벽을 허물어뜨리기 위해 시도를 해 봤지만, 서투른 문제해결식 접근방법에 벽만 더 견고해졌다. 그때 이후로 남고딩 아빠에게 주어진 시간의 권위를 인정키로 하고 기다림 모드로 전환했다.

집에서 유일하게 아내와 아들은 대화가 통한다. 아내는 아들을 전적으로 믿고, 기다려주며, 아들 중심으로 말하고 원하는 것을 해주었다. 아들이 학교나 학원에서 집에 돌아왔을 때 말하는 것만 봐도 달랐다. "뭐 먹을래?"라고 묻는 게 아니라 "엄마가 맛있는 거 해 줄게. 5분만 기다렸다 나와."라는 식으로 단 한 점의 귀차니즘 없이 정성을 다했다. 그러면서 보편적인 틀이나 편견에 절대 끼워 맞추거나 얽매이지 않고 아이들이 원하는 것에 대한 신뢰와 지지가 온전히 느껴지게 했다. 내가 볼 땐 그랬다.

"우리 아이들은 아직 부모라는 비빌 언덕이 필요해. 당신 힘들겠지만, 애들 입장에서 아이들이 원하는 것을 묻지 말고 해 주면 돼."

어느 날, 아들하고 좀 잘해 보고 싶은데 어떻게 하면 좋을지를 아내에게 물었을 때 얻은 답변이었다. 그 후로 아내에게 잔소리 같은 어드바이스를 몇 번 더 들어가며 '상대방 중심 대화'를 아들에게 적용하고자 나만의 계획을 지속 실행에 옮기고 있는 중이다. 아들에 대한 진정한 응원과 지지를 보내는 것도 내 마음을 쥐어 박혀 가면서 한 걸음씩 나아갈 수밖에 없음을 매 순간 배우고 있다.

내게도 언제나 듬직해하시고 말없이 바라보고 넉넉한 미소 지으시던 아버지가 계셨다. 이제는 고향땅 산비탈 아래 당신께서 직접 일구셨던 넓은 밭을 혼자 다 차지하고 잠들어 계신다. 그 크신 아버지의 은혜에 비해 나는 명절날에나 찾아뵙고 술 한 잔 치는 게 고작인 불효자식임을 인정한다.

나는 경남 합천에서 3남 5녀, 8남매 중 일곱째로 태어났다. 아버지께서는 2대 독자이자 고아로 자라셨던지라 첫째 딸 이후 장남을 낳고 아들 하나 더 보려고 중간에 무려 딸을 넷이나 놓고 두 번째 아들을 보았으니…그 둘째 아들이 바로 나였다. 상황이 그랬다 보니 '아들'만 알던 모친 덕에 누나들의 서운함과 특히 바로 위 막냇누이의 어릴 적 나에 대한 미움과 질투심은 백분 이해하고도 남는다.

고등학교 3학년 한참 더울 시즌이었다. 모의고사를 본 날, 집에는 학교에서 밤샘을 친다고 말해 놓고 친구들과 떼거리로 시내로 몰려 나갔었다. 또래의 호기심에 우쭐한 영웅 심리까지 덧칠해져서 친구들과 술을 퍼마시고는 밤새 시내 길모퉁이 전봇대를 끌어안고 씨름하다 다음날 새벽 시내버스를 타고 학교로 등교했었다. 수돗가에 가서 찬물을 뒤집어쓰고 교실책상에 엎드려 '겔겔' 거리고 있는데, 한 친구가 급히 뛰어와서는 "철아, 교문에 너거 아부지가 니 찾으신다."라고 알려주었다. 깜짝 놀라 교문으로 뛰어 내려갔더니, 아버지는 교문 옆 화단바위 위에 걸터앉아 땀을 식히시며 등교하는 학생들을 한 명 한 명 쳐다보고 계셨다. 그날 내 머릿속에 찍힌 아버지의 그 흑백사진은 죽을 때까지 잊을 수 없을 것이다. 새마을운동 마크가 새겨진 낡은 작업모 챙을 위로 올려 쓰신 채, 허름한 여름바지를 종아리 위까지 걷어 올리시고, 구멍 난 흰색 메리야스에 와이셔츠 단추는 풀어헤친 행색으로, 체인에 시꺼멓게 기름때가 낀 짐자전거를 앞에 세워 놓고 아들을 찾느라 두리번거리고 계시던 60대 중반의 시골 노인네 한 분! 지나는 학생들 틈에서 내가 튀어나오자 반갑긴 하신데 짐짓 체면을 차리시며, 자전거 짐칸에 실려 있던 헝겊보자기로 싼 아침·점심·저녁 삼시세끼분의 대형 양은 도시락 3개와 반찬통을 건네주시며 한마디 툭 던지셨다.

"아나~, 너거 엄마가 싸 주더라. 아무리 공부한다꼬… 그래도 밥을 굶으모 되나?"
"예, 아부지. 알겠습미더. 인자 빨리 가이소."

나는 그날 아침 등교시간에 전교생들에게 아버지가 허름한 시골 노인네라는 걸 들킨 양, 부끄러워 빨리 가시라고만 재촉했었다. 도시락만 받아들고 뒤돌아서 교실로 올라왔다. 아마도 아버지는 내가 멀찌감치 보이지 않을 때까지 내 뒷모습을 바라보셨으리라…, 그리고 나서 짐자전거를 돌리셨으리라…. 지금 생각해 보면 불효자식도 그런 천하에 불효자식이 따로 없었다.

나는 8남매 중 유일하게 아버지로부터 손 편지를 받아 본 자식이다. 대학 2학년을 마치고 해병대에 지원 입대를 했다. 제대할 동안 아버지로부터 2통이나 위문편지를 받았으니, 다른 형제들이 부러워할 수밖에 없었다. 아버지는 검정색 사인펜으로 굵고 짧게 쓰셨다. 글자 크기는 편지지 두 칸씩을 잡아먹을 정도로 아들을 생각하는 마음 크기만큼 큼지막했다. 평생에 딱 한 번 음정·박자 무시로 자식들에게 들려주셨던 노랫가락처럼, 총체적 맞춤법 무시로 손수 써서 보내셨다. 졸병시절, 내무실 1층 침상 구석에서 아버지의 편지를 읽어 내려갔을 때 가슴이 허물허물해지며 악다물었던 감정보가 터지고 말았다. 뜨거운 눈물이 두 볼을 타고 주르르 하염없이 흘러내렸다. 내 아버지는 일제강점기에 태어나셔서 고모 한 분이 계셨지만 고아나 다름없이 자라 학교 문턱은 당연히 못 가 보셨고, 젊은 시절 일본으로 건너가 연필장사를 하시며 실전학습으로 글자를 익히셨다 하셨다. 그 억세게 살아내신 강인한 아버지의 삶 앞에 머리 숙여 경의를 올린다.

　지금도 신주단지 이상으로 고이 간직하고 있는 돌아가신 아버지의 친필 사인펜 편지는 언제나 내 가슴 깊숙한 곳 빨간 우체통에 담겨져 있다. 아버지가 쓰신 친필 편지에 들어있는 글자 그대로의 일부 내용이다.

　　영철 바다보아라
　　너에 소식 굼금하여 배우지 못 한 걸시나마 편을 드러 바다
　　바다. 그 널 번 바다가에서 이 추운 게절에 얼마나 고생 만켄노
　　그리고 나라에 명영이라 엇잘수 인나
　　부대장 명영 잘 밧드려서 열심 이 건무 하기 바란다

그리고 이곳 부모넌 너에 염여 덕태그로 무사이 지나오니 그리
알고 (…)

대학을 졸업하고 대기업 합격 통지를 받은 며칠 뒤, 어디서 친구분들한테 들으셨는지 아버지께서 말씀하셨다.

"야야, 너거 회사는 니만 잘하모 사장도 될 수 있다 커더라…."

그때 아버지가 해주신 한마디는 피 끓던 20대 청년의 가슴속으로 쑥 들어와 직생생활의 꿈과 목표로 세팅되어 버렸다. 그 서막으로 경주에서 있었던 신입사원연수 수료식에서 신입사원 대

표로 헤드 테이블에 앉아 사장님 내외분과 와인글라스를 '쨍'하고 부딪히며 건배사를 외쳤고, 연수기간 중 250명의 동기생들 가운데 유일하게 "나는 사장이 되겠다."라고 선언을 했다. 이후 현업 부서에 배치되자 상사들로부터 "물건 하나 들어왔다."는 소리를 들으며, 그해 종합운동장에서 개최된 회사 창립기념일 행사의 대미를 장식한 차전놀이에서는 신입사원 대표로 청군대장 갑옷과 투구를 입고 홍군대장과 허공에서 결투를 벌이기도 했다.

지금 생각해 보면 아버지는 늘 묵묵히 바라봐 주시고 흐뭇하게 지켜봐 주시며 '인정'으로 나를 임파워Empower시켜 주신 '동기부여가'이셨다. 가슴 중앙에 봉인된 그 '믿음' 덕분으로 용기와 자신감의 나래를 펼칠 수 있게 해 주셨다. 내 아버지는 지금의 나를 있게 하셨으며 내 안에 계속 살아계시는 존재자이시리라.

한여름의 정점에 아들의 생일날이 있다. 출장 때문에 서울로 올라와 낮 동안 일을 보고 저녁때가 되어 철학자 친구의 오피스텔 도어록Door Lock 비번을 눌렀다. '삐리릭' 하며 문이 열리고 안으로 들어가 일단 무장해제 후 친구가 비치해 놓은 전투식량을 수색 확보했다. 전기쿠커에 물을 올려 햇반을 데우고 라면 한 봉을 끓인 후 냉장고에서 김치와 반찬을 꺼내 '혼밥'으로 저녁을 때웠다. 설거지를 끝내고는 책상에 앉아 탁상LED스탠드를 켰다. 아들의 미성년 마지막 생일날에 뭔가 작은 의미를 부여해 주고 싶었다. 고민하다 낮에 지하철 안에서 "고3 아들 생일인데 선물은 뭐가 좋을까?"를 몇몇 사람에게 SNS문자로 날려 의견을 구했다. 회신 온 몇 가지 제안 중 '손 편지'와 '용돈' 두 가지를 채택했다. 친구의 책장서랍을 뒤져 노란 편지지를 찾아냈다. 26층 오피스텔 창가에 서서 내려다보이는 경부고속도로 판교나들목 차량들의 불빛 속에서 아들 얼굴을 떠올려 보고는 책상에 앉아 속마음을 써 내려갔다.

아들에게 처음 써 본 손 편지… '친구 같은 아빠, 산 같은 아빠'가 되겠다는 약속을 쓰고 나니 그리 살아야겠다는 다짐과 확신이 섰다. '아빠'에서 '아버지'라는 이름으로, 내 아버지와 같은 존재로서 말이다.

◎ 코칭적 레슨 - 동기부여(Motivation)

• 인간의 2대 동기요소는 욕구와 가치관이다. 우리는 욕구를 충족시키고 가치관을 표현함으로써 자신의 이익을 쫓아 행동한다. 우리는 기본 욕구가 충족될 때 믿음, 시민의식, 정직, 영감과 같은 자신의 가치관에 따라 행동한다. 코치가 모든 사람이 자기 이익을 위해 행동한다는 사실을 수용하는 태도록 전환되면 코칭관계에서 코치의 행동과 커뮤니케이션에서 외적 변화가 나타난다.
  - 한국코칭센터, 『CEP 매뉴얼』

"괜찮다. 내 안다."는
말의 지혜

내 스마트폰 즐겨찾기에는 5개의 전번이 등록되어 있다. 그중 '문산엄마'라고 등록된 전화번호를 '툭' 터치했다. 아침 출근길에 집을 나서면 대형마트 앞 사거리에서 터널 입구까지는 상습 정체 구간이었다. 차가 서 있거나 기어가는 덕분으로 이 지점에서 가끔 양쪽 부모님께 안부 전화를 드리곤 했다. 그런 자투리 시간을 놓치고 나면 마음만 있지 또 몇 날 몇 주는 그냥 흘러가 버리기에, 두 분 모친께 차례로 전화를 드렸다.

"부자 씨, 주 서방입니다."

"오냐, 내 아들. 오데고?"

"예, 출근 중입니다. 어디 편찮으신 데는 없습니꺼? 엄마 보고 싶은데 자주 못 가서 죄송합니더."

"괜찮다. 너거는 늘 바쁜 줄 안께. 이래 전화만 한 번씩 하모 된
다. 요새 전화가 없어서 밉었는데 인자 전화해줘서 게안타. 고마
워."

"예, (…) 항상 맘 편하게 잡숫고 즐겁게 지내이소."

"오냐, 그리하께. 조심히 대이라이."

문산엄마와 카폰으로 기운을 확인하고 교환했다. 나는 가끔 자
주 '부자 씨' 하고 모친 이름을 불렀다. 특별한 이유가 있다기보다
그냥 좋아서다. 전화기 너머로 편치 않으신 몸 상태가 목소리를
타고 건너오는데도, 한 번도 당신께서는 어디가 어떻다니, 안 좋
다니 하는 소리를 하신 적이 없다. 살아오신 삶의 강이 깊고 넓은
분이신지라, 그 강인한 인생 물길은 전염되어 내 삶의 궤적에서
닮아가야 할 끝점으로 일치감치 자리매김해 있다. 그렇게 모친과
통화를 하고 나면 따뜻하고 진한 여운이 하루를 충만케 했다.

결혼식을 마치고 제주도 신혼여행에서 돌아와 처가로 첫날 혼
행을 갔을 때다.

"주 서방, 나는 장모 안 할 거다아~!"

인사를 올렸는데 첫마디가 이 한 말씀이었다. 그날 이후 내 사

전에서는 '장모'라는 단어는 지워지고 없고 무늬만 사위였다. 오늘까지 아내와 함께해온 24년 동안 단 한 번도 불러본 적 없는 이름이다. 회사 동료나 친구들이 쉽게, 아니 당연하게 "우리 장모님이 또는 우리 장모가"라며 어쩌고저쩌고 하는 얘기들을 들을 때면 상당히 낯설었지만 나는 표를 내지 못했다. 지금 '장모'라는 단어를 글로 쓰고 있는 이 자체도 사실 어색함이 있다. 그렇게 해서 나는 두 분의 엄마를 모시는 영광을 얻게 되었다. 한 분은 마산을 떠나지 않으시고 진득하게 눌러 앉아 계신 나의 생모 '마산엄마'시고, 또 한 분은 진주 문산에서만 평생의 터를 닦으신 아내의 생모 '문산엄마'시다. 아내와 내가 양가 부모님을 그렇게 호칭하다 보니 우리 집 아이들도 '친할머니·외할머니'라는 말보다는 '문산할머니·마산할머니'로 자연스레 입에 익어졌다.

매주 화요일은 두 분 '자야 씨'께 전화 드리는 날로 스마트폰 캘린더에 등록해두었지만 처음 몇 번 이후로 잘 지켜지지 않고 있다. 마산엄마의 이름은 '화자', 문산엄마는 '부자'로 두 분 다 '자야 씨'다. 내가 바빠 봐야 얼마나 바쁘다고…, 이 참에 엄마라는 이름의 두 '자야 씨'께 고개 숙여 용서를 구해본다.

학교와 기업 간 협력프로그램을 위해 사천산업단지를 방문할 일이 생겼다. 출장계획을 잡는 순간부터 문산 부모님 얼굴이 떠올랐다. 다음 날 아침, 집을 나서면서 아내에게 말했다.

"오늘 출장 갔다가 시간 되면 엄마아버지 뵈러 갈려는데, 사거리에서 돼지고기 좀 사 가면 되겠나?"

"응, 그러면 되겠네."라며 아내의 입꼬리가 가볍게 올라가는 것 같았다.

약속된 기업을 방문하여 미팅과 공장 투어를 마치고 나니 예정보다 조금 늦게 마쳤다. 기업 관계자들과 악수를 나누고 회사 정문에 출입증을 반납 후 창원 방면으로 차를 몰았다. 집에 가서 강의준비 등 저녁에 할 일이 좀 많았기에 운전을 하면서 부모님께 들러야 할지 말지가 망설여졌다. 그런데 뭐랄까… 그따위 의식은 무의식에게 새 발의 피도 못 되었다. 잠시 후 자동차 핸들은 저절로 꺾여 문산 방면으로 이미 내려서고 있었다. 사거리 농협 마트 앞 정육점, 인상 좋은 우즈베키스탄 출신 여사장님이 썰어주시는 부모님이 좋아하시는 돼지목살을 사 들고 대문을 밀고 들어섰다. 마루에 올라 이 방 저 방을 둘러봐도 아무도 없는 공간에 아버지가 켜 놓으신 라디오소리만 요란하게 집을 지키고 있었다. 부엌 냉장고 문을 열고 엄마가 쟁여 놓은 시원한 둥굴레물 한 잔을 들이키고는 식탁 테이블에 앉아 핸드폰에서 '문산엄마'를 찾아 눌렀다.

"여보세요. 예, 부자 씨. 접니다. 어디십니꺼?"

"하아~, 아들이가. 회관에서 패 뜨고 있다. 집에 왔나? 알았다. 내 쎄이 가께이….”

집 옆에 있는 마을회관에서 동네친구 분들과 재미화투를 치시다가도 자식들이 왔다 치면 열일 다 팽개치고 달려오시는 분이셨다. 잠시 후, 새까맣게 물들인 뽀글뽀글 배추머리에 굵은 쌍꺼풀의 예쁜 눈을 가진 키다리 할머니가 숨을 ‘쌕쌕’거리며 대문 안으로 들어섰다. 부엌으로 올라서시자마자 냉장고에서 박카스를 꺼내 주시고, 커피포트에 물을 올리시고는 배와 사과를 깎기 시작하셨다. 엄마와 둘이서 커피 잔을 들고 아버지 험담⁽⁇⁾을 하시는 말씀에 귀를 쫑긋 세우고 맞장구를 쳐 드렸다.

“너거 아부지는 아까 안보이서 전화하니까 밭에서 배추 이종을 하고 계시데. 이기 웬일고? 여름 내내 집 밖을 안 나가서 미웠는데, 이런 날에 우비까지 쓰고 나갔으니…인자 됐다 고마!”

문산 아버지는 젊어서부터 한쪽 다리를 저시는 장애가 있으시다. 거기에다 얼마 전 허리 수술을 하신 이후로 바깥 거동을 아예 끊으신 것이 엄마는 못내 걱정되고 안쓰러우셨던 게다. 저녁을 먹고 가라시며 전기밥솥 스위치를 올리셨다. 그 바람에 ‘바빠서 일어설랍니다.’라고 나오려던 말을 쏙 밀어 넣고는 엄마와의 이야기 연못에 풍덩 뛰어들어 버렸다. 시간이 얼마나 지났을까… 인기척이 들리며 아버지가 대문으로 들어서셨다.

"어, 주 서방 왔나? 언제 왔더노? (…) 시간이 되더나?"

"예, 아부지. 출장 왔다 들렸습니더. 아이구 비 오는데 고생 많으셨습미더 아부지!(…)"

반가워하시는 아버지께 인사말을 더 크게 얹어 드렸다. 아버지는 바깥에 선 채로 부슬비가 내리는 마당 수돗가로 가셨다. 진흙 범벅인 바지와 셔츠를 벗어 던지시고, 고무대야에 받아 놓은 수돗물을 바가지로 몸에 끼얹으시며 "어~어~" 소리를 내시며 빗물 샤워를 하셨다. 비쩍 마른 몸매의 아버지가 씻는 모습을 엄마와 빙그레 미소 지으며 바라보았다. 아버지의 그 모습은 어차피 가야 할 인생길에서 머지않아 마주할 내 모습이기에…. 문산 엄마는 마루로 올라서시는 아버지께 마른수건을 손에 잡혀드리고는, "밥 묵자."시며 밥상을 차리시고는 곧 식탁에 셋이서 둘러앉았다.

고들빼기김치, 깻잎, 고구마줄거리무침, 명태대가리전에다 돼지목살불고기까지 풍성한 식탁이 금세 차려졌다. 나는 특히 두 어른이 정성스럽게 가꾼 풀밭 반찬이 너무 맛있다. 반찬 그릇들을 거의 다 비우다시피 먹고는, 신혼 시절 아내와의 에피소드가 떠올라 부모님과의 대화 속에 슬쩍 끼워 팔았다. 신혼 초 10평짜리 아파트에 전세를 살 때다. 아내가 밥상을 차리면 맛있기도 했고, 딴에는 아내를 생각해서 반찬그릇을 싹싹 다 비우고는 빈 그릇을 착착 포개서 설거지하기 좋게 싱크대로 내어줬다. 그런데 그땐 아무 말을 않더니만 몇 년 뒤 아내가 어떤 자리에서…, 아마도 친구들 모임에서 진실을 말했던 것 같다. "아니, 몇 끼를 먹으려고 해 놓은 반찬을 한 끼에 다 먹어 치우는 소 같은 이가 있었노라."며 말이다. (허허)

밥 한 공기를 쓱싹 비우고 나니 문산엄마가 말씀하셨다.

"더 무라, 다 무라. 주 서방."

그 말을 듣고 아버지가 말씀하셨다.

"고마 무라. 주 서방."

나는 겸연쩍게 웃으며 말했다.

"그라모, 더 먹을까예 말까예?"

두 분의 말씀 사이에서 나이가 암만 들어도 부모 앞에 자식은 어린애일 수밖에 없다는 말을 떠올리며 웃었다. 다른 지인이나 친구들의 처갓집 풍경을 가끔 들을 때가 있다. 사위가 가면 장모님들이 어려워서 조심스럽고 불편한 경우가 많다고들 하는데, 나는 '장모와 사위'라는 관계 자체가 없었으니 잘 모를 일이지만, 암튼 뭐… 얘기가 안 된다. 저녁상을 물린 다음 엄마, 아버지와 셋이서 커피 잔을 식탁 위에 올려 놓고 마주 앉았다. 정확히 기억은 안 나지만 무슨 말끝에 남의 집 사위 이야기가 나왔는데 문산 엄마는 즉각 또 이렇게 다짐을 넣으셨다.

"주 서방, 나는 장모 안 하끼다이~."
"아이구 예 엄마! 잘 압니더. 건강하시기만 하이소…."

자식 된 도리로서 건강만 하시라고 입에 발린 당부만 드리며 일어설 채비를 했다. 엄마는 잘 먹어 준 아들이 예뻐서 깻잎 무친 거며 고들빼기김치를 한 통 가득 담아 주셨다. 그리고는 내 가까이 오셔서 아버지가 허리 수술 이후 게으름 피며 안 움직이신다며, 나갈 때 아버지한테 운동도 좀 하시라고 일러주고 가라며 살짝 귀띔을 넣으셨다.

"아버지, 저 이제 가보겠습니더. 몸 잘 챙기시고 조금씩 운동 삼아 밖에도 다니시고 하이소!"

대문을 나서며 엄마와 밀약된 인사말을 아버지께 던졌더니, 엄마가 받으셨다.

"집 옆에라도, 학교 운동장에 가서 좀 걷고 하란 소리요."

시간이 얼마나 흘렀을까 싶을 정도로 엄마 말씀이 끝난 뒤 1초 이상의 긴 타임인터벌이 있은 다음, 아버지가 대답하셨다.

"내가 학생이가~ 학교를 가고로~"

"하하하~" 엄마의 걱정 어린 잔소리를 무뚝뚝한 위트로 받아 넘기시는 아버지의 고단수 대응에 웃음이 '빵' 터졌다. 미소를 머금고 대문을 나섰다. 접질렸던 발목이 재발해서 파스를 발랐다며 걷기가 불편하신데도 문산 엄마는 우산을 챙겨들고 배웅을 나오셨다. 차 시동을 걸어 놓고 다시 내려 모친과 허깅을 하고 볼을 부비고 난 다음 골목을 천천히 빠져나왔다. 차가 코너길을 돌 때까지 예쁜 키다리 할매는 두 손을 모은 채로 백미러 안에 서 계셨다. 비 오는 국도를 미끄러져 오면서 차창 위로 달려오는 빗방울들이 내 시간 아낀다고 갈까 말까를 고민했던 못난 아들의 얼굴을 세차게 후려쳤다. 가슴속 차창에 서린 김은 와이퍼Wiper로 아무리 닦아도 닦여지지 않았다.

"온다는 소리도 없이 아침부터 너거가 우짠 일이고.(…)"

오래간만에 엄마아버지 바람 쏘여 드리자며 지리산약초축제장을 가기로 했다. 아침 일찍 창원에서 출발하여 아내와 같이 문산 집을 들어서는데 엄마가 느닷없이 생뚱맞은 인사말을 던지셨다. 어제 전화로 분명히 약속을 해 놓고 갔는데, 아니 모른 체 시치미를 뚝 떼시는 게 아닌가?

"예에? 어제 말씀드렸는데요. 엄마?"

약간 의아한 표정으로 대꾸를 하며 신발을 벗고 거실로 올라서니 아뿔사 서울에서 큰고모님이 와 계셨다. 추석 벌초 때문에 두 아들을 대동해서 내려오셨다가 주무시고 막 일어서려던 참이셨다. 그때서야 엄마의 순발력을 알아차렸다. 우리한테 부담 안 주시려고 고모님 와 계시다는 말씀을 일부러 안 하셨는데, 우리가 예상보다 빨리 도착했던 것이다. 엄마는 늘 그런 식이셨다. 출가한 새끼가 둥지를 찾아올 때면 털끝만한 부담도 없이 먹고 자고 쉬다 가도록 만들어 주려 하셨다. 그 어미 새의 너른 품을 알기에, 아내는 대문 밖으로 나서신 큰고모님을 쫓아가 급조한 봉투 하나를 접어 주머니에 찔러 드렸다.

산청 약초축제장의 고바우 길들을 걸어 다니시면서 "아야 아야" 하시는 모습이 안쓰럽기도 했지만, 콧바람 쐬고 운동하신다 생각하며 기분 좋게 천천히 보조를 맞추며 걸었다. 누구라도 부모의 연식에서 '생로병사'라는 인생역정을 발견하며 다가올 인생 거울을 비춰볼 수밖에 없기에…. 연극공연 관람을 끝내고 장터구경을 한 바퀴 돌고 난 뒤, 아내가 예약해 놓은 기와지붕 한약재식당으로 갔다. 차려진 마루 위로 올라 '약초수라상'을 받고 궁중마

마님이 되어 보고는 집으로 돌아왔다. 마당을 들어서시며 아버지가 호탕하게 한마디 던지셨다.

"너어 엄마가 너거들 바쁘다고 가지 말자는 거를 내가 가자캤다. 내 덕에 다들 잘 갔다 온 줄 알아라."
"예, 아버지 허허허."

아내와 환하게 웃으며 대답했다. 함께 움직일 수 있는 시간이 허락될 수 있다는 것만으로도 감사할 따름이었다. 살다가 문득 부모님 생각이 간절한 순간이 있다. 그때 그 시절은 누구나 다 그리 살았다 한다. 억척스럽게 꿋꿋이 맞닥뜨려 옥토를 일궈내신 내 부모님들의 삶 앞에 무릎 꿇고 뜨거운 눈물로 존경을 올린다. 아잔 브라흐마의 『술 취한 코끼리 길들이기』에서 붓다께서는 '날라기리'라는 술 취한 덩치 큰 코끼리를 부드럽게 토닥이며 말씀하셨다.

"그래, 날라기리여. 그래, 내가 다 안다."

자식들에게만큼은 붓다와 같은 동일존재로서 언제 어느 때건 "괜찮다. 내 안다."라는 말로 품어 주시고 베풀기만 하시는 부모님의 지혜로운 사랑에 영원히 어린 아이이고 싶어진다….

◎ 코칭적 레슨 - 지혜와 감화(Inspiration)

- 지식과 지혜는 다르다. 지식에 상식, 판단력, 풍부한 경험, 전체 속에서 지식을 볼 줄 아는 안목이 결합될 때 지혜가 생긴다. 지식은 머리로 생각하고 지혜는 가슴으로 생각하는 것으로서, 즉 지식이 잘 발효된 것이 지혜이다.

- 코치로서의 지혜는 고객을 끌어내는 통찰력(Insight) 질문을 던지는 것이다. 그래서 어떤 코칭에서건 감화(Inspiration)가 없으면 코칭이 아닌 것이다.

미용실 컷 톡^{Cut Talk}의 아하! 모멘트

우리 집 거실 벽에는 TV가 달려 있지만 나와는 별로 친하지 않다. 스마트폰의 북리스트^{Book List}에는 새 책이 계속 업데이트되고 주문 배달된 책들이 책상 위에 쌓여갈 때면 그들과 데이트할 시간도 부족한데 TV와 한가로이 노닐 시간은 더더욱 없다. 또 다른 이유라면 책들을 한 권씩 먹어 치울 때마다 샘솟는 세로토닌의 지속적 행복감에 비하면 TV로 가끔 얻을 수 있는 엔도르핀의 즉흥적 재미는 상대가 안 된다. TV와 조우할 기회는 주로 휴일 날 가족들과 밥을 먹을 때나 평일 저녁 가끔 혼밥을 먹는 시간이다. 현역시절엔 오로지 골프채널밖에 몰랐고, 하프타임 이후로는 일명 '자연인' 유사프로그램에만 눈이 갔다.

토요일, 우리 집 풍경은 특별한 일이 없는 한 모두가 늦게까지 부족한 잠을 보충하는 날이다. 늘 그렇듯이 아내가 먼저 일어나 부엌에서 아침 시동을 걸면 코를 자극하는 냄새가 방 안으로 풍겨온다. 고딩 아들과 나는 아내가 깨우면 일어나 부엌 테이블 위 대접에 담긴 음식들을 거실 앉은뱅이 원목 테이블로 나른다. 맛있는 런천Luncheon을 뚝딱 해치우고 나면 아들은 일어나 싱크대에 자기 먹은 그릇을 담그고 제 방으로 들어가고, 아내와 나는 차 한 잔을 들고 소파에 앉는다. 그날도 소파에 앉아 채널을 돌리다 「나는 자연인이다」라는 프로에서 멈춰 티타임을 마무리했다.

인간의 몸에 달린 시계는 여러 개가 있는데, 그중 배꼽시계 못지않게 머리카락 시계도 꽤나 정확하다. 특히 내 강철 직모 같은 경우는 삐져나온 옆머리가 헤어젤로 눕혀도 말을 안 들을 때쯤이면 벌써 한 달이 지났다는 신호다. 내 강철모의 시그널에 따라 아점을 먹고 난 뒤 가벼운 옷차림으로 미용실을 찾았다. 사전에 전화예약을 해 놨기도 했고 대기 손님이 없어 곧바로 미용의자에 앉아 가운을 둘렀다. 가위손이 바삐 움직이며 커트가 시작됐고, 여사장님은 내가 또래 남자고 단골이라 생각타 보니 자연스럽게 남편 이야기를 꺼냈다.

"저희 남편은 '전구 좀 갈아 줘.'라고 부탁해도 안 해줘요. '마트 같이 갈래?' 해도 안 가요. (…) 아, 이제 그 물건(?) 하나만 정리하면 완벽한데 왜 못 하고 있는 건지 모르겠어요."

"예에? 아예…, 저도 빨리 집에 가서 설거지해야겠네요.^(허허허)"

위기 속 중년남자라는 동류의식을 느껴서일까… 겸연쩍게 웃으며 반사적으로 대답했다.

"사장님, 그냥 하시면 안돼요. 말 없이 원하는 걸 해 줘야죠. 보통 '남자가 설거지하고 음식쓰레기 버리는 거 싫어요.' 하면서 꼭 입으로 다 까먹거든요. 여자가 뭐가 어떻고 저렇고 하면서 말이죠. 그래서 저도 안 해요. 그런 사소한 일을 둘이서 신경 쓸 필요가 없잖아요."
"아 예, 그렇겠네요…."
"그러고, 남자들은 「나는 자연인이다」라는 TV프로를 좋아하잖아요. 그런데, 여자들은 관점이 달라요. 남자는 남자의 인생을 보지만 여자는 그 남자의 여자 인생이 보이는 거거든요. 솔직히 그런 남자들은 사회도피자죠. 자기 여자를 '잔 다르크'로 만들어 버리잖아요. 그래서 여자들은 그 프로를 싫어해요."
"아예~, 저도 그 프로 좋아하는데…."
"(…) 정리하면 아내분이 정말 원하는 거를 해 주시라는 거예요. 모르면 물어 보시구요."

면도칼로 구레나룻부터 목 뒤쪽으로 잔머리 손질을 받는데 뒤통수가 왜 서늘해지는지…. 가운을 풀고 샴푸실로 가서 머리를 뒤로 젖히고 앉으니 샤워기에서 나오는 따뜻한 물과 거품으로 머리를 시원하게 '박박' 감겨 주셨다. 미용실에 커트하러 왔다가 중년남자라는 동일 젠더로서 일격을 당한 듯, 느낌 작렬하는 '아하! 모멘트!Aha! Moment!'가 일었음에는 틀림이 없었다. "아내가 원하는 거를 해주시라는 거예요."라는 미용실 사장님의 말이 귀에 물이 찬 듯 '윙윙'거렸다. 집으로 올라오면서 그간 미뤄오고 있었던 아내의 요청사항들이 마구 떠오르며 즉각 실천을 다짐했다.

일요일 아침 일찍 아내의 머리 말리는 헤어드라이기 소리에 잠이 깼다. 눈을 비비며 "잘 잤어?" 하고 모닝인사를 건넸는데 아내가 시큰둥하게 반응하며 말했다.

"나는 잠이 갈수록 예민해져. 자고 일어나면 개운해야 되는데 찌뿌둥해…."

'내가 또 자면서 심하게 난리블루스를 쳤나' 생각하며, 아내보다 먼저 현관문을 연 뒤 말발굽을 받쳐 놓고 엘리베이터 버튼을 눌러 주었다. 아내가 "그냥 자. 나오지 마." 했지만 벌떡 일어나 새벽부터 1박2일 서울 출장길을 나서는 아내를 엘리베이터 앞까지 배웅했다.

"아 참 보보, 베란다 빨래들에서 꿉꿉한 냄새가 나던데…."

"어, 그래? 알았어. 내가 다시 세탁기 돌려서 널어 놓으께."

아내의 말에 대답하고, 엘리베이터가 모시러 올라왔길래 조심히 다녀오라며 볼에 입맞춤해주고는 현관문을 닫고 들어왔다. 베란다로 가서 널린 빨래들을 걷어 다시 세탁기에 넣고 돌렸다. 어제 저녁, 아내가 낮에 돌려 놓고 깜박했다고 해서 세탁기 드럼통 안에 있던 빨래를 한두 개만 집어서 냄새 맡아보고 널었었는데 그게 문제였을 듯했다. 아무튼 빨래는 어디서나 마른다. 향기와 모양은 '그때그때 달라요.'지만…. 세탁기 드럼통 속 응달의 구겨짐에서도, 아파트 베란다 건조대의 바삭함에서도, 그리고 시골집 앞마당 대나무작대기로 받친 빨랫줄에 매달린 뽀송함에서도….

벌써 해가 솟아오른 일요일 아침, 거실에서 포갠 방석을 엉덩이로 깔고 평좌를 하고 앉았다. 잠이 달아난 맑은 정신으로 아침 명상을 끝내고 책장을 몇 장 넘기니 '딩동 딩동' 세탁기가 콜을 했다. 향긋한 냄새가 나는 세탁물을 빨래바구니에 옮겨 담아 베란다로 가져가서 건조대 위에 차근차근 널었다. 아내의 옷가지들을 널다 보니 문득 한 생각이 일어났다.

'햐아~, 이것 참 여자 옷은 시스템이구나!'

그 순간, 이런 난해한 웨어러블 시스템을 몸에 걸치고 사는 여자라는 '시스템적 존재'는 복잡할 수밖에 없겠구나라는 성찰이 일어났다. 더불어 '우리 집에 계신 그녀들을 더 이해하고 존중해 줘야겠구나!'라는 작은 공부가 있는 아침이었다. 아내가 없는 집에서 혼자 빨래를 널면서 얻게 된 조그마한 깨침은 지난번 셀프 코칭Self Coaching에서 나와 약속한 '아내 감정에 충실하기'의 실행력에 힘을 보태 주었다.

한국인 최초 국제 공인 마스터코치MCC : Master Certified Coach이시며, 내게 가르침을 주셨던 존경하는 박창규 코치께서 쓰신 책, 『임파워링하라』에 나오는 구절이다.

'황금률(Golden rule)'이라는 말이 있다. '남에게 대접을 받고자 하는 대로 너희도 남을 대접하라.'는 성경 구절을 3세기 로마 황제 세베루스 알렉산데르가 금으로 써서 거실 벽에 붙여 놓은 데서 유래한 말이라고 한다. 황금률은 '내'가 대접받고자 하는 대로 남을 대접하는 것이기 때문에 항상 자기중심적으로 생각하고 판단하게 될 위험이 있다.(…)

이런 황금률을 보완해 한 차원 높인 것이 바로 '백금률(Platinum Rule)'이다. 백금률이란 '다른 사람이 원하는 대로 그들을 대접해 주라.'는 것이다. 황금률이 나 중심적 방식이라면, 백금률은 상대방 중심적 접근이다. 실제 우리 삶에서는 부부관계에서도 이런 상황을 자주 목격하게 된다. 젊었을 때는 그래도 상대방을 먼저 생각해 주려고 노력했는데 나이가 들면서 점점 자기중심적으로 변해가는 부부들이 많다.(…) 그래서 서로에게 다음과 같은 질문을 해 보게 한다. "당신은 무엇을 원하는가? 당신은 어떻게 되기를 바라는가? 당신 생각은 어떤가? 당신은 어떻게 해 주면 좋겠는가?"

위 내용에서 언급된 대로 어느 정도 살아낸 나이가 되면 부부 관계도 여태껏 쌓인 것들이 터지면서 갈등이 유발될 수 있다. 그럴 때는 황금률과 백금률의 차이를 생각해 보고 '내가 지금 어떻게 하고 있나?'를 물어보면 해결책이 보인다는 것이다. 사사건건 갈등의 원인이 자기 방식대로 대접받기를 원하고, 자기 방식대로 상대를 대접했기 때문임을 알아차리게 된다는 말에 가슴 깊은 공감이 일었다. 어디선가 "옳소!"라고 맞장구치는 누군가의 음성이 메아리치며 들려오는 듯하다.^(허허)

호텔 그랜드볼룸에서 학교행사가 개최되었다. 팻말이 꽂힌 지정 테이블을 찾아 앉으며 다른 조직의 교수님들과 명함을 교환하며 인사를 나눴다. 행사가 시작되어 총장님을 비롯한 관계기관 내빈들의 오프닝 스피치가 끝나고 프로젝트 담당교수들의 발표가 진행되었다. 우리 테이블도 각자 발표 순서를 기다리며 눈과 귀만은 중앙 단상을 향해 있을 즈음이었다. 내 맞은편에 앉아 있던 K교수님이 상의 안주머니를 뒤지다 맨손이 쑥 그냥 나왔다. 그때 옆에 앉아 있던 J교수님이 자기 안주머니에서 여분의 볼펜을 꺼내 K교수님 앞에 슬그머니 놔 드리는 게 아닌가? K교수님은 눈이 뚱그레졌다가 이내 웃으시며 J교수님께 말없는 목례로 감사를 표했다. 말도 하지 않았고 눈길로 도움을 청하지도 않았는데 이분은 어떻게 아셨을까….

그 순간 그 장면을 지켜본 나는 '아하! 모멘트!' 상황이었고 한 단어가 번쩍 떠올랐는데, 바로 '찰지력'이었다. 코치의 언어로 풀어 써 본다면 '상대방 중심의 순발력' 정도이지 않을까. 스마트폰을 슬쩍 꺼내 메모장에 '찰지력'이라고 기록해뒀다. '찰지력'이란, 스포츠 능력 가운데서 '뒤에서나 좌우 멀리에서 달려오는 선수를 보지 않고도 알아차리는 능력'을 일컫는데, 흔히 말하는 '센스 있다'는 평을 듣는 사람들도 찰지력이 좋다고 말할 수 있다. 예전 기업에 있던 시절, 리더로서 새기고 있던 핵심키워드 중 하나였기에 바로 연상이 되었으리라. 비록 소소한 행동일 수 있지만, 한 발짝 떨어져서 바라볼 수 있었던 내 입장에서는 좋은 케이스 스터디Case Study였다.

내 차례가 되어 앞쪽 단상으로 나가 우리 사업단의 프로그램을 발표했고, 이어서 J교수님이 바통을 이어받아 나갔다. 나는 휴대폰카메라로 J교수님의 발표장면을 찍기 시작했다. 평소 안 하던 짓을 하고는 그 즉시 J교수님께 사진을 전송했다. 방금 그에게서 배운 것을 즉석에서 벤치마킹하여 그에게 써먹어 보았다.

"N코치님, 사실 자격증 별로 안 중요합니다. 정말 코치답냐가 중요하겠지요."

멘토 코칭을 마치며 고객이신 N코치님께 말했다.

"코치님은 자격을 땄으니까 그런 말씀 하시는 거죠.(⋯)"

고객코치님의 말씀에 순간 '뺑' 쪘다. 내 딴엔 프로코치인증 자격시험을 코앞에 둔 멘토코칭 세션인지라 두 가지 측면에서 진정성 있게 드린 피드백이었다. 하나는 자격증에 대한 강박관념을 들어 드리고 싶었고, 다른 하나는 자격증보다 순실력이 더 중요하다는 팩트Fact였다. 선의로 던진 내 말에 되돌아온 답변을 듣고 거기서도 '아하! 모멘트!'였다. 코치인 나는 아직도 '내 방식대로의 상대방 중심'으로 고객을 대하고 있었던 것이었다. 부끄럽고 당황스러워 식은땀이 흐를 지경이었다. 그날 나는 N코치님의 직접적인 피드백으로 다소 늦긴 했지만 코치라는 에고Ego에 사로잡혀 쏟아버린 말을 아무도 몰래 살짝 주워 담을 수 있었다. 또한 오랫동안 젖어 왔던 '황금률'에서 한 발짝 더 나아가 '백금률'로의 이행의 중요성을 챙겼다.

'상대방 중심'이란 그야말로 나를 내려놓고 상대의 입장이 되어서 들어 주고, 기다려 주고, 참아 줄 뿐만 아니라 헌신하는 것임을, '유센터드You-centered'의 의미를 재삼 깨우치며 내 경험노트에 파일링했다.

◎ 코칭적 레슨
– 상대방 중심(You-centered)과 적극적 경청(Active Listening)

- 코칭은 초점이 코칭 받는 사람에게 맞춰질 때 가장 큰 효과가 있다. 코치가 너 중심(You-centered)의 코칭을 할 때 고객은 자신의 학습에 초점이 맞춰지고 코치의 존재는 부각되지 않는다. 코치가 너 중심으로 에고리스(Ego-less)하게 될 때 고객은 더욱 쉽게 패러다임 전환을 할 수 있다.

- 듣기(Hearing)는 청각능력인 기능이고, 경청하기(Listening)는 모든 감각을 이용한 적극적이고 의도적인 과정으로서 기술이다. 경청에는 '1단계 – 배우자 경청, 2단계 – 수동적 경청, 3단계 – 적극적 경청'이 있다. 적극적 경청은 존재와의 연결로서 고객이 말하지 않는 것까지 듣는 것이다.

사이-존재와
관계 메이킹Making

　　까만 블라우스와 검은 바지를 코디해 입은 두 명의 여학생이 피아노로 「차이코프스키의 호두까기인형」을 연주하고 있다. 연주가 끝나고 사회자의 해설이 이어졌다. "아마 여러분들께서는 설탕 요정과 러시아 장병들이 춤추는 장면들이 떠올랐을 거예요.(…)" 정작 곡 속에 숨어있는 스토리를 모르고 들었지만, 해설을 듣고 보니 기억테이프가 되감기며 요정과 장병들이 손을 맞잡고 춤추는 장면들이 현화된 듯했다. 학교 도서관 로비에서 음대생들이 공연을 펼치는 무대 앞에 마련된 간이의자에 여러 명의 간이 청중들과 같이 앉아 눈을 감고 소리의 향연을 즐기고 있었다.

　　나는 클래식을 잘 모르지만, 클래식을 좋아하는 한 사람이다. 모기업에서는 매년 초 임직원들을 초청해서 '신년음악회'를 열었다. 서울에서 근무하던 시절, 처음으로 아내와 딸을 동반해서 세종문화회관에서 열린 신년음악회에 참석했다. 실제 오케스트라의 웅장하고 섬세한 소리는 모든 곡마다 제각기 다른 울림이 있었다. 클라이맥스 무대에서 관악기와 빙 둘러선 남녀 합창단의 '인간 악기'가 어우러진 베토벤의 합창교향곡은 뇌와 가슴에 공진을 일으켰다. 차 안에 클래식CD를 갖다 틀고 라디오 방송 93.9MHz로 채널 고정을 시작한 것은 아마 그때 이후이지 싶다.

평소 학교메일로 연주회 소식이 날아다녀서 한번 가 봐야지 했던 '사이음악회'를 드디어 참석해 본 날이었다. 학교에 몸담고 있으면서 얻을 수 있는 최고의 수혜가 이런 게 아닐는지? 구내식당에서 동료 교수님들과 점심을 먹고 나서 혼자 캠퍼스 도로를 가로질러 도서관으로 갔다. 마련된 빈 의자에 앉아 팸플릿을 읽고 있으니 음악회가 시작되었다. 사회자가 다음 곡과 연주자를 소개했다.

"다음에는 플루트 4중주 론도… 신나는 음악….”
"다음에는 첼로 앙상블 4중주….”

마지막에 연주된 묵직하고 힘찬 첼로소리에 내 살갗과 털이 곤두서며 '바르르' 전율했다. 남학생의 진지한 눈빛과 얼굴 표정, 마치 춤사위같이 상체를 흔들어 대며 소매 걷은 팔뚝으로 채를 뜨는 강렬한 비트가 눈과 귀를 타고 가슴으로 파고들어 왔다. 그날 사회자의 클로징멘트를 들으며 일었던 생각이다.

악기들은 소리가 다 다르다. 같은 악기라도 연주자의 영혼과 몸짓이 각기 다른 소리를 빚어낸다. 사람도 본성으로 갖고 태어난 고유의 울림판과 소리통으로 된 몸통 악기가 있고, 똑같은 말이라도 각자의 언어와 음색이 있다. 알파고가 증명한 대로 에이아이AI(인공지능) 시대가 도래했다. 그렇다면 과연 인공지능이 인간의 소리와 언어를 대체할 수 있을까? 또 그렇다면, 이 젊은 친구들은 앞으로 과연 이걸로 밥 벌어먹고 살 수 있을까?(…) 갑작스레 비슷한 또래 아이를 가진 학부모 심정으로 돌변이라도 한 건지 속으로 던진 질문이었다. 이 아름다운 예술을 접하고서도 우리 아이들의 먹고 사는 문제를 걱정하는 것이 케케묵은 기성세대로서의 고질병이자 기우이기만을 기원해 보면서….

'사이음악회'는 부제가 '도서관 점심음악회'라고 옆에 적혀 있었다. 오후 12시 30분부터 1시까지 진행되었는데, 12시에 점심을 먹고 난 후 오후 수업 시작 전 틈새시간을 활용한 아이디어로 신선했다. 이름이 주는 느낌이 시간·공간적인 이미지와 잘 매치되기도 했다. 여기서 '점심'이라는 말도 하루라는 시간을 놓고 보면 아침과 저녁 중간에 있는 '사이 시간'이다. 문득 '왜 점심이지?'라는 궁금증에 '네이버'에게 물어보았더니 그 말에 심오한 뜻이 담겨 있었다. 검색을 하고 난 뒤 나는 한 노파로부터 떡을 얻어먹은 듯 배가 불렀다.

점심은 '간단하게 먹는 중간 식사'를 가리키는 말로, 불가에서 선승들이 도를 닦다가 배고플 때 '마음에 점을 찍듯 간식 삼아 먹는 음식'에서 유래되었다고 한다. '점심點心'이란 말은 덕산 선감 (782~865년) 스님 일화에서 나왔다고 하는데 그 이야기는 이러하다.

그는 당시 남방에서 교학을 무시하고 오직 견성성불見性成佛을 주장하는 선종 일파가 있다는 말을 듣고 심혈을 기울여 연구한 『금강경소초』를 가지고 찾아갔다. 길을 가다가 배가 고파졌는데 마침 길가에서 떡을 파는 노파를 만났다.

"점심을 먹으려고 하니 그 떡을 좀 주시오."
"내가 묻는 말에 대답하시면 떡을 드리지만 그렇지 못하면 떡을
 드리지 않겠습니다."
"그러시지요."
"스님의 걸망 속에 무엇이 들어 있습니까?"
"『금강경소초』가 들어 있소."
"그러면 금강경에 '과거의 마음도 얻을 수 없고 현재의 마음도
 얻을 수 없고 미래의 마음도 얻을 수 없다.'고 하는 부처님 말
 씀이 있는데 스님은 지금 어느 마음에 점심을 하려 하십니까?"

여기서 점심은 어느 마음에 점을 찍겠느냐는 뜻이다. 점심(點

心) 먹는다는 말을 빌려 노파가 교묘하게 질문한 것이다. 그러
자 덕산은 묵묵부답, 아무 말도 할 수 없었다.

– 〈네이버 지식백과〉 점심(點心) 내용 중에서 –

[8.19 Sat. 8:19]

한여름 아침 운전 중 빨간불 신호에 붙잡혀 대기 중이었다. 차
안에서 에어컨 바람에 샤워를 하며 문득 내비를 쳐다본 순간 디스
플레이 된 '일·요일·시'의 날짜와 시간이 그 순간 일치되었다. 우
연치고는 묘한 기분이었는데 순간 '번쩍' 한 개의 성찰이 일었다.

'아하! 오늘이라는 날도, 지금 이 시간도 그게 그거네. 결국 하
나네! 지금–현재밖에는 없네!'

아들러는 '인생은 하나의 선이 아니라 점과 같은 찰나가 쭉 이
어진 것일 뿐'이라고 말했다. 그래, 끊임없이 변하며 흘러가는 순
간순간을 펼쳐 놓고 위에서 내려다본다면 사이시간의 연속일 뿐
이다. 결국 인간에게 있어 '사이'라는 것은 삶이라는 연극을 무대
에 올려놓은 시공간적 틈바구니이다. 그 연극 대본에는 세상 사
이, 너와 나 사람 사이, 들숨과 날숨 사이, 질문과 대답 사이, 침
묵과 공간 사이… 등의 온갖 사이 존재Being들이 자리를 차지하고
있을 것이다.

이 세상의 3대 구성요인이 '시간時間, 공간空間, 인간人間'이라고
한다. 현역 시절, 사무실 서가에서 작고 누렇고 똥똥한 책 하나를
우연히 발견하여 점심을 먹고 나면 사이시간에 한 칼럼씩 야금야
금 디저트로 빼 먹었던 적이 있었다. 조선일보에 '이규태 코너'를
23년간 6,000회를 넘게 기고하며 대한민국 최장기 칼럼 기록을
세웠다는 이규태 논설위원의 월간조선 연재 글 모음집이었다. 짧
고 간결한 한 꼭지 한 꼭지의 칼럼이 읽기 편한 분량에다가 큰 통
찰을 가져다주어 매일 탐독을 했었다.

이규태 논설위원이 쓴 책, 『이규태 코너』에서는 이 '3대 구성요
소'에 고루 사이 간閒자가 들어 있는 것은 우연이 아니라고 했다.
"중국 작가 노신이 철학공약수哲學公約數란 말을 쓴 인간人間 속의
사이 간閒은 사람과 사람과의 사이이기 때문에 인간이란 뜻으로,
둘 사이에 육체적 욕망이나 이해타산만으로 밀착되어 틈이 없으
면 인간이 못 된다 했다. 서로 간에 양보도 하고 겸허도 하고 사
양도 하는 윤리도덕으로 사이를 둠으로써 인간이 되듯이, 시간과
시간 틈에도 사이를 두어야 세상이 제대로 돌아간다."라고 했다.
그러면서 '수급월불류水急月不流 ─ 물은 바삐 흘러가도 달은 떠내려
가지 않는다.'라는 선문답의 인용을 통해 고속화사회의 과밀화에
서 여유 공간을 찾고, 과속화에서 저속시간을 찾아 누리며, 밀착
된 인간 틈에서 사이를 벌리는 덕목을 되찾는 것의 중요성을 강
조해 놓았다.

그 대목에서 깜짝 놀랄 만큼의 선지자적 혜안을 느끼며, 헬레

나 노르베리-호지의 책 제목인『오래된 미래』라는 말이 왜 생생히 겹쳐졌는지…. 호지는 인도 북부에 위치한 작은 티베트라 불리는 '라다크'에서 작고 느리고 친밀한 공동체 문화를 직접 체험했다. 그러면서 전 지구가 생태적 다양성 회복을 통해 인류의 지속 가능한 미래를 만들어 낼 수 있다는 가능성을 발견하고 강력히 내비쳤다.

신영복 선생은『담론』과『강의』라는 책 두 권에서 '사이 존재'와 '인간 관계'라는 개념을 툭 던져 놓음으로써, 존재와 관계의 심층적 차도에서 교통정리를 할 수 있도록 만들어 주었다. 같이 살펴보자.

'사이 존재'라는 개념이 있습니다. 시간, 공간, 인간 등 세상의 모든 존재는 존재 그 자체가 아니라 다른 것과의 '사이(間)'가 본질이라는 것입니다. 이 사이존재는 존재론을 뛰어넘으려는 구상임에도 불구하고 역설적이게도 '사이(間)' 그 자체가 또 하나의 존재가 됩니다. 관계의 경우도 이러한 위험이 없지 않습니다. 관계 그 자체에 존재성을 부여하기 쉽습니다. (…) 모든 존재는 관계가 조직됨으로써 생성됩니다.
'인간'은 인간관계이다. (…) 동양 사상의 핵심적 개념이라 할 수 있는 인(仁)은 기본적으로 인(人)+인(人) 즉 이인(二人)의 의미입니다. 즉 인간관계입니다. 인간을 인간(人間), 즉 인(人)

과 인(人)의 관계로 이해하는 것이지요. 여기 혹시 간(間)에다 초점을 두는 '사이존재'를 생각하는 사람이 없지 않으리라고 생각됩니다만, 그것은 기본적으로 존재에 중심을 두는 개념입니다. 동양적 구성 원리로서의 관계론에서는 '관계가 존재'입니다. 바로 이 점에서 '사이 존재'와 '관계'는 본질적으로 다른 것이지요."

'인간人間'이라는 두 글자에서 단순한 듯 심오한 철학적 통찰을 얻었다. 앞뒤 어느 글자에 무게중심을 두느냐에 따라 '존재냐? 관계냐?'로 본질이 달라질 수 있음을 이해하고 받아들였다. 다만, 나 또한 타자他子와의 마주침이 필연적인 인간존재로서 굳이 '사이 존재'인지 '관계 존재'인지를 분석적으로 따지고 구분 짓고 싶지는 않다. 오히려 적절한 사이로 연결된 '존재와 관계' 그 자체의 의미로서 내 나름의 언어로 '사이-존재'라고 표현하고 싶다. 그렇다면, 이제 '사이-존재'에서 '관계'로의 항해를 나서 보자.

현역 임원 시절, 모기업에서는 경영자리더십 강화를 위해 외부 코칭 회사Coaching Firm과 계약을 맺었고, 나를 코칭하기 위해 사외코치 한 분이 본사 19층에 있던 내 집무실을 방문했었다. 팀장 시절부터 사전 리더십 진단을 통해 피드백받고 실행에 옮기고 있었던 나의 리더십 유형은 '옳은 리더'형이었다. 코치님께서는 나의 리더십 스타일에 따라 주로 실행상의 강점을 피드백하시며 임파워링 해주셨다. 이어진 맞춤식 코칭 세션에서 던지시는 직관적 메시징에서 '통찰Insight'과 '흡인Attraction'을 느낄 수 있었다. 전체 세션이 마무리되면서 코치님께서 직접 저술하신 책을 두 권씩이나 시간차 간격을 두고 선물 받았다. 나를 코칭하신 분이 직접 쓰신 책인지라 더욱 살갑게 밑줄 그어 가며 열심히 읽었고, 요약 정리한 내용을 PC모니터에 포스트-잇으로 붙여 놓고 적용해보려 노력했었다. 그러한 흔적들이 바탕이 되었고, 코치가 된 지금에도 많은 유용함을 얻고 있다.

바로 그 김종명 코치께서 쓴 책, 『절대 설득하지 마라』에서는 '우리는 어느 누구도 독립된 개체가 아니라 관계 속에서 존재하며, 내가 존재한다는 것은 관계를 맺고 있는 어떤 것이 동시에 존재한다.'는 진리를 여러 학자들의 말을 통해 절절히 일깨워 주고 있다.

데이비드 존슨은 『협력과 경쟁』에서 '우리가 태어나는 순간부터 죽을 때까지, 관계는 우리 생존의 핵심이다. 우리는 관계 속에 잉태되어, 태어나면서 관계를 시작하고 관계 속에서 살아간다.'고 했고, 스위스모어 컬리지의 심리학 교수 케네스 거젠은 '한 사람의 진정한 정체성은 관계적이다. 그러므로 자신의 정체성이 수많은 관계에 의해 존재하는 시대에, 다른 사람들과의 연결을 거부당한다는 것은 고립되는 것이고, 경우에 따라서는 존재하기를 그만두는 것이나 다름없다.'고 주장했다. 또한 제

정리해보면, 만나는 사람들과의 관계의 합숨이 바로 우리의 삶
이라는 것이다. 우리가 관계를 맺는 방식은 다양하지만 가장 빈
번하고 가장 큰 부분을 차지하는 것이 대화로서, 대화는 관계를
맺어주는 가장 강력한 수단이라는 것이다. 그에 따라, '삶=관계
의 합계=대화(말)'이라는 등식을 제시했다. 한마디로 말해서 삶이
란 대화의 합계며, 우리의 삶은 관계로 이루어져 있고 관계의 질
은 대화로 결정된다는 것이다.

학교에 있으면 업무 특성상 학생들이 내 방문 노크를 많이 한
다. 방을 들어선 학생들은 보통 수줍어하거나 긴장 상태이기 때
문에 커피포트의 스위치를 올리며 "차 한 잔 할래요?"라고 묻고
편히 앉으라고 권한다. 일회용 종이컵 두 개를 테이블 위에 놓
고 마주 앉아 이름을 묻고 대화를 시작할 때면, 나의 세 가지 질
문 프레임은 항상 동일하다. 그 세 가지 질문의 키워드는 '꿈', '존
재', '관계'이다. "JS학생, 꿈이 뭐에요?"라고 물으면 대학생들이
뭐라고 답할 것 같은가? 안타깝지만 거의 대다수 학생들의 대답
은 두 개 중에 하나다. "취업요." 아니면 "없는데요."이다. 나를
찾아온 목적성 대답의 지분을 어느 정도 인정하더라도, 이 나라

의 현실이 우리 아이들의 꿈을 그렇게 만들었음을 기성세대로서 한 치의 발뺌도 하고 싶지 않다. 이어서 "JS학생은 존재인가요?" 라고 질문하면 당연히 뻘쭘해한다. 마지막으로 "JS학생, 관계가 뭐라고 생각해요?"라고 물으면 "인간관계요⋯." 정도로 반응하며 떠듬떠듬 말을 한다. 그렇게 질문과 경청을 시도하면 학생들이 고개는 끄덕이지만 깊이 이해하기는 쉽지 않을 터임을 안다. 따라서 대학 3·4학년쯤 되면 이제는 '존재에서 관계로 나아가야 할 때'임을 일깨우며 삼간三間과 인간人間에서의 사이 '간間'자를 놓고 대화를 진행한다. 마지막으로 전공수업시간에는 결코 배울 수 없는 기업이라는 조직에서의 '관계력關係力과 관계 메이킹Making'에 대한 스토리텔링을 통해 마무리는 '꿈-존재-관계'로 얼라인먼트 시킨다.

우리 모두는 사이에 여유를 필요로 하는 '사이-존재'로서, 사람人과 사람人이라는 존재Being와 존재Being 사이의 상호 연결된 관계 속에서 살아갈 수밖에 없다. 존재는 근본적으로 '세상-속-존재'로 세상과 상호작용한다고 했듯이, 세상 속 우리라는 존재는 작은 우주이며, 곧 대우주와 연결되어 있다.

우리는 지상의 '사이-존재'로서, 우주공간의 별들도 '사이-존재'라는 법칙하에서 상호 끌어당김의 '관계 메이킹Making'을 끝없이 시도하고 있음을 자각해야 한다. 그렇다면, 가끔씩이라도 대우주를 관찰하며 살아가기 위해 마음속에 확대경 하나씩은 둬야 되지 않을까….

◎ 코칭적 레슨 - 존재(Being)와 관계(Relationship)

• 코칭은 존재와 존재와의 만남으로서, 코치로 현존하는 것이며 존재(Being)로 존재하는 것이다. 코치는 코칭 대화 동안 완전히 함께 존재해야 하며, 고객에게 완전히 연결된 관찰자이다. 그래서 코칭은 존재의 방식(a Way of Being)이다.

• 코칭은 인간의 잠재능력 개발에 초점을 맞춘 관계 맺기의 한 유형으로서, 코치와 자발적 개인 간의 상호개발관계이자 협력적 파트너십이다. 성공 코칭의 시작은 라포(Rapport)를 통해 신뢰와 친밀감 있는 코칭관계로 형성된다. 따라서, 전문적 코칭 관계(Professional Coaching Relationship)는 해당 당사자의 책임을 명확히 한 코칭계약서를 체결함으로써 형성된다.

사람냄새 나는 나그네 길

퇴근 후 차를 아파트 주차장에 파킹시켜 놓고는 집 앞 정류장에서 버스를 타고 시내로 나갔다. 오랜만에 죽마고우들과 마주하니 멀리했던 '참이슬'에 '좋은데이'가 술술 넘어가는 바람에 몇 병을 비워냈다. 2차 행까지 자리를 파하고 집으로 돌아오는 시내직행버스에 앉아 몸이 흔들흔들 눈은 '껌벅껌벅'거리고 있었다. 바지주머니에서 휴대폰이 부르르 떨며 날 깨웠다. 꺼내 보니 루키 님의 이름이 크게 반짝거려 얼른 폰 화면을 밀었다.

"어? 상무님, 이 시간에 전화를 다 주시고, 어인 일이신지요?"

"그래, 잘 지내냐? 요즘은 서울 안 올라오냐? 이번 달에 한번 올라온다고 그러지 않았나?"

"아예, 사실 지난주에 갔었는데 일정상 연락 못 드리고 일만 보고 내려왔습니다. 죄송합니다. 상무님."

"그래…, 니가 8월에 올라온다 해서 냉장실에다 히야시 해 놓은 쐬주 다시 얼려야 되겠구만."

"…"

정겨운 목소리에 황토방 구들장같이 뜨듯한 통화를 하고 나니, 버스 안에 빵빵하게 나오던 에어컨 바람도 데워진 듯 더웠다. 순간 온수기처럼 데워진 심장 때문에 땀인지 물인지 모를 액체가 가슴골을 타고 흘러내리며 기분이 좋았다. 지난번 서울 출장을 갔을 때 루키님과의 약속에 우선순위를 두지 못한 것을 그 즉시 반성했다. 루키님은 중국에 계시다 얼마 전 인천에 있는 기업으로 스카우트되어 다시 국내로 들어오셨다. 서울-창원 간 지역적으로는 조금 떨어져 있어도 마음 거리는 늘 지척에 있는 분이시다. 자주 못 뵙는 게 아쉽지만 항상 원격으로 사람냄새 진동하게 해주시니 더 이상 욕심 부릴 이유가 없지 않겠는가….

"지금도 회사 안에 형님 보고 싶다는 애들 많아요. 형님 그간 정말 잘 살았나 봐요. (…)"

H부장이 한잔 걸친 축축한 목소리로 말했다. 모기업의 몇몇 역전의 용사들과 저녁자리가 있었다. 다른 사람들과는 하나둘씩 악

수하고 헤어지고는 H부장과는 대리운전을 기다리며 식당 앞에 서서 대화를 나눴다. H부장은 옛날 나와한 솥밥을 먹었던… 부하직원이라기보단 끈끈한 형님·아우지간이라고 하는 게 맞겠다. 지금은 어엿한 중견 팀장으로 성장해 있어 흐뭇하다. 나를 형이라 생각하고 토로하는 고충에 대해 들어주고, 공감해주고, 어깨를 토닥거려 줄 수밖에 해 줄 수 있는 게 딱히 없었다.

대화 도중, 현직 후배님들의 나에 대한 향수를 전해주는 '카더라 방송'을 들으면서 속에서 알 수 없는 뜨거운 무언가가 올라왔다. 장사 중에 제일 남는 장사가 '사람장사'라고 했다. 내게 뜻하지 않게 전반전 종료 휘슬이 울렸지만, H부장을 비롯하여 그나마 나를 좋은 모습으로 기억해 주는 사람들이 남아 있다는 것이 가없이 따뜻했다. H부장 아우의 개인사를 잘 알기에 애틋한 연민과 함께, 한겨울 날 시골 정지 부뚜막서 군불 때는 생솔가지 연기향이 부엌문을 비집고 나와 내 코끝을 찡하게 타고 들어왔다.

"삼촌, 고급인력 빨리 보내줘!"라는 SNS문자가 조카딸로부터 들어왔다. "아빠가 태워다 주께!" 하고는 흐뭇한 기분으로 딸아이를 태워 넷째누이네 떡집으로 달려갔다. 매머드급 연휴의 추석 이브 날 아침, 딸아이가 어제에 이어 오늘도 고모네 떡집알바를 간다고 해서 기사 출동대기 중이었다. 아내가 챙겨주는 사과 한 상자를 울러 메고 오븐에 구운 군고구마까지 들고 떡집고급인력 (?)을 시장에 있는 떡 가게로 호송했다.

"어제는 잠 좀 잤어?" 떡집을 들어서며 조카딸에게 물었다.

"아니 삼촌, 우리 한 시간 정도 잤나 몰라…? 그래서 지금 다 제정신이 아니야 삼촌….."

얼굴에 피곤이 역력한 조카딸의 말을 들으며 마음이 짠했다. 재래시장에서 십 년을 넘게 해 온 누나·매형네 떡집은 명절만 되면 밤낮 없이 몸을 불살라야 하는 전쟁터로 변했다. 명절휴가차 집에 왔지만 엄마아빠를 돕기 위해 푸념 한마디 없이 가게에 전투배치 붙은 조카 놈들이 대견하고 기특하다. 주방 안쪽에서는 계속해서 떡을 찌고 만들어 내느라 매형·누나는 나랑 눈인사만 맞추고는 허리 한번 제대로 펴지 못했다. 가게 앞 판매대에는 총지휘자인 큰조카딸을 비롯해 우리 집에서 파견된 고급인력(?)까지 5명이 포진했다. 가게 안에는 뽑혀져 나온 떡가래를 나무떡판 위에서 떡고물에 굴리고 묻히고 잘라서 주문박스에 넣고 포장하고 쌓는 것까지 담당하시는 일일알바 아주머니가 5명이었다. 이 조그만 몇 평짜리 가게에 움직이는 사람이 12명이나 되니…. 기업으로 치자면 웬만한 스타트업Start-up은 명함도 못 내밀 정도로 중소기업 수준이었다. 가게 앞에 포장해서 쌓아 놓은 주문 떡 박스만 해도 수량이 엄청났다. 뉴스에서는 추석명절에 서민들의 지갑 상황이 여의치 않을 거라 했었건만, 시장바닥 떡 민심만은 예외인 듯싶었다. 우리나라 사람들에게 떡은 아무리 살림형편이 어려워도 조상께 제례를 올리거나 고향집을 찾는 가족친지 및 손님들에게 내어 놓을 최소 풍속의 명절 먹거리이리라….

딸아이 호송 및 투입작전을 끝냈으니 조카들의 어깨를 토닥여 주고는 나는 시장만행漫行을 나섰다. 전통시장 가게들과 사람구경을 위해 눈·귀·코 등의 오감에다 마음까지 육감을 열고서 느릿 느릿 걸었다.

'과일가게, 야채가게, 어묵집, 김밥집, 식육점, 횟집, 베이커리, 옛날과자점, 인삼·홍삼집, 황금맷돌집, 신발백화점, BYC내의가게, 열쇠점, 농수산특산물점, 금은시계방, 어물전, 두부·묵집, 참기름집, 옷가게, 토탈패션점, 한복집, 이불집, 순대·족발집, 묵자골목, 꽃집, 반찬집, 쌀집, 김치가게, 불교사, 건강원, 그릇집, 뷰티숍, 미용실, 가구점, 중탕집, 건재당, 제수용 음식집(튀김·전, 나물, 탕국, 식혜), 방앗간, 건어물집, 닭집, 얼음집, 다닥다닥 붙어있는 철이식당, 영이식당, 가게 앞 플라스틱 의자에 앉아 "쏼라쏼라" 얘기하고 있는 양꼬치집, 공영주차장, 풍물교실, 폰 액세서리점, 다른 떡집까지…' 마지막으로 대형 DC마트에 들어가 봤더니 천정 형광등을 다 켜 놔서 온갖 물건들이 환하게 빛나고 있는데도 정작 손님은 아무도 없었다.

명절날 의도치 않게 처음 시도해 본 시장만행漫行이었다. 돌면서 스마트폰에 업종을 기록하며 세어 보니 대략 50개 정도나 되었다. 전통과 현대식이 어우러져 있는 하이브리드Hybrid형 장터에는 역시 사람냄새 물씬 풍기는 수많은 군상들의 모습이 그 중심에 있었다.

원점인 누나네 떡집으로 돌아와 조카들에게 "저쪽 떡집은 훈남 네 명이서 여자 손님들을 다 낚아채던데?"라고 했더니, 우리 조카딸 왈 "그럼, 우린 훈녀 네 명이니까 남자들을 싹쓸이하면 되겠네!"라고 말해 한바탕 웃었다. 넷째매형과 누이에게는 항상 고맙다. 마산에 계신 모친께서는 살아오신 옛 동네서 친구 분들과 어울려 사시면서 걸어서 10분 거리에 있는 딸네 집인 떡집에 매일 출근부 도장을 찍고 계신다. 아들 입장에서는 혼자 계신 팔순노모가 놀 수 있는 친구와 놀이터가 있고, 매일 확인할 수 있는 믿을 곳이 있다는 게 얼마나 다행스러운지 모른다.

신기하고 은은한 재미에 이끌려 시장을 한 바퀴 더 돌았다. 오전 중반 대를 넘어가니 시장 통에 장바구니나 손수레를 끄는 동네 어르신들이 점점 많아졌다. 장 구경을 하면서 물건도 물건이지만 가게별로 사람들의 면면이 들여다보였다. 주로 가게들 안에서는 허리가 구부정한 부모들과 젊은 자녀들이 협업을 통해 대목일을 쳐내는 모양새였고, 홀로 전을 펴 놓은 가판은 은발의 배추머리 할머니들만이 여전히 혼자였다.

너나 할 것 없이 하나같이 풍상에 고단한 몸일 텐데도 넉넉한 웃음과 여유가 묻어났다. 짭조름하니 사람냄새 진동하는 진짜 삶의 향취가 진하게 풍기는 라이브 현장, 이렇게 악착같이 치열하게 살아가는 사람들이 이리 많은데, 못 살아서 죽는다는 게 웬 말인가…. 살다 살다가 죽고프도록 힘들고 괴로울 때가 오거들랑

나도·너도·누구라도 시장통 맨 밑바닥으로 가보시라…!

'삶'이란 사람의 준말이라 했다. 이 말은 사람냄새 나지 않는 삶을 '삶'이라고 할 수 없는 이유이다. 삶과 연결된 '철학'이란 말도 풀어 보면, 철학^{Philosophy}은 글자 그대로 'Philos^(사랑)'와 'Sophia^(지혜)'의 합성어로 '지혜를 사랑한다.'는 말이다. 현생 인류를 칭하는 '호모 사피엔스^{Homo sapiens}'에서의 '사피엔스^{Sapiens}'도 이 의미와 맞닿아 있다. 유발 하라리가 『사피엔스』에서 말했듯이, 인류는 뻔뻔스럽게도 스스로에게 '호모 사피엔스'라는 이름을 붙여서 '지혜로운, 또는 슬기로운 사람'이라고 자칭하고 있다. 마찬가지로 여기에서도 '사람냄새 나는 지혜로운 사람'이어야 하지 않을까? 내 말이 억측은 아니리라….

신영복 선생께서는 『강의』에서 철학을 '지^智에 대한 애^愛'라고 했다. 그러면서 서양식 이름인 철학^{哲學}과 동양식 이름인 도^道의 차이를 이야기했다. 들어 보자.

> 서양의 철학에 비하여 동양의 도(道)는 글자 그대로 길입니다. 길은 가운데에 있고 길은 여러 사람들이 밟아서 다져진 통로(Beaten Pass)입니다. 도(道)자의 모양에서 알 수 있듯이 착(辵)과 수(首)의 회의문자입니다. 착(辵)은 머리카락 날리며 사람이 걸어가는 모양입니다. 수(首)는 물론 사람의 머리, 즉 생각을 의미합니다. 따라서 도(道)란 '걸어가며 생각하는 것'

입니다.

『장자』에 나오는 '도행지이성道行之而成'이란 말은 "길은 행하면서 만들어간다."는 뜻이다. 또한, 에이미 커디가 쓴 책,『프레즌스』에서 도끼로 가슴 장을 내려찍었던 한 문장은 "움직이면서 생각하라! 완벽한 몰입에 이른다."는 말이었다. 삶이란 내 안의 내가 메시징Messaging 하는 대로 한 걸음씩 나아가며 계속 움직이는 것이지 않을까? 이것이야말로 사람냄새 풍겨나는 머리카락을 휘날리며 걸어가는 도道를 행함이리라….

기업시절, 아마 '차장' 때였지 싶다. 사업 부문의 경영목표달성을 위한 팀장 이상 경영진 대상 '리더십 워크숍'을 경주에 있는 호텔에서 진행했었다. 당시 사업부문장이셨던 부사장님께서 경영진 특강시간에 철학적 한마디를 던지셨다. 그 순간 그 말은 내 속으로 빨려들어 와버린 후 여태껏 나갈 생각을 않고 있다.

"인생이란 지게를 짊어지고 가는 나그네다."

나는 이 말을 받아 적으며 아무도 모르게 내 스프링노트에 담았다. 이후 내 마음 장독단지 안에 고이고이 담가 놓고 필요할 때 수시로 단지 뚜껑을 열고는 냄새를 맡아보고 종지로 퍼 마시고 있다.

'도道란 걸어가면서 생각하는 것'이라는 것을 온전히 받아들인다. 삶의 향기는 사람의 문제의식에서 나온다고 했다. 고통과 불안이라는 삶의 문제의식하에서 '주인으로 사는 삶'과 '성취동기의 종으로 사는 삶'에서 풍겨 나오는 향기는 다를 수밖에 없다.

따라서 누구든지 어깨 위에 짊어진 지게를 내려놓아야 하는 그 순간까지 자기 삶의 진정한 주인으로서 걸어가야만 한다. 가는 도중 마주치는 경계들을 지게 작대기로 '휘이 휘이' 휘저으며 나아가는 나그네 길에 사람냄새 가득 진동하면 좋겠다.

◎ 코칭적 레슨 – 코칭 프레즌스(Coaching Presence)

• 프레즌스는 내면의 자아가 드러나는 것이다. 코치 프레즌스는 코치로서의 태도와 자세이다. 코치로 성공하려면 코칭 능력보다 더한 것, 즉 개인적·직업적인 프레즌스가 필요하다.

• 코치다운 태도는 솔직하고, 유연하고, 자신감 넘치는 태도로 고객의 자발적 관계를 인식하고 만들어 낼 수 있는 능력이다. "고객과 함께 순간을 춤추라(Dancing in the moment with coachee)."
  – 한국코칭센터, 『CEP 매뉴얼』

Chapter 5

가슴 뛰는
삶을 위하여

세상-속-존재로서 현존지수 높이기

　토요일 밤, 저녁을 먹고 책상 앞에 앉아 글을 쓰기 시작한 뒤 의자에서 엉덩이를 한 번도 떼지 않았는데 자정이 넘어갔다. 일요일 ○○:○○시가 되자마자 '까톡' 하면서 SNS문자 하나가 일착으로 들어왔다. "이 시간에 누가 보냈지?" 하며 습관적으로 폰을 들어보니 막냇누이였다. 화면을 옆으로 밀었더니 '톨스토이의 세 가지 질문'이라는 내용에 동영상이 딸려 있었다. 톨스토이 이야기는 내 기억엔 '욜로YOLO' 같은 말들이 나오기 전부터 벌써 많이 돌던 내용이었다. 누이가 보내온지라 글을 쓰다 말고 스마트폰 화면을 터치했다. 내용을 찬찬히 삼키면서 내가 이 세상에 와서 지금-여기에 있는 이유와 목적을 다시금 곱씹어 보았다.

(질문) 첫째, 이 세상에서 가장 중요한 시간은 언제인가?

둘째, 이 세상에서 가장 중요한 사람은 누구인가?

셋째, 이 세상에서 가장 중요한 일은 무엇인가?

(대답) 이 세상에서 가장 중요한 시간은 현재이고,

이 세상에서 가장 중요한 사람은 지금 내가 대하고 있는 사람이며,

이 세상에서 가장 중요한 일은 지금 내 곁에 있는 사람에게 선을 행하는 일이다.

인간은 이것을 위해 세상에 왔다. 그래서 날마다 그때그때 그곳에서 만나는 사람에게 최선을 다해야 한다.

낯선 세상에 툭 내동댕이쳐진 채로 지금-현재를 못 받아들여 발버둥치고 있는 동생에 대한 연민으로 작은 힘이라도 되어주고픈 누이의 간절함이었다. '마음 잘 받았소. 누이! 지금을 살겠소!'라고 속다짐을 하며 톨스토이와 같이 온 동영상을 열었다. 그 또한 익히 잘 알려진 '껌팔이 폴 포츠'라는 별명을 얻은 22살 청년의 이야기였다. 고아원에서 5살 때 도망쳐 나온 이후 껌과 박카스를 팔며 초·중학교를 검정고시로 나와 고등학교에 들어갔고, 지금은 막노동으로 먹고 산다고 했다. 어두운 삶을 살다 한 TV예능프로 무대에서 쏘아 올린 '넬라 판타지아' 노래 한 곡이 많은 사람들을 울컥하게 만들었다. 예능프로그램 심사위원들도, "저렇게 어려운 환경 속에서도 자기의 꿈을 따라 살아온 친구는 도와주고 싶어요.

잘됐으면 좋겠어요."라며 감동적으로 반응했다. 동영상을 시청하던 나도 눈가가 촉촉해지며 이유를 정확히 알 수 없는 어떤 카타르시스마저 느꼈다.

갑자기 얼마 전 '자이언트 스쿨'이라는 작가 수업시간에 만났던 얼굴도 이름도 모르는 아프리카 꼬마가 떠올랐다. 빔 프로젝트 화면에 띄워진 사진을 보다 죄송하지만 사부 작가님의 강의내용은 아랑곳없이 눈을 뗄 수 없는 먹먹한 감정덩어리가 올라왔다. 아마 다른 수강생들도 그러지 않았을까….

그 사진은 아프리카 수단의 거듭된 내전으로 인한 참상을 주로 카메라에 담았던 '케빈 카터'라는 작가가 찍어서 1994년 퓰리처상을 수상한 「소녀와 독수리」라는 작품이었다. 어린 소녀가 힘없이 쪼그려 앉아 있고 뒤에서 독수리 한 마리가 이를 지켜보고 있는 사진이었다. 소녀가 죽고 나자 여론이 들끓었고 사진작가에게 비난이 쇄도했다. 왜 먹잇감을 노리는 독수리한테서 사람을 먼저 구하지 않았냐고 말이다. 결국 쏟아진 비난을 감당하지 못하고 카터는 자살을 선택하고 말았다고 했다. 정말 안타깝지만, 여기서 저널리즘의 가치나 반인륜적 행동에 대해 옳고 그름을 논하자는 게 아니다. 결국 그 소녀는 죽었고, 내 짐작에도 죽을 수밖에 없었을 것 같았다. '수단'이라는 나라에서의 가난한 집 어린아이의 운명은 고故 이태석 신부님의 「울지 마 톤즈」라는 영화에서도 보았듯이 지금 현재에도 그렇게 될 수밖에 없는 운명적 환경에 놓여 있다.

대한민국과 수단이라는 나라의 시공간적 생존환경은 비교할 수가 없을 만치 갭Gap이 크다. 그럼에도 이 풍족한 땅에 살고 있는 나를 포함한 존재들은 그 세계의 틀 안에 갇혀 현존하기 힘들다고 절규하고 있다. 자기 앞에 맞닥뜨려진 현실이 내 눈높이에 만족스럽지 못해 죽네 사네 한다. 이 대목에서 '중국 쓰촨성에서 일어난 대지진의 고통보다 자기 손톱 밑에 난 그루터기가 더 아프다'는 말이 와닿는 건 왜일까….

풀리처상 수상작에 대한 이야기를 하다 보니 베트남에서의 기억 하나가 자연스레 연결된다. 현역 시절, 베트남 출장을 수도 없이 다녔기에, '비엣남'과 '비엣나미(베트남인)'란 말만 들어도 특유의 향신료 냄새에 혀 밑에 침이 고인다. 베트남은 남북으로 길게 뻗어 있어 '몸이 길어 행복한 나라'로 불린다. 대표적으로 북부지역 '하노이'와 '하이퐁', 중부지역 '다낭', 그리고 남부지역은 '호치민'이라는 대도시가 일렬횡대로 늘어서 있다. 모기업의 해외공장이 거점도시들에 자리 잡고 있어 베트남 전역을 쏘다녔지만, 그중에서도 중부지역 '쭝꾸엇 공단'에 위치한 대단위 생산기지 내에 있던 공장 정상화를 위해 무던히도 날아다녔다. 한번은 본사 공장의 사내협력업체대표단 스무 명을 인솔해서 현지공장 시찰을 갔다. 첫째 날은 글로벌 경쟁력에 대한 경각심과 위기의식 고취를 위해 공장투어 및 베트남직원들과의 합동 워크숍을 진행했다. 둘째 날은

사전 계획된 대로 회사 식당에서 일찌감치 아침을 먹고 회사 셔틀
버스로 다낭 '호이안' 관광투어를 시켰다. 당시 다낭은 국제휴양도
시로서 급성장하고 있던 터라 곳곳이 사람들로 북적댔다. 그간 출
장을 그리 다녔어도 일 말고 옆길로 샌 적이 한 번도 없었던 터라,
다낭 구석구석 관광지를 구경해 본 건 그날이 처음이었고 가이드
의 해설이 내겐 무척 흥미롭게 쏙쏙 빨려 들어왔다.

　1500년대~1700년대의 '호이안'은 유럽 상인들이 에도 막부의
일본 상권에서 철수하여 중국 상권세로 이동하면서 유럽의 영향을
받게 되어 동서양의 문화가 어우러진 국제무역항이 되었다 했다.
국보로 지정된 최초의 목조 다리를 지나 '살아 천 년 죽어 천 년'이
라는 검정색 주목으로 지어진 상가 안으로 들어서니 홍수로 침수
된 흔적을 나무기둥에 금을 그어 보존하고 있었다. 상가 곳곳마다
부를 상징하는 황금색으로 치장한 의장 '관운장'을 재물의 왕으로
모시고 사당을 차려 놓은 것을 봤을 땐 사뭇 그 기운을 느낄 정도
였다.

　역사적으로 베트남 중부는 외세의 이데올로기전으로 인해 '간
항(양 바구니를 막대기로 끼운 행상)'이 부러졌던 아픔의 역사를 간직한 곳
이다. 베트남에 가면 '논'이라는 삿갓 모자를 쓰고 긴 막대 양쪽에
바구니를 단 '간항'으로 행상하는 여인네들(나이 많은 할머니부터 어린 소
녀들까지)을 쉽게 볼 수 있다. 물론 간항을 맨 남자들도 많다.

　북부와 남부를 각각 '쌀 바구니'라 치면 중부는 간항의 '긴 막대
기' 부분이다. 남북을 연결하는 긴 막대기 역할을 위해 중부 지역

의 국제적 항구 '호이안'이 있었다. 간항은 한쪽이 과중하면 기울게 되지만, 양쪽의 무게가 비등하게 가중되면 결국 그 힘을 이기지 못하고 가운데가 부러지게 된다. 1954년 제네바 협정에 의해 베트남이 남북으로 분리될 때, 자의가 아니라 외세에 의해 가중된 무게로 간항이 부러지는 고통을 이 지역이 감당했던 것이다.

옛 상권을 한 바퀴 돌고 셔틀버스 쪽으로 왔을 때 양쪽에 과일 바구니를 건 '간항'을 맨 자그마한 베트남할머니 한 분이 내게로 다가왔다. 어설픈 한국말로 자기가 옛날 해병청룡부대의 장교식당에서 근무했었다며 아리랑 노래를 흥얼거리면서 과일을 사 달라고 했다. 모군의 '빨간 명찰'이 아른거려 20만 동^(만 원)을 손에 쥐여드리니 노란 바나나 두 다발을 건네주었다. 목적을 달성한 할머니는 이빨 빠진 잇몸을 환하게 드러낸 채 '아리랑 아리랑 아라리요~'를 더 크게 부르시며 종종걸음을 옮기셨다. 나는 그 순간을 놓칠세라 폰카를 들어 사진으로 남겼다. 버스로 이동하는 내내 가이드의 설명에 귀를 쫑긋 세웠다. 지금은 몽고메리가 설계한 몽고메리CC와 그렉 노먼이 설계했다는 다낭CC가 있는 골프타운으로 탈바꿈한 이곳이 베트남 전쟁 당시에는 한국 해병청룡부대 주둔지와 미 해병대 캠프가 있던 곳이라니….

다낭시내로 들어와 시청 옆에 있는 박물관에 하차했다. 전쟁기념관을 돌아보다 한 장의 흑백사진 앞에 발걸음이 멈춰졌다. 베트남 종군기자였던 '닉 우트'가 찍어 전쟁의 참혹함을 알리고 종식시키는 데 기여하였으며 1973년 퓰리처상을 수상하여 우리에게 익히 잘 알려진 「네이팜 소녀」라는 사진이었다. 당시 베트남 공군 전폭기들이 트램방 지역으로 이어지는 1번국도 위를 저공비행하며 네이팜탄으로 불비를 쏟아 부었다. '판 틴 킴 푹'이라는 사진 속의 9살 소녀는 다른 사람들과 함께 불바다가 되어 버린 마을에서 실오라기 하나 걸치지 않은 채 울부짖으며 달려 나왔다. 이 처참한 순간을 닉 우트가 포착했고 사진 촬영 후 사진 전송보다 먼저 킴 푹과 부상자들을 차에 싣고 사이공(지금의 호치민시)의 한 병원으로 후송했다고 했다. 사진 속의 소녀는 열 몇 차례의 수술 끝에 살아났고, 이후 캐나다 시민권을 얻어 현재는 미국에서 '킴 푹 재단'을 설립하여 전쟁청소년 의료 구호활동을 하는 한편 대학과 교회에서 강연을 하고 있다고 한다.

간항 할머니

1973년과 1994년에 퓰리처상을 받은 두 작품 속 비하인드 스토리텔링을 통해 우리가 머물러 보아야 할 지점은 어디이고, 길어 올려야 할 것은 무엇일까? 사진작가도 사진 속 주인공도 삶과 죽음의 문턱에 선 존재로서 양단을 넘나드는 시점의 차이가 있을 뿐, 있는 그대로 바라볼 수밖에는… 생각이 정리되지 않는다.

"후진국에서 태어난 사람들이 선진국에서 태어난 사람들한테 그런 말할 자격 있어?"

기업에서의 팀장 시절, 전 사업부문의 기획담당 상무들과 팀장들이 참석한 보고회에서 사장님께서 던지신 강력한 한 말씀이었다. 당시 회사는 확대성장전략을 강력하게 드라이브하고 있던 터라 신입사원 및 신규 경력직원들이 대거 쏟아져 들어와 조직문화 측면에서 많은 불협화음이 연주되고 있는 상황이었다. 나는 가장 큰 사업부문의 운영혁신팀을 맡고 있을 때였는데, 조직문화 이슈는 회사가 겪고 있는 성장통 중에서도 가장 핫^{Hot}한 이슈 중 하나였다. 결국 최고경영층의 대책방안 보고지시가 떨어졌고, 우리 팀은 전 부서를 누비며 실무자부터 팀장까지 FGI^{Focus Group Interview}인터뷰를 진행하여 핵심이슈별 해결방안을 수립했다. 내부적으로 사업부문장님께 보고 후 '비 다이내믹^{Be Dynamic}'이라는 슬로건을 내걸고 선제적으로 자가 방안을 실행에 옮겼다. 그날은 사장님께 대책방안을 보고하기 위해 본관 꼭대기 층 대회의실에서 열리는 보고회에 참석해 있었다. 각 사업 부문별로 준비한 보고 내용은 사업별로의 색깔만 빼고 나면 골자는 거의 비슷할 수밖에 없었다.

"기존 시니어급 직원들과 새로운 주니어 직원 간에는 업무경험, 태도, 소통방식 및 팀 활동 등에 대한 인식차이가 큽니다. 그런고로 주니어들을 변화시키고 레벨-업 시켜야 합니다."는 식의 보고가 이어졌다. 소위 말하는 "요즘 애들이 문젭니다…"라는 '카더라 생방'이 온에어On-Air는 중이었다. 하기야 기원전 이집트에서도 '요즘 젊은이들은 이해할 수가 없어…'라는 기록이 남아 있다고 하니, 예나 지금이나 사람 사는 사회에서는 결국 '신성'이 기득세력인 '기성'에게 맞추고 따라오라는 데 초점이 맞춰져 있었다.

"똑똑하긴 한데 끈기가 없어서…, 땡 하면 손 놓고 가 버려서…, 회사일보다 개인사가 우선이라서…, 소통이 안 되는 애들이라서…, 사고방식 자체가 달라서… 등등"

보고를 중간쯤 받으시다가 사장님께서 "잠깐만!" 하시고는 한 말씀 '툭' 던지셨다.

"당신들은 후진국에서 태어난 사람들이잖아. 그런 사람들이 선진국에서 태어난 사람들한테 그런 말할 자격이 있나? 후진국 사람이 선진국 사람 기준에 맞춰야지 어떻게 선진국 사람이 후진국 사람 기준에 맞추나…."

그 순간 회의장은 일시 진공상태가 된 듯 조용해졌다. 더 이상 보고 진행이 무의미할 정도였지만 사장님께서는 끝까지 보고를 받으셨고 재보고 지시도 내리지 않으셨다. 그날 사장님의 부드러우면서도 강력한 일갈은 내 정수리에 그대로 피봇팅Pivoting되어 '역동적 조직문화 구축'안을 드라이브 하는 데 있어 전환점이 되었다. 그 이후로 신세대가 지향하는 시대가치를 인정하며 '조직—속—존재'들 간 이슈의 우선순위를 주니어 중심으로 바꾸려 의도적으로 노력했었다. 지금은 경영일선에서 물러나셨지만 최고경영자의 지혜로운 한마디는 금속활자가 되어 가슴속 깊이 각인되어 있다.

2018년 현재 기준, 지구촌의 인구는 약 75억 명, 나라 수는 250개가 넘는다고 한다. 부부들 간에 가끔 농담 반 진담 반으로 이런 질문을 하곤 한다. 이때 특히 남자들은 대답을 잘해야 한다.

"당신은 다시 태어나도 나랑 살고 싶어?"

수많은 살아있는 유기체 중에 75억분의 1의 '인간' 존재로 태어난 것은 축복이다. 이미 태어나 있다 보니 사람들은 내세에도 당연히 인간으로 다시 재세한다는 전제하에 말을 하고 기복을 올리곤 한다. 물론 불교의 '인연법'에 따르자면 전생에 지은 업식(카르마)대로 태어나기에 금수로 올지 사람으로 올지 알 수는 없으나 여하튼 좋다. 사람으로 태어난다고 믿자. 그럼에도 불구하고, 75억 명 중 어느 나라에 어떤 집안에 누구 자식으로 태어나느냐에 따른 '삶의 질'의 격차는 점점 더 크게 벌어지고 있다. 우리나라에서만 해도 태어나자마자 금수저 또는 흙수저로 나뉘어져 족보에 잉크가 찍히면서부터 삶의 결과가 일치감치 판가름 나기 십상이다. 하물며, 미국이나 한국도 아닌 아프리카나 동남아 국가의 없는 집에서 태어난 사람은 성장은 고사하고 생존도 담보할 수 없다. 물론 지구촌의 어떤 세상에 살건 노력 여하에 따라 운명을 바꿀 수 있다고 이야기한다면 즉시 인정한다. 다만 그걸 말하려는 것이 아님을 알 것이다. 기업이라는 조직에서도 마찬가지다. 대기업과 중소기업의 토양 차이가 크고, 기성 직원과 신규 직원, 정규직과 비정규직원 등 수많은 넘어야 할 경계와 조건의 갭은 크다.

삶이란 아무런 문제가 없는 완벽한 평화로움이 아니라 '문제' 그 자체라고 했다. 문제에 대한 정답이란 없다. 답이 하나만도 아니요, 똑같은 모양의 배수도 아닐 것이다. 다만 생의 지게를 짊어지고 가는 나그네로서 삶이라는 주어진 문제를 걸머쥐고 '세상-속-존재'로 자기의 주름을 만들어 가며, 지금-여기에서 '현존 지수(지금-여기를 받아들이는 지수라는 의미로 저자가 지어낸 말임)'를 높여갈 수밖에 없지 않을까….

◎ 코칭적 레슨
– 현존(지금 여기를 있는 그대로 받아들이는 것)

- 사람들은 과거의 경험과 사전학습이라는 필터를 통해 현실을 인식한다. 우리의 제한된 현실인식은 실제 현실과 항상 똑같은 것이 아님에도 이 둘(우리가 인식한 현실과 실제 현실)을 혼동하기 쉽다. 현재의 순간은 실제로 존재하는 유일한 순간이다.

- 진정한 코칭관계는 본질적으로 현재에서만 일어날 수 있다. 코치는 현재 모든 사람들이 무한한 가치를 가지고 있다는 것을 통찰하고 지금 현재의 그들을 무조건 존중하는 사람이다.
  – 한국코칭센터, 『CEP 매뉴얼』

코칭 기반
진성 리더십 키우기

　한여름이 지난 사당에서 내려다본 노량 앞바다는 태양빛을 받아 번뜩거렸다. 바다 위에는 새로이 건설되고 있는 제2남해대교인 '노량대교'의 상판 거치작업이 한창이었다. 하동에 후반전 삶의 뿌리를 내리신 지인, 블루베리농원 사장님께서 직접 키워서 잡아주신 귀한 '청계송이백숙' 점심을 얻어먹고 남해대교를 넘어왔다. 건너자마자 바로 왼편으로 돌아내려와 남해 충렬사 주차장에 차를 댔다. 그간 남해는 많이 와 봤지만 충렬사를 목적지로 삼아 온 것은 처음이었다.

　위쪽으로 난 작은 비탈길의 돌계단을 올라 사당입구를 들어서니 몇 사람의 방문객을 세워 놓고 관광해설사분이 설명에 열중하고 계셨다. 정면에 열려진 사당 안벽에 걸린 충무공 영정에 머리

를 숙이고, 해설사분의 뒤를 따라 옆쪽으로 나 있는 문으로 들어
갔다. 키가 큰 나무 아래 파란 잔디가 입혀진 일반 묘보다는 훨씬
큰 봉분 하나가 덩그러니 놓여 있었다. 임진왜란 최후의 격전지
인 이곳 노량해전에서 순국하신 충무공의 주검을 모셨던 가묘라
고 설명을 하셨다. 당시 고향인 충남 아산으로 운구 안장하기 전
에 잠시 모셨던 곳이라고⋯. 눈을 감고 잠시나마 그날의 함성과
울부짖음을 상상하며 장군의 기운을 내 안으로 흘려 보았다.

임진왜란 당시 이 나라에 '이순신'이라는 위대한 인간 존재가
안 계셨더라면 나·우리·대한민국으로 연결된 이름이 지금 여기
에서 불릴 수 있었을까⋯.

나이가 지긋해 보이시는 관광해설사분께서 작금의 우리나라
상황을 임진왜란에 빗대어 걱정스런 말을 남기시며 설명을 마치
셨다. 그 순간 나는 그분이 던져놓은 여운에 무임승차하여 가만
히 400여 년 전 그날을 더듬어 당시의 '화의'라는 역사적 사건의
단면을 쪼개 보았다. 조선은 배제된 상태에서 일본과 명나라가
조선을 나눠 가지되, 일본은 조선의 남도를 차지하고 조선의 왕
자와 명나라의 황녀까지도 일본 본토에 인질로 보내라고 주장하
였다. 이에 명나라가 발끈하여 일본은 즉시 물러가라며 맞섰다고
하니, 소위 그들만의 리그였던 것이었다. 지금 이 땅에서 회자되
고 있는 말로 하면 그야말로 '코리아 패싱' 상황이었다.

작금의 한반도에서 일어나고 있는 유사 상황, '로켓맨·사드'

등으로 점철되었던 지난해보다는 긍정적 신호가 감지되고 있지만, 중요한 것은 우리 땅에서 우리가 주체가 되어 주변 강대국들에 대해 현명한 리더십을 어떻게 발휘해 갈 것인가가 관건일 것이다. 즉 '안보'라는 일반명제를 넘은 '역사-속-존재'로서 어떻게 현현顯現할 것인가에 대한 담대한 인식전환하에 올곧고 강인한 리더십이 필요할 때다. 지금 우리가 아무리 어렵다 한들, 난 중의 '이순신' 그보다야 더하겠는가….

"칸도 멋지지만, 용골대도 멋지네."

컴컴한 극장 안에서 아내를 돌아보며 귀에 대고 작은 목소리로 말했다. 모처럼 아내와 시간을 맞춰 「남한산성」 영화를 보러 갔다. 개봉 후 날짜가 조금 지난 탓에 관객들이 많이 없어 둘이서 힐링할 수 있는 분위기로는 딱이었다. 영화배우 입장에서 본다면 '칸'과 '용골대'는 역할이 몇 장면 나오지 않는 조연일지 몰라도, 투영된 역사에 몰입하는 관람객 시각에서는 비록 적이지만 장면장면에서의 선 굵은 모습과 목소리가 당당하고 멋있었다.

"The winner takes all. The loser has to fall…."
"이긴 사람이 모든 것을 차지하지요. 패자는 쓰러지잖아요….

영화를 보고 나서 갑자기 입에서 흥얼거려진 노래 가사다.

7080세대는 잘 아는 80년대 가수 아바Abba의 노래다. '승자 독식의 원칙'에 따르면 승자는 항상 멋있다. 승자는 모든 걸 얻고 패자는 모든 걸 잃는다. 역사는 승자에 의해 승자의 이야기로만 써진다고 했다. 남한산성, 45일간의 짧은 이야기이다. 칸에게 세 번 머리 찧고 아홉 번 엎드려 절한 비참했던 인조 임금에 대한 연민도 컸지만, 척화신 '김상헌'과 주화파 '최명길' 두 충신 간의 신념 논쟁에서의 여운은 깊고 길었다.

"전하, 치욕스러워도 살고 나서야⋯." 최명길의 주장이었다.
"전하, 그리 산 것은 죽은 것이나 다름없사오니⋯." 김상헌의 반대 주장이었다.

살아도 산 것이 아닌 상황에서 '산다는 것'과 '죽는다는 것'에 대한 의미 부여를 통해 이들이 진정 구했던 것은 무엇이었을까? 어쨌거나 몇 백 년의 세월이 지나 승자도 패자도 지금 여기에는 없다. 죽음상황하 그들의 위기관리 리더십은 역사 속에서만 살아 숨 쉴 뿐이다. 10년 전 아랍에미리트UAE 두바이에서 근무할 때 이 영화의 원작인 김훈의 책, 『남한산성』을 챙겨가서 현지에서 읽었다. 당시 건설공기 만회를 위해 위기관리시스템이 작동 중이었던 해외 건설현장에서 수천 명의 한국인을 포함한 다국적 작업자들을 관리하면서 다이어리에 썼던 글이다.

"여기가 남한산성보다 위기이랴…."

기업이라는 조직은 하나의 목표를 향해 전 조직구성원들이 주어진 책무를 완수해 나간다. 그 과정에서 어떻게 보면 최선을 다할 수밖에 없도록 구축된 시스템하에서 직원들은 '인정의 노예'가 되고, '워크홀릭Workholic'형 인간으로 변하게 된다.

"Fantastic! No Further Comments. Thank you for your crystal-clear
description."
"훌륭합니다. 더 이상의 코멘트 없습니다. 군더더기 없이 명료한 보고내용에 만족합니다."

현역 시절, 아마 '차장'으로 진급하고 얼마 지나지 않았을 때였을 것이다. 당시 사업부문장이셨던 부사장님으로부터 직접 받은 이메일 회신 내용이다. 영어로 된 이 세 문장을 받았을 때의 그 심장박동 소리는 생각만 떠올려도 재현될 정도로 큰 임팩트Impact였다. 당시 위로 팀장님, 상무님의 보고단계를 거친 후 직접 들고 들어가 부문장님께 직보를 드려서 받은 '인정'의 날인이 가슴 정중앙에 불도장처럼 '꾹' 찍혔다. 이 글을 쓰고 있다 보니 지금도 심장이 쿵쾅거릴 것만 같다.

월급쟁이로서 인정받고 진급하고 연봉이 오르는데 열심히 하지 않을 사람이 어디 있겠는가마는, 부장 진급을 하고 팀장으로서 물불 가리지 않고 일하던 어느 날이었다. 사업부문내 한계사업에 대한 해외이전 컨설팅 프로젝트 수행차 해외생산기지에서 미팅 중이었는데, 본사 인사관리총괄 부사장님으로부터 직접 전화가 왔다.

"주 부장, 어디야? 너 계열사로 좀 가야 되겠는데…. 들어오면 지주사 ○○○상무에게 연락해서…."
"예? 아예…, 잘 알겠습니다."

그 한 통의 전화가 내 삶의 방향을 통째로 뒤흔들 줄이야…. 출장에서 복귀한 다음날 지주사로부터 미션을 하달 받고 곧바로 계열사 최고경영진을 찾아뵈었다. 신고를 드리고는 돌아와서 곧바로 짐을 쌌다. 사내에서는 순식간에 그룹 최고경영층으로부터 발탁되어 계열사로 간다는 소문이 돌았고, 인사조직에서는 며칠 만에 뚝딱 호적을 파서 계열사로 전직 처리가 되었다. 당시 내 귀에는 "와, 대단하다."는 말과 함께 "거기를 왜 가냐?"는 우려 섞인 말들이 동시에 들려왔다. 그럼에도 불구하고 두렵고, 불안하고, 내키지 않는 길일지라도 내겐 선택의 문제가 아니라 머스트^{Must}였다. 입사 이후 줄곧 '나'라는 사람은 "조직의 명이라면 따라야 한다."는 신념으로 커 왔고, 적어도 나는 리더그룹이라는 자존감이 있었기에 좌고우면하는 어정쩡함을 스스로 용납할 수 없었다. 그때는 그랬다. 그게 나라는 존재의 생겨먹은 모습이었다. 그 결

과 나는 지금 기업을 떠나 전혀 생각지도 못했던 이 글을 쓰고 있지만 말이다. (허허)

팀장 시절, 코칭 리더십 교육을 받으며 진단지로 평가받은 나의 리더십 유형은 앞서도 말했듯이 '옳은 리더' 형이었다. 회사봉투에 밀봉되어 전달 받은 진단지 결과를 꺼내 읽었을 때, 설명된 유형이 내게 너무 와 닿았고 내가 생각했던 것과도 일치되어 흡족했던 기억이 생생하다. 옮겨 보면 '옳은 리더'란 함께 일하는 구성원들에게 내가 무엇을 믿고 중요하게 생각하는지 공유만 된다면, 'Why'를 강박적으로 공유해서 확신범 집단으로 변화를 만들어 낼 수 있는 유형이었다. 나의 리더십 방향을 밝혀주는 등불을 건네받은 것처럼 마음에 쏙 들었다. 그때부터, 이미 내 안에 터를 잡고 있던 강철왕 '앤드류 카네기 리더십'에다가 '옳은 리더형'이 콜라보가 되어 '진성리더십'으로 자리매김했다.

"자기보다 뛰어난 자를 볼 줄 알았고, 그들을 활용할 줄 알았던 세기의 거인 여기 잠들다."

앤드류 카네기, 그의 묘비명에 적혀 있다는 말이다. 너무 멋지지 않은가? 이 문구를 처음 만났을 때 그야말로 나를 대변해 주는 듯한 명료한 문장에 소름이 돋았었다. 따라서 이 명문장은 당연히 내 모니터 테두리에 붙어 있던 포스트-잇 중에 한 자리를 차지하고 있었다. 마치 종합건강검진 결과지를 받은 것처럼 '옳은 리더' 이미지를 가슴 깊숙이 새겨놓고, Why-Why-Why 질문과 경청을 통해 구성원들을 확신범 집단으로 만들어 가고자 나름 부단히 노력했다. 현역시절, 내 스프링노트에 적어 놓고 실천에 옮겼던 '진성 리더십'에 대한 내용이다.

리더는 어떻게 진정성을 전달할 수 있을까? '진성 리더십 (Authentic Leadership)'은 자신의 자아와 존재가 일치하는 리더십을 발휘하는 것이다. 2가지 구성요소는 '명확한 자기인식 (Self Awareness)'과 '승-승 추구(Win-Win Relationship)'로서, 자신이 진짜로 생각하고 느끼는 내면의 자아와 외현적 행동의 격차가 최소화되도록 노력하는 것이다.

한겨울 날 눈 덮인 들판을 가로질러 한 줄로 서서 행군하는 이리 떼 사진을 혹 본 적이 있는가? SNS를 통해 누군가 공유해 준 것인데 각색인지 진짜인지는 알 수 없지만 놀라웠다. '이리 떼 속의 리더'라는 제목의 내용이 '진성리더십'의 지향점과 완벽히 맞닿아 있었다. 사진 속 행렬을 해석해 놓은 내용이다.

"행군대열에서 첫 번째 그룹의 세 마리는 늙고 아픈 늑대들이고, 이들로 하여금 이리 떼의 행군 속도를 조정해서 그 누구도 뒤처지지 않게 한다. 그 뒤에서 따라가는 다섯 마리가 가장 강하고 뛰어나며 적들의 공격이 있을 때 정면을 방어하는 임무를 맡는다. 중간에 있는 무리들은 항상 외부 공격으로부터 보호를 받는다. 무리들 중 후미에 있는 다섯 마리 또한 가장 강하고 뛰어난 녀석들이다. 후방으로부터 공격이 있을 경우 방어의 임무를 맡는다. 맨 마지막에 홀로 떨어져 따라오는 그가 리더이다. 어느 누구도 뒤처지지 않게 하는 것이 그의 임무이다. 이리 떼를 통합하고 동일한 방향으로 가게 만든다. 그는 전체 이리 떼의 '보디가드'로서 지키고 희생하기 위해 항상 어떤 방향으로든지 뛸 준비가 되어 있다."

이 사진 속 25마리의 이리들을 통해, '집단 속에서 리더십이 무엇인지? 리더의 존재 가치가 무엇인지?'에 대한 또 하나의 성찰을 건져낼 수 있었다. 스스로에게 셀프 질문을 던져 보자! 모두가 꼭 리더여야 할 필요는 없겠지만, 나는 이리 떼 행렬 중 어느 그룹에 속하는가? 나는 어떤 존재로 살고 싶은가?

익히 알려진 아프리카 속담에 '빨리 가려면 혼자 가고, 멀리 가려면 함께 가라.'는 말이 있다. 심리학 연구에서도 행복은 '어디서'의 문제가 아니라 '누구와'의 문제라고 했다. 임상시험 결과에 따르면 골수 이식 후 생존 확률이나 심장마비 생존 이후 다시 심정지가 올 확률도 누구랑 있느냐에 따라 2배 이상의 차이가 있다고 한다. 함께하는 사람, 도반이나 그룹 등의 집단의 중요성이 크게 내포되어 있다.

코칭 기반의 진성 리더십Authentic Leadership이란 어떤 행동양식이나 사람을 다루는 기술이 아니라 어떤 존재가 되느냐의 문제로서 '우리는 누구인가?'의 질문에 대한 대답이다. 인간은 자신의 행동을 합리화하는 존재라고 한다. 따라서 진정한 리더십이란 우리가 머릿속으로 알고 있는 것이 아니라, 압박을 받았을 때 나타나는 우리의 진짜 모습임을 항상 되새김질하며, 리더로서 앞으로 나아가야 하지 않을까….

◎ 코칭적 레슨 – 코칭 리더십(Coaching Leadership)

• 코칭 리더십은 현재 상태에서 원하는 상태로 변화 · 성장하도록 코칭을 통해 사람들에게 선하고 긍정적인 영향을 주는 것이다. 또한, '개인과 조직은 발굴해야 할 미스터리(Mystery)로 가득하다'는 전제 위에서 출발하여 사람들을 임파워링(Empowering) 해주는 과정으로서, 긍정과 강점을 바탕으로 한 상대의 수준에 맞추는 리더십이다.

• 코치는 리더이다. 코치는 사람들을 새로운 가능성과 시각으로 이끌어 준다. 또한 조직에서 개인적, 직업적으로 보다 효과적인 사람이 되려고 노력하는 고객들의 욕구를 충족시켜 준다.

100년 삶으로부터의
배움

"죽을 때까지 콩나물에 물을 줘야 합니다."

무대 위 중앙단상에 앉은 검은 뿔테 안경 은발신사가 탁상 마이크에다 대고 걸림 없는 삶의 통찰을 쏟아 냈다. 넓은 지하 강당 의자를 꽉 메운 청중들은 노신사의 숨결 하나라도 놓치지 않으려는 듯 온몸으로 경청하고 있는 분위기였다.

크리스마스를 얼마 남겨 놓지 않은 어느 날 아침, 창밖으로 밤새 하얗게 변한 캠퍼스를 바라보며 따뜻한 차 한 잔에 신문을 펼쳤다. 지면을 넘기던 중 구석 아래에 있던 문화강좌 하나가 내 시선을 멈추게 했다.

「산다는 것의 의미 – 김형석 박사, 연세대 명예교수, 97세」

제목의 느낌도 끌렸지만 '97세'라는 숫자가 나를 확 끌어당겼다. 근 100년의 세월을 살아내신 분의 강의는 어떤 것일까? 하는 강한 호기심과 이끌림으로 그날 일정에 집어넣었다. 저녁 7시 30분, 강의 시작 시간보다 조금 넉넉하게 도착하여 눈 내리는 지상 주차장에 차를 대고 지하 강연장으로 내려갔다. 대강당 입구 테이블에 마련해 놓은 다과를 저녁으로 때우며 문 앞에 서 계신 진행요원들께는 잘 모르지만 눈웃음과 목례로 인사를 건넸다. 코끝이 찡하게 시린 바깥 날씨 탓에 복도에는 종이컵에 따뜻한 차를 타서 왔다 갔다 하는 사람들로 금세 북적거렸다. 나는 아는 사람도 없거니와 일찌감치 입장하여 앞쪽 세 번째 줄의 정중앙에서 약간 왼쪽 좌석에 앉았다. 푹신한 쿠션시트라 몸을 푹 파묻기에 좋았다. 오른 팔걸이 나무받침 속에 있던 접이식 테이블을 꺼내서 스프링노트를 올려놓았다. 가방에서 책을 꺼내 명함책갈피가 꽂힌 페이지를 펼쳐 오늘의 주인공을 만날 때까지 책 속 조연들과 잠깐 밀회를 즐겼다.

이윽고, 기다렸던 노신사가 주최 측의 가이드를 받으며 무대를 오르셨다. 짧은 소개 오프닝이 끝나자 탁상 마이크를 입술 앞으로 바싹 끌어당기시고는 말문을 여셨다. "교육은 콩나물에 물 주기입니다. 일류 대학이 아니라 문제의식이 있는 사람으로 이끌어야 합니다."라는 말씀으로 시작하여 또랑또랑하게 1시간 반을 쉼

없이 이어가셨다. 강연은 마치 내게 맞춤식으로 준비된 듯, 100년 삶의 우물에서 길어 올린 청정수가 내 안으로 마구 쏟아져 들어왔다. 인생에서 남는 장사가 주고 가는 일을 하는 것이라 하셨다. 그 말씀에 즉각 포획당하며, 나도 세상에 무언가를 남기고자 내 남은 삶의 화분에 물뿌리개든, 워터 건이든, 스프링클러로든 끊임없이 물을 주리라며 삶의 방향을 재확인했다. 마치 비 갠 뒤의 맑게 부는 바람과 밝은 달 아래 서 있는 '광풍제월光風霽月'과도 같이 시원한 100년의 지혜들을 내 스프링노트에 알알이 주워 담았다. 그때 주워 담았던 알토란같은 통찰들을 다시 꺼내 음미해 보자.

인간은 평생 새로운 지식으로 물주기를 해야 한다. 지금이라도 그치면 말라 버린다. 물그릇에 콩나물을 담가 놓으면 물이 썩고 콩나물이 썩어 버린다. 두 종류의 썩은 물이 있다. 공산주의와 신앙의 근본주의 교리에 빠진 사람들이다. 공산주의는 고정관념의 노예이며, 근본주의는 신앙의 노예이다. 종교를 많이 가진 나라가 대체로 후진국이다. 종교는 항상 새롭게 창조해 가는 것이다. 그래서 죽을 때까지 콩나물에 물을 줘야 한다.

나이 50쯤 되면 80살쯤에 내가 어떤 인격과 인생을 살게 될 것인지에 대한 가치관, 즉 해야 할 것과 하지 말아야 할 것이 확실해야 한다. 살아 보니 인생에서 가장 행복했던 나이가 65세

~75세 사이로 황금기였다. 60이 넘으니 내가 날 믿게 되더라. 그때부터 15년 동안은 성장할 수 있는 나이다. 더 성장하지 못해도 언제까지 연장하느냐의 문제다. 노력하는 사람은 85~6세까지도 성장이 가능하다.

90이 넘으면 정신적으로 즐겁지는 않다. 좀 피곤하고 힘들다. 그러나 욕심 없이 다른 사람을 돕고 일할 수 있다는 게 행복이다. 일을 사랑하고 일의 가치를 창출해서 공유하는 사회, 돈보다는 일이 중요하다. 사랑이 있는 고생이 행복이다. 그때가 제일 행복했다.

한 나라는 문화가 있고, 그 다음 경제, 그리고 정치가 있다. 영국, 프랑스, 독일, 미국, 일본과 같은 문화국가들은 국민의 70~80% 이상이 100년 이상 책을 읽은 나라다. 책을 읽었다는 것은 문화에 동참했다는 것이다. 남미국가들은 책 읽는 사람이 없다. 우리나라는 반쯤 올라온 것 같다. 우리나라의 50대 이상이 전부 독서를 하면 된다. 아버지 어머니들이 책 읽는 모범을 보여야 한다.

6·25전쟁 때 하나 건진 것은 대한민국에 대한 사랑이다. 선진국은 애국심이 아니라 '상식'이다. 민족과 국가를 생각하면 그만큼 성장할 수 있다. 미국 LA에 가면 세 개의 동상이 있다. 마틴 루터 킹, 도산 안창호, 간디가 그 주인공이다. 이분들은 지

지 않아도 될 무거운 짐을 진 사람들이다. 이런 사람이 많은 나라가 선진국이다. 나를 위해 산 것은 남는 게 없다. 더불어 사는 것이 행복이다. 나와 더불어 사는 사람이 행복해야 한다. 남겨주고 가는 사람이 되어야 한다. 특히, 우리나의 지도자와 나이 많은 사람들은….

"형님, 커피 맛 어떻습니까?"

후배 B이사가 내려 준 커피를 한 모금 마시고 나니 후배님이 물었다.

"오우~, 커피 맛 독특한데. 좋다. 진짜 맛있다."

커피에 대해 그다지 관심도 없었고 잘 몰랐지만, 뒷맛에 차향이 받히는 특이한 맛에 반해 대답했다. 내 눈앞에서 직접 원두를 핸드밀로 갈아 종이필터에 넣고, 주둥이가 쥐 꼬랑지처럼 가느다랗게 휘어진 주전자를 빙빙 돌리며 끓인 물을 부어 정성스럽게 내려 주었다. 에티오피아 산 '게이샤'인데, 살면서 꼭 한 번은 마셔봐야 하는 커피라면서 이런 저런 설명들을 알뜰살뜰 덧붙여 주었다.
B이사는 중견기업에 임원으로 근무하고 있던 대학 후배다. 그동안은 "한번 가께." 말만 해 오다, 퇴임을 하고서야 시간 공백을 메우기 위해 약속을 잡고 갔다. 아내에게 하루 차를 빌려 회사를

방문해서 점심을 얻어먹고 집무실에서 커피를 마시며 살아가는 이야기를 나눴다. 평소 자주 만나지는 못했지만 대화를 나누다 보면 B이사와는 삶을 맞닥뜨리는 자세에서 교차점이 많았다. 현재까지 삶의 파고를 어떻게 넘어 왔는지 그 굴곡들을 서로 잘 알기에 유리항아리 속에 든 큰 돌, 작은 돌을 꺼내보며 나눈 커피대화는 참 맛있었다. 커피 잔이 거의 다 식어갈 무렵, "이제 가 봐야겠다." 하며 자리를 털고 일어섰다.

"형님, 이 시집 갖고 가서 한번 읽어 보시겠어요?"

B이사가 자기 책상 뒤 서재에 꽂혀 있던 시집을 한 권 내밀었다. 후배님이 권독하는 것이니만큼 묻지도 않고 잘 읽겠다고 하고서 두텁게 악수를 건네고는 일층으로 내려왔다. 차 시동을 걸어놓고 책을 스르륵 훑었는데 알록달록한 안표지에 적힌 지은이 소개란의 숫자를 보고는 깜짝 놀랐다.

'지은이 시바타 도요, 1911년 6월 26일 도치기 시 출생…'

새벽마다 광안리 바다수영을 즐기며 사는 B이사가 늘 했던 말, "형님, 저는 120살까지는 살 자신 있습니다."라는 얘기가 예서 나왔나를 추측하며 회사 정문을 빠져나왔다. 작고하신 내 아버지보다도 11년이나 더 연상이신 100년이 넘은 시집 주인공을 빨리 만나고 싶은 마음에 바다가 보이는 나의 쉼터 '거북다방'으로 차를 몰았다. 오후의 거북다방은 젊은 바리스타 양반의 반겨주는 미소와 싱그러운 음악만이 공간을 메우고 있었다. 아메리카노 한 잔을 시켜놓고 시집과 바다를 번갈아 호흡하며 한 편, 한 편의 시를 음미했다. 서문부터 후기까지 모두 삼키고 나니, 한 세기를 살아 낸 딸이자 엄마였던 한 여인의 삶이 바다 위로 눈부신 햇살이 되어 쏟아져 내렸다. 시인이 어머니의 나이를 훌쩍 넘긴 아흔둘의 나이에도 어머니를 그리워하는 마음과 먼저 떠난 남편과의 추억, 일주일에 한 번 들여다보러 오는 아들에 대한 사랑이 짧은 문장 속에 짙게 배어 있었다. 어제도 내일도 아닌 오늘 하루하루 순간순간을 살아 온 소소한 일상을 돌돌 말아 '인생이란 이런 거야.'라고 말해 주었다. 이미 한세상 여행 숙제를 끝낸 그녀가 내 마음을 어루만져 주었던 시 한 편 소개해 본다.

약해지지 마

있잖아, 불행하다고 한숨짓지 마
햇살과 산들바람은 한쪽 편만 들지 않아
꿈은 평등하게 꿀 수 있는 거야
나도 괴로운 일 많았지만 살아 있어 좋았어
너도 약해지지 마(…)
– 시바타 도요, 『약해지지 마』 중에서 –

후기 마지막 줄에 시인이 남긴 한 문장이, 밥상 물리기 전 내 아버지께서 늘 드셨던 뜨끈한 숭늉을 마신 듯 목구멍을 뜨겁게 타고 내리며 시집을 덮었다. 100년을 넘게 살아낸 한 인간존재의 높은 현존지수 앞에서 내 마음 전열을 가다듬으며 거북다방 정면의 유리창 너머 빛나던 오후의 바닷물이 뜨겁게 달아올랐다.

'인생이란 언제라도 지금부터야. 누구에게나 아침은 반드시 찾아온다.'

코칭심화과정에 입문하여 몰입하고 있던 몇 년 전 어느 날, 처음 만나 서먹서먹한 사람들이 동기가 되어 코칭실습을 통해 라포Rapport를 형성해가며 수업에 빠져들고 있었다. 강사코치님께서 존재로서의 삶의 의미와 가치에 대해 말씀하시면서 스크린에 슬라이드 하나를 띄우셨다. 「어느 95세 어른의 수기」라는 제목이었는데, 읽어 내려가면서 머릿속에 지진이 일어나며 먹먹해졌다.

나는 젊었을 때 정말 열심히 일했습니다. (…) 그 덕에 65세 때 당당한 은퇴를 할 수 있었죠. 그런 내가 30년 후인 95살 생일 때 얼마나 후회의 눈물을 흘렸는지 모릅니다. 내 65년의 생애는 자랑스럽고 떳떳했지만, 이후 30년의 삶은 부끄럽고 후회되고 비통한 삶이었습니다. 나는 퇴직 후 '이제 다 살았다. 남은 인생은 그냥 덤이다.'라는 생각으로 그저 고통 없이 죽기만

을 기다렸습니다. 덧없고 희망이 없는 삶, 그런 삶을 무려 30년
이나 살았습니다. 30년의 시간은 지금 내 나이 95세로 보면 3
분의 1에 해당하는 기나긴 시간입니다. (…) 그때 나 스스로가
늙었다고, 뭔가를 시작하기엔 늦었다고 생각했던 것이 큰 잘못
이었습니다. 나는 지금 95살이지만 정신이 또렷합니다. 앞으
로 10년, 20년을 더 살지 모릅니다. 이제 나는 하고 싶었던 어
학공부를 시작하려 합니다. 그 이유는 단 한 가지, 10년 후 맞
이하게 될 105번째 생일날 95살 때 왜 아무것도 시작하지 않
았는지 후회하지 않기 위해서입니다.

– 강석규 박사, '어느 95세 어른의 수기' 중에서 –

　지금은 아마 네티즌들을 통해 많이 알려졌겠지만, 당시 내게는
상황적으로 큰 충격파였다. 명색이 대학총장까지 지내신 분이 다
시 후회하지 않기 위해 95세의 나이에 공부를 시작하겠다는 다짐
은 내 심장을 펌프질하기에 충분했다. 내게도 그분께 비하면 짧
지만 떳떳하고 당당하고 멋있게 살아온 전반전 50년의 세월이 있
었기에, 오히려 앞으로의 남은 인생을 덤이다 생각하고 진짜 원
하는 삶으로 내딛어야 함을 건져 올리게 해주었다. 계속해서 던
져주시던 강사코치님의 강력한 메시지의 말씀을 놓칠세라 스프
링노트에 적고 말풍선을 씌워 놓았다. 그러한 문장을 하나 더 꺼
내 본다.

"살아 있는 동안 한 번이라도 죽음을 진지하게 생각한다면, 지금 이렇게 살고 있지 않을 것이다."

100년 삶으로부터의 배움을 폐부 깊숙이 숙고하다 보니, 고대 수메르의 '길가메시 신화'가 추가로 점철되었다. 모든 살아 있는 생명에게 최고의 위협은 죽음이며, 우루크의 왕 '길가메시'에게도 죽음은 피할 수 없는 숙명이었다. 본인도 예외일 수 없음을 느끼고 영원한 생명의 땅을 찾아 떠났다. 원정은 실패로 끝났고, 인간은 죽음을 받아들여야 하는 존재임을 깨닫고 당당히 받아들이기로 결심했다는 이야기이다.

삶에서 진정한 기쁨은 자신이 가장 중요하다고 생각하는 목적을 위해 공헌하는 것이라고 했다. 그렇다면 인생2막이라는 바뀐 물길을 어떻게 흘러야 할 것인가? '임사체험'을 할 수 있다면 좋겠다는 생각이 들지만 굳이 그러지 않더라도 언제 어느 곳에서건 죽음이 찾아왔을 때 '원했으나 시도하지 않았던 것' 때문에 눈물을 흘리진 말아야겠다. 흐르는 대로 막힘없이 흘러야 하리…. 퇴임 이후 문산 집에서 새로운 길을 가겠노라 말씀드렸을 때 엄마가 대답하신 짧은 한마디의 강렬한 여운이 가슴에 메아리친다.

"그래, 해 봐라!"

◎ 코칭적 레슨 - 미래 질문(Future Questions)

- 코칭은 현재상태에서 원하는 상태로 스스로 갈 수 있도록 코치가 서포트해주는 것이다. 코치는 상대방(고객)이 자신의 미래모습을 생생하게 그릴 수 있도록 질문을 해야 한다. '미래 질문'은 미래에 가서 가능성을 보게 하고 내면에 이미 그 가능성을 품고 있다는 것을 알게 함으로써, 내면에 쌓인 자원을 긍정적 파워로 바꾸게 한다.

 - 관 속에 드러누워 이번 생을 돌아본다면 무엇이 가장 후회스러울까요?
 - 80세의 노인이 되어 당신의 생을 되돌아본다고 상상해보세요. 당신의 버킷리스트에서 추구하지 않아서 가장 크게 후회되는 꿈은 어떤 것인가요?

정립鼎立
– 삶의 목적을 선언하다

백마를 타고 빨간 도포를 두른 채 산천을 호령하는 '홍의장군' 동상이 다리 끝에 서 있었다. 오른편 차창 너머로 구 철교가 지나가고 그 아래로 흐르는 남강 물속에 큰 바위 하나가 발을 담그고 우직하게 서 있었다. 그곳은 경남 의령에 있는 유명한 정암鼎巖바위다. 새해를 맞은 지 며칠 지나지 않아 나만의 신년행사를 치르기 위해 합천 황매산을 향해 달려가던 중이었다.

전반전 종료 휘슬이 울린 후 "앞으로 어떻게 살아야 하나?"라는 생계형 질문에서 "나는 정말로 무엇을 원하는가?"의 삶의 목적형 질문으로 전환이 일어난 뒤 '코치의 길'을 선택했다. 우리가 선택하는 모든 것의 이면에는 다 그만한 이유가 있다. 퇴임 직후, M코치님으로부터 코치의 길을 인도받고 '정립鼎立'이라는 선물을 전달받았을 때부터 내 머릿속엔 이곳의 '정암鼎巖' 바위 얼굴이 계속 맴돌았었다.

어릴 적 일가족이 마산으로 이사를 나온 뒤로, 명절날이 되면 '빨간 버스(빨간 줄무늬 완행버스)'를 타고 설레는 마음으로 고향 앞으로 달려갔다. 당시를 생각하면, 버스 문에 매달려 올라타면 차장아가씨가 온몸으로 반동을 이용해 안으로 튕겨 넣고 "오라이~" 하고 소리치면 운전기사가 좌우로 버스를 뒤흔들며 차 문을 닫았던 고달팠지만 정겨운 시절이었다. 콩나물시루가 된 버스는 비포장 길에 뿌연 흙먼지를 일으키며 의령 정암철교를 지나갔고, 그때는 '정암'을 먼발치로 보기만 했지 내려선 적은 없었다.

후반전 삶의 방향을 '정립鼎立'으로 클릭해 놓은 만큼, '정암'을 직접 만나봐야겠기에 다리를 건너 의령성문을 통과하여 오른쪽으로 돌아내려 갔다. 정암에게 가까이 다가가 강물을 사이에 두고 그에게 "안녕, 오랜만이야!" 하고 인사를 건넸다. 첫 대면에 부끄러웠는지 갈색 물결무늬 치마를 두른 채 세 개나 되는 다리를 감추고 속살을 드러내지 않았다. '정암 솥바위'에는 유명한 전설이 내려오고 있었는데, '바위의 다리가 뻗은 세 방향 20리(8km) 안에 3성이 태어날 것이며 좋은 기운으로 부귀가 끊이지 않을 것이다.'라는 것이었다. 그 장본인들이 대한민국의 전戰후 경제를 이끈 세 개의 별 '삼성·금성(LG/GS)·효성'이라는 재벌그룹 창시자라고 익히 알려져 있다.

'정암'에게 내 삶의 목적으로 세운 '정립'에 대한 이야기를 전해

주고 가만히 머물렀다. 그와의 소탈한 대화를 끝낸 후 다음번 만남을 기약하며 언덕 위에서 강을 내려다보고 있던 '정암루'와도 눈인사를 나눈 뒤 가던 길로 올라섰다.

'정립鼎立'이라는 말은 '솥을 놓는다.'라는 뜻이다. 여기서 정鼎자는 발이 셋이고 귀가 둘 달린 무쇠 솥을 본뜬 상형문자로서, 옛날 우 임금으로부터 유래되어 도깨비와 귀신도 솥에 범접할 수 없었다고 전한다. 그래서 세 발 솥은 왕위의 상징으로서 '존귀하다'는 의미를 지니고 있다고 한다.

내게 운명처럼 다가온 생生의 하프타임에서 선택한 '코치의 길道'은 올 것이 왔을 뿐일 게다. 때가 되었기에 온 인연으로 받아들여, 그 새로운 길을 삿갓 쓴 나그네와 같이 호방하고 멋스럽게 걸어가고 싶다. '코치적 삶'에 장작불꽃을 피워 올리기 위해 무쇠 솥을 내 삶의 부뚜막에 걸고 '정립鼎立'한 세 개의 솥발은 「코칭·강

세 발 솥

의·책쓰기」이다. 첫 번째 발인 '코칭' 영역에서는 코치교육 입문과 동시에 착수하여 꾸준히 고객과 코칭세션을 진행하면서 자격과 깊이를 지속 업그레이드해 가고 있다. 두 번째 발인 '강의' 영역에서는 프로코치 자격 취득 이후 코칭 강의뿐만 아니라 리더십등 내 경험·강점 기반의 새로운 커리큘럼을 콜라보하여 차별적인 강의·강연 포트폴리오를 만들어가고 있다. 세 번째 발인 '책쓰기' 영역은 놀랍게도 '자이언트 스쿨'이라는 책 쓰기 과정과 인연이 되어 지금 이렇게 글을 쓰는 충만감을 누리고 있다. 내 삶의 하프타임에서 이끌리듯 세우게 된 '정립鼎立'을 통해 내가 주는 메시지를 받아들이며 '끌어당김의 법칙'을 몸으로 직접 체험해 가고 있다.

"하늘에서 실버레인이 온몸에 내립니다.(…) 살아오면서 가장 가슴 벅찼던 환희의 순간을 떠올려 보시겠어요?(…) 내 삶의 가치관을 말해주는 단어들을 떠올려 보시고 삶의 목적과 연결해 보시겠어요?(…)"

아무도 없는 불 꺼진 룸 안에서 K코치님의 질문에 따라 찬찬히 답을 하고 있었다. 의자 등받이를 뒤로 젖힌 채 눈을 감고 이어폰을 끼고는 계속되는 질문에 나는 내면 깊숙이 다이빙해 들어가고 있었다. 한 시간이 넘는 시간 동안의 텔레코칭이 끝난 뒤 내 가슴은 환한 빛으로 벅차올랐다.

화창한 봄날 아침이었다. 백팩을 멘 뒤 버스를 타고 일찌감치 센터로 와 모닝커피 한 잔에 책 속 글 고랑 파기를 즐기고 있는데, K코치님의 이름이 스마트폰 화면에서 반짝거렸다. K코치님은 코치의 길을 가겠노라 선언해 놓고도 여전히 흔들바위였던 내게 늘 따스한 온기를 불어 넣어 주었던 진정한 코칭도반이다. 그날도 코칭 관련 학습대화를 주거니 받거니 하다가, 내 삶의 센터링Centering 강화를 돕고자 '코액티브 코칭Coactive Coaching'을 해보겠냐고 물었다. 즉석에서 나는 "와이 낫! 슈어~"라고 말하고는 곧바로 빈방을 찾아 들어갔다. K코치가 이끄는 대로 나는 불을 끄고 어두운 분위기를 연출한 뒤 편안하게 몸을 뒤로 눕힌 상태에서 몰입해 들어갔다.

그날 코칭에서 내 '삶의 의미와 가치'에 대한 단어들을 끄집어냈고, 그 단어들을 조합하여 「삶의 목적 선언문Life Purpose Statement」만들기를 시도해 보고 1차 세션을 마무리했다. 놀라운 시간이었다. 가슴 뛰는 심장박동 소리를 안으로 들을 정도로 그 순간 코치와 고객은 연결되었으며 온전히 함께 있었다. 그 뒤 매주 단위로 몇 차례의 코칭 세션을 통해 나는 고민의 힘을 발휘해갔다. 당시 K코치님이 내게 직관적으로 던졌던 말이다.

"주 코치님을 보면, 영화 '글래디에이터Gladiator'가 떠오릅니다. 검투사가 콜로세움 경기장 안에서의 '남을 죽여야 내가 사는 삶'을 벗어나 '남을 살리면서 내가 사는 삶'으로 전환되는 장면입니다. 마지막엔 고향으로 돌아가 벽돌나무 문이 열리고 보리밭 사잇길 이삭을 손바닥으로 쓸며 꿈에 그리던 아내와 아들 곁으로 돌아가는….”

그날 이후 '글래디에이터' 영화를 다운 받아 몇 번을 돌려 보았다. 그리고는 약 한 달이 지난 후 내 삶의 가치 단어들을 은유적으로 조합하여 세상에 단 하나밖에 없는 나만의 문장을 완성시켰다.

'나는 열린 들판에 가슴 일렁이는 하늘 바람이다!'

이 세상에서 가장 강력한 힘은 '고민의 힘'이라는 것을 믿는다. 나름 깊은 고민을 통해 탄생한 내 「삶의 목적 선언문」이 그 증거 중 하나이기도 하다. 해석을 하자면 '나의 삶을 가슴 뛰게 살며, 다른 사람도 가슴 뛰는 삶을 살도록 기여하는 삶을 사는 것'이 내가 부여한 의미이다. 이제부터는 내 안에서 끄집어낸 삶의 목적 방향에 따른 충만감 넘치는 삶의 여정만이 펼쳐질 것으로 믿는다.

'계속이 힘이다.'라는 말을 좋아한다. 내 삶의 행동 원칙 중 하나로 깊이 공감한다. 나는 운 좋게도 나보다 훨씬 훌륭하신 코칭 도반님들을 만나 같은 길을 걸어가고 있다. K코치님도 그러한 코치로 가는 길에서 만나 함께하면 할수록 사람냄새 짙어 가는 무쇠-솥-관계를 쌓아가고 있다. 우리 도반그룹 이름은 '함맞비'로 지었다. 신영복 선생의 캘리그래피로 많이 알려진 '함께 맞는 비'

를 줄여서 따 왔는데, 부끄럽지만 내가 제안했고 도반들께서 수용해 줘서 채택되어졌다. 신용복 선생의 『담론』에 나오는 '함맞비'에 대한 의미이다.

'함께 맞는 비'는 돕는다는 것이 물질적인 것이 아니고 또 물질적인 경우에도 그 정이 같아야 한다는 뜻입니다. (…) 여러분도 아마 비를 맞으며 걸어간 경험이 없지 않을 것입니다. 혼자 비를 맞고 가면 참 처량합니다. 그렇지만 친구와 함께 비 맞으며 걸어가면 덜 처량합니다.

'함맞비' 코칭그룹이 그 이름답게 혼자 비 맞고 있을 때 우산을 씌워 주기보다는 손에 든 우산을 접어둔 채 같이 비를 맞고 젖어줄 수 있는 도반으로 살기를 나는 소망한다. 그것이 코칭이고 코치적 삶이리라…. 일 년이 넘는 시간을 매일 저녁 서울-천안-창원 간 '스카이프Skype'로 만나 코칭 스터디와 피어코칭Peer Coaching을 진행해 왔었다. 매일 저녁을 빠지지 않고 모두가 참석하기란 당연히 어렵다. 그럼에도 도반님들은 '함맞비' 일정을 최우선순위로 조정해 가며 '계속'이 힘임을 증명해냈다. 우리 스스로도 대단한 일이라고 자축하기도 한 '함맞비'란 이름의 존재가치가 더없이 소중하고 자랑스럽다.

언제부터인가 일상에서 마주치는 관계들에 대해 저절로 코칭적으로 접근하는 나를 보게 되었다. 글을 읽으면서 코칭적 프레임으로 정리정돈이 된다든지, 사람들과의 대화 속에서 작업 모드로 들어간다든지…. 이런 나를 바라보며 혼자 미소 짓기도 했고, '꼭 그러고 싶니?' 하며 반문하는 감정이 올라온 적도 있었다.

국제코치연맹ICF에서는 코치의 덕목을 '솔직하고, 유연하고, 자신감 넘치는 태도로 고객과 함께 그 순간을 춤추는 것Dancing in the moment'으로 정의하고 있다. 코칭은 존재의 방식a Way of Being이기 때문에 코치와 고객이 존재 대 존재로서 함께 머물며 상대에게 온 힘을 기울이는 것이다. 이러한 코치의 태도를 '코치 성숙도Coach Maturity'라고 부르는데, 코치 성숙도는 나이나 코칭 경력에 관한 것이 아니다. 그것은 "나는 누구인가Who I am?"에 대한 강한 감각이다. 그래서 성숙한 코치는 코칭 관계 안에서 삶의 목적에 대한 강력한 감각을 갖고서, 고객에게 학습으로 굳건하게 옮겨 심을 수 있는 사람이다. 나는 성숙된 강력한 마스터 코치가 되기를 지향한다. 그래서 내 일상의 모든 상황이 '존재 대 존재'로서 바라보고 머물며 코칭적으로 대화하는 연습장이기도 하다(허허).

고3 아들이 밤늦게 치킨을 시켜 먹고 싶다고 밖에 있던 제 엄마와 SNS문자를 통해 허락을 받고는 집에 있던 제 아빠를 호출했다. 방에서 글을 쓰고 있다가 거실로 나왔다. 신용카드를 아들 손에 쥐어 주고는 나온 김에 부엌으로 가 커피포트에 물을 올렸다. 하얀 스타벅스 머그잔에 카누커피 한 봉지를 까 넣고는 물이 끓기를 기다리다 커피포트의 사이트글라스Sight Glass에 눈이 갔다. 코치가 된 뒤로 호기심이 늘어서일까⋯물이 끓는 것을 가까이 관찰하고 싶어 사이트글라스에 얼굴을 바짝 들이댔다. 처음에 기포가 한두어 개씩 올라오더니 갑자기 '부루루루' 하며 물이 순식간에 끓어올랐다. '딱' 하고 스위치가 젖혀지자 1~2초도 안 되어 포트 안이 잠잠해졌다. 다시 스위치를 올려 보았다. 금세 부글부글 끓어올랐다가 이내 '딱' 하고 자동으로 꺼지며 수그러졌다. "햐아, 이것 봐라⋯." 어린 시절 초등학교 과학실험실에서 여학생 짝지에게 잘 보이려던 소년으로 되돌아간 양⋯ 그 순간 과학과 코칭의 최대공약수 하나를 실증해 낸 듯 입꼬리가 살짝 올라갔다.

섭씨 100℃의 물 1그램이 1기압에서 섭씨 100℃의 수증기 1그램으로 바뀌기 위해서는 540칼로리의 열량이 필요하다. 섭씨 0도의 물 1그램을 섭씨 100도의 물로 데우는 데 100칼로리가 든다는 점을 감안하면, 액체에서 기체로 상전이相轉移가 일어나는 순간에는 평소보다 540배의 에너지가 필요한 것이다.

코칭에서도 마찬가지다. 고객의 내면으로부터 상相 전환이나 변화를 일으키기 위해서는 그 순간에 코치의 "으샤 으샤" 응원과 지지로 고객과 춤을 추기 위한 엄청난 에너지가 필요한 것과 같다.

내 삶의 지금-여기, 현재 하프타임은 인생의 상相을 바꾸는 단계다. 아무리 무겁다 하더라도 삶의 지게를 내려놓기까지는 아직 걸어가야 할 시간이 많이 남았다. 전반전에서는 큰 조직 속에 파묻혀 사회적 정체성Social Identity 기반의 사회적 날씨와 힘에 의존해왔다. 지나고 보니 그것은 타인의 에너지요 순전히 나의 것은 아니었다. '인생은 샛길'이라고 누가 말하지 않았던가? 미래는 확신대로만 되는 게 아니니 늘 지금이 시작이다. 후반전에는 개인적정체성Personal Identity 중심으로 나도 타인도 상相전환을 거듭해가며내향화된 힘을 키워가야 할 터…. 「삶의 목적 선언문」에 따른 여정에 나는 '정립鼎立'이라는 배를 띄워 담대하게 항해해 나갈 것이다.

◎ 코칭적 레슨 - 삶의 목적 선언문(Life Purpose Statement)

• 삶의 목적 선언문은 진정으로 충만한 삶(의도한 대로 사는 삶, 자신과 다른 사람의 삶의 가치를 높여주는 선택을 하는 삶)의 핵심적인 의미를 이해하는 데 매우 도움이 된다. 삶의 목적 선언문을 만든다는 것은 높은 언덕의 정상에 서 있는 것과 같다. 삶의 목적은 종착지(Destination)가 아니라 여정(Path)이다.

• 목적은 목표(Goal)에 의미(Meaning)가 포함된 것으로서, 한 사람의 삶의 목적을 정의하는 것은 통상 시간이 걸리는 과정이다. 그래서 삶의 목적 선언문은 코칭에서 매우 중요하다. 삶의 목적 선언문을 발견하기 위한 코칭 세션은 고객의 자아 발견, 가치 명확화와 고객의 비전에 대해 충분한 협의를 하는 공간이다.
  – 헨리·카렌 킴지하우스 외 『코액티브 코칭』

삶은
'더 클리어드 The Cleared'와의 댄싱

"바람에 흔들리는 나뭇잎은 무조건 뿌리를 믿어야 한다."

퇴임 후 직면하게 된 황량한 들판에 서서 "나는 왜 여기에 있는가?", "나는 무엇을 원하는가?"를 수도 없이 되물으며 만나게 된 말이다. 내가 내게 던진 질문에 대한 답을 구하기 위해 내면 서랍을 모두 열어젖힌 끝에 손에 잡힌 '코칭'이라는 유리 공을 한참 동안 들고 있었다. 며칠 동안 속앓이를 하다가 아내에게 유리 공을 슬쩍 내보였고, 아내의 동의가 떨어지자 즉각 코치과정을 밟았다. 그 길을 걸어오는 동안에도 나의 내면 날씨는 줄곧 비바람 치는 폭풍우의 연속이었다. 물론 지금도 들고 있는 우산이 어설프

긴 매한가지지만, 그땐 찢어진 비닐우산 사이로 빗물이 줄줄 타고 들어와 머리를 감았을 정도였다. 회사를 나오게 된 초기니까 주변에서 이런저런 조언과 제안도 많았고 내적갈등도 깊었다. 결국 중요한 것은 '내가 정말로 원하는 것이 무엇인가?'에 대해 답하는 것이었다.

현역 시절, 언젠가 아내가 경제관념 없는 내게 했던 말이 있다. "우리 집 상황은 당신 뒤에는 아무것도 없는 절벽이야!" 늘 대책 없는 자신감에 카드를 질러대며 귓등으로만 들었던 그 말이 현실이 되어 버린 상황에서 나는 소리 없이 갈팡질팡했다.

"그래서, 당장의 경제적인 불편함 때문에 주인 된 삶을 못 살고 또다시 기업관성을 따라야 한단 말이야? 그렇게 살면 2~3년 뒤에는? 아니 5년, 10년 뒤에 나는? 아니 살아온 날만큼 깨알같이 남은 내 후반전 인생은…?"

새벽이 오기까지 어두컴컴한 상황에서 몇날 며칠을 내게 묻고 또 물었다. 머릿속은 복잡한 소용돌이로 굽이쳤지만 용기를 내어 선택했다. 이제는 누군가의 밑에서 또 누군가의 지시에 따라 그렇게 사는 거 말고, 내가 정녕 바라고, 하고 싶고, 좋아하는 일을 하리라고 말이다. 그렇게 불확실한 미래에 대한 두려운 마음을 일단 클리어Clear 시킨 후 향후 5년, 10년 뒤의 내 모습을 상상해 보았더니 나는 환히 웃음 짓고 있었다. 그럼에도 불구하고, 현실에서는 시시때때로 부딪혀 오는 상황과 조건에서 흔들리고 무너지고 깨질 수밖에…. 그러면서 아주 조금씩 '현존지수'가 높아짐을 느껴갈 따름이었다.

중국 칭다오공항 입국장의 슬라이딩 도어가 열리며 밖으로 나갔다. 눈앞에 펼쳐져 있는 피켓들 속에서 영어로 적힌 친구 이름과 내 이름을 찾아냈다. 군인처럼 머리를 짧게 깎은 사십대 초반쯤 보이는 중국 남자와 임신한 삼십대 후반으로 보이는 중국 여자가 픽업을 나와 있었다. 그들과 친구와는 사전 통신이 오갔던 사이였고, 우리는 반갑게 악수를 나누고 픽업 차에 동승하여 고객사 미팅 장소로 이동했다. 그날 처음 대면한 칭다오는 내게 뿌옇게 미세먼지가 장악한 도시의 봄을 선사했다.

출장 며칠 전, 중소기업을 경영하는 절친 대학친구로부터 갑자기 전화가 왔다. 중국 바이어와의 계약미팅이 있는데 출장을 같이 가자는 것이었다. 퇴임 이후 내 시간이 자유롭다는 것을 친구는 아는 터라 바람도 쏘여줄 겸 제안을 했고, 나로서도 친구를 돕기도 하고 재미도 있겠다 싶어 그러마고 했다. 친구는 내 여권사본을 받아 신속히 비자 신청부터 내어 주었고, 자기 회사 명함부터 파야 한다며 전화가 왔다.

"친구야, 직함을 뭐로 파줄까? 원하는 대로 해 주께. 회장님도 좋다.(허허)"

"허허, 친구 당신이 사장이니까 부사장 정도면 안 되겠냐? 그 걸로 파 줘."

나는 별 부담 없이 편하게 대답했고 친구는 오케이 했다. 그 다음부터는 비행기 티켓팅까지 친구가 알아서 속도감 있게 진행했다. 이후 전달 받은 그간에 중국고객사와 오갔던 이메일 내용 및 첨부된 영문계약서 검토까지 전체 히스토리History 파악을 끝낸 다음 같이 칭다오로 날아갔다.

친구의 사업은 오더 받은 기계를 만들어서 현지공장까지 운송 후 설치하고 시운전해서 최종적으로 고객에게 키Key를 넘겨주는 턴키Turn-Key방식의 비즈니스였다. 현역시절 모기업에서 해 왔던 거대하고 복잡한 플랜트 비즈니스와 유사한 업무패턴이었지만 규모나 금액 면에서 비할 바는 아니었다. 하지만, 엔지니어링에서 설치·시운전까지 턴키사업을 수행하고 있는 친구의 사업가적 역량을 나는 높이 산다.

고객사 빌딩 지하 주차장에 도착, 엘리베이터를 타고 6층 오피스로 올라가니 입구에 세워 둔 황금빛 지구본 위에 반짝이는 고객사 로고가 인상적이었다. 마련된 미팅 룸에 앉자마자 명함 교환과 함께 간단히 영어로 상호 오프닝 스피치를 교환했다. 이어서 계약서와 도면을 펼쳐 놓고 본격적으로 테크니컬Technical 및 커머셜Commercial 미팅에 들어갔다. 오후 시간을 꽉 채워가며 계약 미팅을 주도하는 나를 넌지시 안으로 바라보니 잠시 숨죽여 놓앉던 기업 본능이 살아 꿈틀거림을 느꼈다. 상호 밀고 당기는 협상 끝에 최종적으로 이끌어 낸 양 사 간의 '계약서 조인식Signing Ceremony'을 지켜볼 때는 가슴이 뿌듯했다.

계약미팅 결과가 나쁘진 않았던지 고객 측으로부터 저녁만찬에 초대되었다. 해산물 레스토랑에서 1차 저녁을 먹고, 칭다오 맥주집에서의 2차까지 대접을 잘 받았다. 아침 일찍 눈이 떠보니 29층 호텔방의 더블 베드룸이었다. 고층에서의 멋진 스카이라인을 보고 싶어 원형유리창가로 가 커튼을 열어 젖혔다. 근데 눈앞엔 뿌옇게 아무것도 보이지 않았다. 창밖을 보니 그야말로 안개 속 시계 제로의 바벨탑 안에 갇힌 느낌이었다. 일단 옷을 챙겨 입고 엘리베이터로 1층에 내려와 로비를 가로질러 밖으로 나왔다. 뿌연 칭다오의 새벽에도 거리의 교통들은 분주했다. 호텔 주변을 산책하며 거리의 모습을 폰카로 몇 장 찍고는 룸으로 다시 올라왔다. 친구와 호텔의 원형 스카이라운지 레스토랑에서 아침식사를 마치고 로비로 나오니 바이어사 픽업 차량이 대기하고 있었다.

회사형인간의 전유물과도 같은 비즈니스 미팅의 희열을 오랜만에 맛보고 나니 본능적으로 중증 기업병이 스멀스멀 기어 올라왔다. 달리던 불기관차의 기업관성이 빨리 다시 올라타라며 충동질을 해대는 것 같았다. 그런 내 감정을 안으로 주시하면서 찬찬히 클리어Clear 시켰다. 칭다오의 희뿌연 봄날 아침은 그렇게 안과 밖으로 내 메모리칩 속에 저장됐다.

퇴임 후 비상근 자문기간이 끝나가자 몇 군데 기업들에서 연락이 왔었다. 기업대표들을 만나 밥·술도 먹어 보고, 회사를 찾아가 사업설명도 듣고 임원들과 같이 밥을 먹어 보기도 했다. 그리고 사업계획서를 만들어서 프레젠테이션을 한 회사도 있었다. 어쨌든 결과적으로는 지금도 학교에 몸을 담고 있지만, 매 월말이 되면 현실적인 불편함에서 자유롭지 못했다. 가장으로서의 책임감이란 에고가 "이제 그만 굴복해! 그냥 기업관성의 법칙을 따라!"라고 떠밀었다. 현존지수가 땅으로 곤두박질치며, 마음은 부평초마냥 둥둥 떠다니다 바람 자는 하늘의 축 쳐진 연줄에 걸린 터진 풍선 같았다. 겉으로는 번지르르하게 가슴 뛰는 삶을 살겠노라고 외쳐 놓고는 안과 밖, 말과 행동의 불일치 상태가 커져 갔다. 내가 나에게 삶의 목적을 새로이 선언했음에도 바람에 흔들리는 나뭇잎이 뿌리를 믿지 못하고 있었던 것이다.

그런데, 참 희한하게도 기업으로부터 받은 오퍼Offer가 하나둘씩 다 날아갔고, 그 후 몇 달 동안 몸이 크게 아팠다. 스님께서는 큰 강물의 흐름을 역행함에 따른 저항이라고 하셨다. 분명한 메시지였다. 내게 올 인연이 아니었으니 내 안의 내가 클리어Clear 시켰던 게다. 그 혹독했던 시련 이후 내 마음근력이 조금씩 탱탱해져 가고 있음을 느끼고 있다.

에이미 멀린스가 '역경의 기회'라는 테드TED강연에서 했던 말이다.

"역경은 우리의 삶을 유지하기 위해 피해야 할 장애물이 아닙니다. 그것은 우리 삶의 일부입니다. 저는 그것을 저의 그림자인 것처럼 생각합니다."

또한, 욘게이 밍규르 린포체의 책, 『티베트의 즐거운 지혜』에서 나오는 말씀도 같이 새겨보자.

"두려울 때 그 두려움과 싸우려고 시도하거나 그것으로부터 달아나려고 하지 말게. 그것과 거래를 하는 거야. '이봐 두려움, 내 곁을 떠나지 말아 줘. 나의 호위대가 되어 줘. 네가 얼마나 크고 강한지를 내게 보여 줘.' 만일 그대가 이렇게 여러 차례 한다면 마침내 두려움은 단지 여러 경험 중 하나일 뿐이고 왔다가 가는 것에 지나지 않게 되지."

대행스님께서 『삶은 苦가 아니다』에서 설하신 강력한 말씀도 한마디 더 덧붙여본다.

"몰락 놓아라. 무조건 놓아라. 놓고 맡기라."

역경은 삶이라는 바다에 격동하는 파도이다. 격랑은 피할 수도 없거니와 받아들여서 흐름을 타야 하듯 불안이나 두려움 같은 강력한 감정에도 저항하지 않을 때, 그 에너지를 건설적인 방향으로 돌릴 수 있다. 일렁거리는 파동 사이클의 마루에 올라 있는 좋은 마음도, 골을 따라 아래에 있는 안 좋은 마음도 다 내 마음이기 때문이다. 그렇다면, 나는 과연 언제쯤 몰락 놓고 맡기며, 더 잘하려는 노력을 클리어Clear 시킬 수 있을지…. 길지도 않은 인생 소풍 길을 즐겁게 노닐다 돌아가야 할 텐데 말이다.

추운 겨울아침 출근길, 틀어 놓은 히터 덕분에 운전석 발 아래쪽에서 올라오는 따뜻한 공기를 쏘이며 학교로 달려가고 있었다. 그날처럼 기온이 내려가는 날이면 바지주머니 속 핸드폰이 더 자주 떨곤 한다. 내용을 확인해보면 주로 어르신들의 '부고' 소식이 많다. 그 순간 일어나는 생각의 우선순위는 '얼마를·언제·어떻게?'이다. 한 인간존재의 죽음마저도 나를 중심으로 연결된 정도에 따라 클리어Clear 시키고 넘어가야만 하는 하나의 대상일 뿐인 것이다. 인생에서 맞닥뜨리는 모든 것들은 '크고·작고·짧고·길고' 등의 관념에 따른 차이만 있을 뿐, 삶이라는 것은 테스트베드 Test Bed 위에서 수행되는 일련의 정리정돈 절차다. 메마른 바람이 흔들고 지나가도 꼿꼿이 서 있어야 하는 겨울나무처럼, 지나가는 모든 산들바람에 다 흔들거려서는 안 되는 절차서처럼 말이다.

학교 밑까지 왔을 때쯤, 진짜로 '부르르' 허벅지가 떨려 문자를 확인했다. 형님으로부터 들어온 안사돈어른의 부고 소식이었다. 그래! 예상한대로 또 클리어 시켜야 할 대상 발생, 그 순간 나는 관념과 실제 사이의 간극을 조율하며 학교 앞 오르막길을 만나오른발 엑셀러레이터를 지그시 밟았다.

한 해의 마지막 달력을 한 장 남겨 둔 어느 날, '청춘도다리'에서의 제주도 강연 준비 때문에 일찍 집으로 들어와 노트북 화면에 집중하여 PPT자료를 만들고 있었다. '청춘도다리'란 「도전하지 않는 자여 청춘을 다시 리셋하라」는 의미로 누구나의 꿈을 응원하는 강연모임이다. 창원에서 비롯되어 부산을 비롯한 대구, 울산, 구미, 광주, 진주 등 서울무대까지 확장해가며, 당시엔 '제주도 상륙작전' 계획에 따라 최초 강연회가 예정되어 있었다. 어쩌다 보니 나도 세 명의 강연자리스트에 이름이 올라 기분 좋게 제주로 날아갈 준비를 하고 있었다. 초저녁을 넘긴 시간, 충전기에 꽂아 놓은 스마트폰에서 친숙한 이름이 떠 화면을 밀었다.

"주 상무, 잘 지내냐?"

오랜만에 친한 입사동기이자 역전의 동지인 S상무로부터 온 전화였다. 여전히 모기업에서 잘 나가고 있는 S상무의 반가운 목소리는 저녁반주가 한잔 걸쳐진 듯 컬컬하고 정겨웠다.

"부회장님이 아시는 기업인데, 재무와 사업관리 총괄할 사람이 필요하다고 해서 니를 추천했다. (…) 회사이름 불러줄 테니까 기업정보 한번 검색해 보고 이력서 좀 보내 줄래?"

"그래? (…) 고마워 S상무. 검색해 보고 고민해서 내일 답 주게!"

나를 챙겨주려는 S상무의 애틋함을 알기에 진심으로 고마움을 전하며 대답했다. 전화를 끊고 나니 좋지도 싫지도 않은 게 기분이 묘했다. 일단 알려준 기업명을 인터넷 검색창에 쳐서 재무상황과 사업영역 등 기본정보를 대략 훑어보았다. 그 시간 이후로 강연 자료를 만들긴 만들면서도 머리 한구석엔 생각 잔여물이 계속 쌓여 갔다. 밤늦게까지 뒤척이다 잠이 들었다. 다음 날 아침, 묵직한 기분으로 학교에 출근을 해서 따뜻한 허브차를 한 잔 타서 책상 위에 올려놓고는 차분하게 S상무에게 전화를 걸었다.

"S상무, 좋은 아침! 미안한데, 내 방향하고 좀 안 맞는 것 같다. 부회장님께 감사드리고 죄송하다고 말씀 좀 잘 전해 주라….."

전화를 끊고 나니, 그제서야 마음이 홀가분해졌다. S상무에게는 진심으로 고맙고 미안했다.

드디어 디데이D-Day, '청춘도다리' 식구들과 제주도에 입도했다. 저녁시간 전에 행사가 진행될 장소에 도착하여 목조 전원카페 내부 공간을 모두가 합심하여 '뚝딱뚝딱' 강연 무대로 탈바꿈 완성! 약속된 시간이 되어 가자 한 명, 두 명 제주도 분들이 모여들고 전체 삼사십 명의 청중들이 자리를 메우고 나서 강연이 시작되었다. 두 번째 강연자로 나선 내 강연 제목은 「가슴 뛰는 삶@Half Time」이었다. 전반전이 종료되고 절벽에서 급정지한 후 맞닥뜨린 하프타임에서의 진솔한 아픔과 '척체'적 삶의 민낯을 들춰내 보였다. 그런 고뇌의 시간 속에서 '코칭'을 만나 후반전 삶의 목적을 선언하고 한 걸음씩 나아가고 있는 '지금-여기'를 진솔하게 스토리텔링 하였다. 제대로 준비되지도, 잘하지도 못했지만 강연을 클로징Closing 하며 나는 내게 한 번 더 공개 최면을 걸었는데, 바로 그 내용이다.

"오늘 여기서 여러분께 하나 말씀드리고 싶은 게 있습니다. 지난 수요일 저녁, 오늘의 강연 준비를 하고 있었는데 현직 임원으로부터 전화 한 통을 받았습니다. 모기업의 전임 부회장님께 저를 추천했다며 이력서를 보내 달라고 했습니다. 그때 제 마음이 어땠을까요? 오늘 여러분께 제 삶의 메시지를 받아들였다고 이야기했음에도, 있는 그대로 말씀 드리면 심하게 흔들렸습니다. 밤새 고민한 끝에 다음날 전화를 했습니다. 뭐라고 답을 줬을까요? 예, 맞습니다. 감사하고 미안하다고 말했습니다. 여러분께서도 제가 제 삶이 주는 메시지를 따라 정북으로 계속 나아갈 수 있도록 응원해 주실 거죠?"

삶은 테스트베드 위에서 춤을 추는 '더 클리어드The Cleared'의 연속이다. 내 안의 나에게 끊임없이 테스트를 걸어 오는 것들을 용기 있게 '클리어' 시키며, 축적된 무위無爲를 통해 현존지수를 끌어 올려 나가는 끝없는 공부가 펼쳐지는 학교다.

10년 뒤의 웃고 있는 내가 지금의 내게 툭 던지는 한마디 질문이다.

"Watch if you are traveller who tries to understand other's luggage?"

"그대는 지금 남의 짐을 헤아려 보는 나그네는 아닌가?"

◎ 코칭적 레슨 - 알아차리게 하기(Creating Awareness)

• 알아차림이란 자신의 현재의 삶에서 일어나고 있는 현상을 지각하고 체험하는 행위를 말한다. 즉, 알아차림은 자신의 욕구나 감정, 생각, 이미지, 행동, 그리고 내적, 외적 상황을 자각하는 것을 뜻한다.

• 코칭에서의 '알아차리게 하기(Creating Awareness)'는 고객의 다양한 자원을 통합하고 정확하게 평가하여, 고객이 깨달음을 얻을 수 있도록 도와주며, 그로 인해 합의한 결과를 얻을 수 있도록 돕는 능력이다.

'뚜벅-저벅' 후반전을 향하여

"함께해 주고, 이해해 주고, 응원·지지해 주는 것이 섬김이 아닐까요?"

연구실 옆 주차 빌딩 계단을 올라 차에 시동을 걸자마자 FM라디오에서 흘러나온 말이었다. 학교 정문의 차단기가 올라가고 내리막길을 미끄러져 내려오는 동안 한 청년 자원봉사자의 라디오 인터뷰 내용이 가슴을 내리쳤다. 부모님은 물론이거니와 아무도 지지해주지 않았지만, 다니던 직장도 그만두고 탈북아동 10명을 돌보며 엄마아빠 노릇을 하고 있다고 했다. 신호등이 빨간 불로 바뀌어 브레이크를 밟았는데, 내 심장도 같이 제동이 걸린 듯 잠시 먹먹했다. 저 젊은 사람도 저리 이타적 삶을 사는데 하물며….

내 후반전 삶의 목록 속에 들어 있는 단어 '기여·헌신'을 떠올리며 그 청년이 이야기한 '섬김'의 의미들이 내 안의 소리굽쇠를 강타하며 공진을 일으켰다.

집에 거의 다다를 무렵, 터널을 통과하고 나면 늘 깜빡이를 넣고 끼어들기 사투를 벌이는 곳이 있다. 우측 깜빡이를 넣고 '섬김'의 여진으로 끼어들려는 노력도 잊은 채 멍하니 앞만 보고 있다가 정신이 들어 옆 차선을 본 순간 깜짝 놀랐다. 아니, 이럴 수가? 평소 그렇게 밀어붙이며 '빵빵'거리던 차들이 다 어디 가고 안 차선이 텅 비어 있었다. 멍청하게 텅 비어 있던 나를 알아챈 걸까? 찻길도 같이 공명하자는 건가?^(허허) 그 텅 빈 차선 위로 갑자기 내가 걸어가야 할 길이 펼쳐져 보이며, 마치 단박에 깨달은 성철스님이라도 된 양 염치없지만 '돈오頓悟'라는 단어를 떠올렸다.^(허허허)

십년 전 아랍에미리트UAE 두바이 근무시절, 한인회에서 발간하는 로컬신문을 자주 보았다. 매끄러운 종이에 인쇄된 신문에서 한 번은 「영희와 점선」이라는 칼럼을 읽은 적이 있다. 존재 자체가 희망이었고 삶을 너무나 충실히 살았고, 기적 같은 삶을 살다 떠난 두 친구지간의 '희망'의 노래는 열사의 땅에서 허우적대고 있던 내게 큰 힘을 주었다. 신문칼럼을 가위로 잘라 스프링노트에 풀로 붙여 스크랩해 두었다. 그로부터 10년이 지난 작금에 '어떻게 살아야 할 것인가?'라는 물음에 대한 답을 찾아 뒤적거리다 노트 속에서 그녀들을 다시 만났는데, 여전히 큰 울림으로 응답해 주었다. 같이 그 진동을 느껴 보았으면 한다.

화가 김점선은 난소암 말기 판정을 받았다. 그는 곧바로 친구 장영희(前 서강대 교수)에게 문자메시지를 보낸다. '축祝 암' 영희는 싫다는 그를 억지로 끌고 가 건강검진을 받게 한 당사자였다. 점선은 척추암과 싸우느라 자기도 아파 죽겠으면서 애쓰는 게 짠해 아들 낳고 30여 년 만에 병원을 처음으로 찾았다. 둘은 사이좋게 투병했다. 때가 되자 사이좋게 눈을 감았다. 영희 57세, 점선 63세, 영희가 떠난 9일은 점선의 49재였다.

"우린 철길처럼 평행을 유지하며 쭉 뻗어가는 사이야. 어느 한쪽에 기대거나 구부러지는 그런 우정이 아니야.(…)"

그는 헨리 제임스의 소설 『미국인』에서 한 등장인물이 "나쁜 운명을 깨울까 무서워 살금살금 걸었다."는 부분을 읽으며 마음을 정했다고 합니다. "나쁜 운명을 깨울까 살금살금 걷는다면 좋은 운명도 깨우지 못한다. 나쁜 운명, 좋은 운명 모조리 깨워 가며 저벅저벅 당당하게 큰 걸음으로 걸으며 살겠다."고 말입니다. (…) 그러면서 그는 물이 점점 차오르는 섬 꼭대기에 앉아, 곧 죽을지도 모른 채 아름다운 노래를 부르는 눈먼 소년 이야기를 들려주며 이렇게 말합니다.

"희망의 노래를 부르든, 안 부르든 어차피 물은 차오를 것이다.
그럴 바엔 노래를 부르는 게 낫다. 희망이 생명을 연장시킬 수
있듯이 희망은 운명도 바꿀 수 있을 만큼 위대한 힘이다. 난 여
전히 희망의 그 위대한 힘을 믿는다."

삶의 하프타임에서 다시금 펼친 스프링노트 속에서 발견한 두
여인의 삶에 대한 자세는 내게 한 줄기 빛과 같은 에너지원이 되
었다. "희망의 노래를 부르나 안 부르나 물이 차오를 바엔 노래를
부르는 게 낫다."는 강력한 긍정의 메시지는 내가 후반전을 당당
하게 걸어갈 수 있도록 파워를 만탱크로 충전시켰다.

하프타임 동안 발길 닿는 대로 쏘다녔던 '멈춤·쉼·비움 여행'
중에 백팩에 책 몇 권씩은 꼭 넣어 다녔다. 덜컹거리는 무궁화열
차 안에서 읽었던 김용태의 『중년의 배신』에서 던지는 말은 이제
는 '가지고 채우는 것에서 나누고 비우는 것으로 마음의 구조조
정을 단행할 것'을 요구했다. 아내와는 정서적 관계 맺기, 가족은
가슴으로 느끼고 이를 언어화해서 가슴에 품고 살아가기, 자녀에
게는 부모가 영원한 비빌 언덕이므로 그 자리에 있어 주기, 친구
는 일 중심에서 존재 중심으로 바꿔서 정서적 친구와 일 없이 만
나기 등이 구체적 자기 구조조정 방안이었다. 결론적으로 '일을
넘어서 존재로의 이행'이 중년기에 꼭 필요한 전환이라고 했다.
나는 그 즉시 '후반전 삶은 존재다!'임을 인정공감하면서도 안즉

공부를 덜 마친 우리 아이들의 얼굴이 떠오름은 어쩔 수 없었다.

어쨌거나 어떤 게임에서건 하프타임Half Time은 플레이어가 원하는 때에 주어지지 않듯이 인생이라는 게임도 마찬가지다. 나의 전반전 종료 휘슬도 '게임의 룰Rule of game'에 따라 그렇게 울렸음을 이제는 받아들일 수 있다. 하프타임에서 '코칭'을 만나 개인적·직업적 아이덴티티Identity를 세운 것도 우주가 연결시켜 준 기적과도 같은 선물이다. 그 행운의 선물을 받고 후반전은 전반전과는 완전히 다른 플레이를 펼치고자 게임의 목적과 법칙을 바꿔 나가고 있다. 이제부터 펼쳐 갈 내 삶은 무쇠─솥 '정립鼎立'이라는 미션 수행을 위해 「코칭·강의·책 쓰기」라는 세 개의 솥 다리를 튼실하게 쌓아가는 충만한 여정이 될 것이다. 즉, '코치적 삶'과의 행복한 동행이다. '코치'란 존재의 본질과 깊게 연결되어 사람과 세상을 동시에 변화시키는 사람 전문가People Expert다. 나는 사람전문가로서 시대가 요구하는 선한 영향력을 발휘해 가기 위해 결국은 하나인 강의와 글·책 쓰기라는 방편에서도 더욱 깊어지기를 소망한다. 어떤 방편이건 사람들에게 마중물이 되어 내면의 심층수를 스스로 길어 올릴 수 있도록 존재 대 존재로 머물며, 시각과 의식의 전환을 통한 행동의 변혁을 일으키도록 지원하는 삶이고 싶다.

누구나 핵심적 변화가 일어나기 위해서는 고통이 따를 수밖에 없다. 그런데 이 고통을 조금 가볍게 받아들여 삶이라는 맷돌을 돌리기 위한 '어처구니'를 찾는 걸 도울 수 있는 통찰이 있었다. 욘게이 밍규르 린포체의 책,『티베트의 즐거운 지혜』에서 일러주는 말이다.

> '고통'이라는 단어는 매우 무거운 단어로 매우 극단적인 아픔이나 불행을 떠올리는데, 팔리어 경전에 사용된 단어 '두카'는 오늘날 일상적으로 쓰이는 불편함, 불안, 불만족 같은 단어들의 의미에 사실상 더 가깝다. 따라서 '고통 혹은 두카'는 극단적인 상황을 의미하는 것 같지만 붓다와 그 이후 불교 스승들의 시대에는 '무엇인가 그다지 만족스럽지 않다.'는 기분으로 쓰였다.(⋯)"

고통은 삶에서 기본적인 필수 요건임을 받아들여 내적·외적으로 성장하기 위해서는 힘이 필요하다. 그 근원의 힘이 파워이고 파워Power는 포스Force와는 다르다. 파워는 강제적이고 외향적 힘인 포스가 아니라 자발적이고 내면적인 힘이다. 고통을 '두카'로 받아들여 내면을 임파워링Empowering 시키는 깨우침을 '충만 Fulfillment의 역설'에서도 얻을 수 있었다. 기분이 좋지 않거나 힘들어도 '삶의 목적'만 분명하다면 충만한 삶을 살 수 있다는 것이다. 일반적으로 '행복하다'는 것은 기분이 좋고 편안할 때 느끼는 감정이라는 측면에서 보면 오히려 '행복'은 '충만'의 부분집합이라고도 할 수 있을 것이다.

충만(Fulfillment)이란, 오늘 현재 어떤 선택을 할 것인가의 문제이지, 언젠가 일어나게 될 미래의 어떤 것에 관한 것이 아니다. 충만함을 소유하려는 것은 햇빛을 병에 담으려고 하는 것과 같다. 기분이 좋은 것과 충만한 삶, 이 둘을 구분하는 것이 중요하다. 충만함이란 삶이 힘들고, 도전적이고, 불편할 때도 느낄 수 있는 것이다.(…) 목적이 있는 삶, 사명이 있는 삶, 봉사의 삶을 산다는 것은 치열할 수 있고, 가슴이 찢어지는 듯하거나 기진맥진할 수 있다. 충만함이란 내부적으로 내면의 평온함을 느끼면서 동시에 외부적으로는 고군분투하는 삶을 경험하는 것이 둘 다 가능하다는 점에서 역설적이다.
– 헨리·카렌 킴지하우스 외, 『코액티브 코칭』 중에서 –

　현역 시절, 책이나 아침편지 등에서 좋은 글을 만나면 꼭 포스트잇에 메모하는 습관이 있었다. 내 컴퓨터 모니터 테두리에는 항상 많은 포스트잇들이 질서정연하게 붙어 있었다. 대부분 직장인들이 처리해야 할 일들을 잊지 않기 위해 그때그때 메모한 포스트잇들을 어지러이 많이 붙이곤 하는데, 당시 내 모니터의 포스트잇에는 업무 관련 내용은 하나도 없었다. 그것이 매일 아침 컴퓨터 전원을 켤 때마다 주문Mantra을 외듯 처방한 일종의 나만의 앵커링Anchoring이었다는 것을 코칭을 공부하고 나서야 알게 되었다. 이런 습관은 내면을 자극하고 파워를 생성시켜 주는 것으로, 후반전 삶에서도 하나의 의식을 깨우는 단계로 승화시켜

가고 있다. 회사 집무실을 떠나던 마지막 날, 컴퓨터 모니터 테두리에 붙어 있던 포스트잇들을 하나씩 떼서 읽어보며 스프링노트 속에 차곡차곡 붙여 집으로 가져왔다. 그때 모니터 우측 하단 끝에 붙여 두었던 파란색 포스트잇에 연필로 적혀 있던 내용이다.

- 나에게 일어나는 모든 일은 일어날 가능성이 있는 수많은 일 중 최상의 것이다.
- 무엇을 하고 있든 받아들여 중심에 머물러라. 그것이 바로 궁극이다. 그러면 어느 방향이든 움직일 준비가 될 것이다.
- 겁먹지 마라. 겁을 먹는 순간 지는 것이다. 몸과 마음은 하나! 겁을 먹지 않는 것이 좋은 무기를 들고 벌벌 떨고 있는 것보다 이길 확률이 높다.

내가 글쓰기를 시작한 이유는, 닥쳐온 지금-현재를 못 받아들이고 있는 내게 'YES' 에너지를 공급하기 위해서였다. 글쓰기를 시작하고 난 뒤부터 달라진 게 있다. 평소에도 '적자(적는 것)생존' 신봉자로서 메모를 즐겼지만, 이제는 그 빈도와 양이 불어나며 재미도 쏠쏠하다. 특히 학교 출퇴근 시간에 클래식 라디오를 들으며 운전 중일 때면 무의식의 물밑에서 의식으로의 수면 위로 무언가가 가장 많이 올라온다. 갓길에 차를 세우고 그때그때 떠오른 생각들을 스마트폰에 정리하다 보면 출퇴근시간이 지체될 때가 많다. 모든 게 글감으로 보이는 날에는 쓰는 것이 힘들 때도 있지만 글 금고에 금은보화가 쌓이는 충만감은 짜릿하다.

글쓰기는 단 한 명의 공감하는 독자를 위해 쓴다고 했다. 강연이나 강의도 마찬가지다. 단 한 명의 청중이라도 앉아 있으면 해야 한다고 믿고 있고 실행에 옮기고 있다. 코칭 세션은 당연히 한 명의 고객과 존재 대 존재로 연결되어 함께 댄싱Dancing 한다. 물론 일 대 다수의 팀코칭 또는 그룹코칭도 있다.

내 삶의 세 줄기 실개천은 흐르다 보면 강물과 조우되는 것처럼 동일지점에서 만난다. '강물은 낮은 곳으로 흐르고 바다는 낮춤으로써 깊어진다.'는 낮음의 진리를 나만의 언어로서 '1명의 법칙'이라 명명하며, 단 한 명을 위해서라도 낮추고 낮추며 끊임없이 낮은 곳으로 흘러가리라.

"신은 죽었다."는 니체의 선언 이후 모든 인간은 불안해졌다고 했다. 나를 포함한 많은 사람들은 지나간 과거에 대한 집착과 오지도 않은 미래에 대한 두려움 때문에 현재에도 미래에도 머물지 못한다. 그러면서, 내면의 샘에서 매 순간 솟아나는 감정·생각·느낌들에서는 좋은 것들만 취하고 싶어 한다. 무의식적으로 일어나는 생각과 감정들은 '알아차리고 현존'할 때 무너진다고 배웠다. 그렇다면 어떻게 현존해야 한단 말인가? 스님께서 일침을 주신 말씀이다.

"철저하게 오직 지금뿐이다. 현재에 살면서 과거와 미래는 잠깐씩 방문하라."

지금–여기 현재를 사는 방법은 몸에 머무르는 것이라고 했다. 껍데기가 아니라 내면의 몸에 말이다. 지금 이 순간에 머무는 것은 있는 그대로 받아들이는 것이며, 받아들이면 고통스럽지 않고 현실적인 문제 해결 방향이 나타난다고 했다.

나는 지금–여기에 머물고자 하는 어설픈 수행자이지만 '현존지수'를 높이며 '코치적 삶'으로 계속 깊어지고자 한다. 내면의 평온함과 동시에 외적으로 고군분투하는 역설적이리만치 '충만한 삶'으로 진중하게 한 걸음씩 내딛어 가면서 말이다. 일생 동안 하는 여행 중에서 가장 먼 여행이 머리에서 가슴까지의 여행이라 하지 않았던가? 머리로 채우고 가슴으로 비워내는 진짜 공부의 종착지에서 여행 끝내는 날 벽돌나무문 열린 보리밭 사잇길로 미소 지으며 돌아가기를 진정으로 소망한다.

바람이 불지 않을 때 바람개비를 돌리는 방법은 앞으로 나아가는 것밖에 없지 않겠는가?

'뚜벅–뚜벅 저벅–저벅, 뚜벅–저벅–뚜벅–저벅….'

◎ 코칭적 레슨 – 존재의 공통기반, 인정하기와 지지하기

• 우리는 자기 자신과 다른 사람들을 사랑하고, 존중하고, 소중하게 여김으로써 존재의 공통기반으로 돌아간다. 우리가 행하는 모든 것은 전체적으로 세상에 기여하고 타인의 존재의 기반을 지원한다. 공통기반에 기초할 때 우리는 더욱 쉽게 가족, 커뮤니티, 조직, 세계로 돌아갈 수 있다. 존재의 공통기반을 인정하고 축하하면, 코치와 고객들과의 관계에 대한 코치의 태도와 시각에 여러 가지 내적 변화가 일어나게 된다.
  – 한국코칭센터, 『CEP 매뉴얼』

• 인정은 어떤 것의 존재나 진실을 인식하고 표현하는 것이다. 인정의 대상이 되는 것은 모든 것의 근원에 있는 인간존재이며 지지의 대상이 되는 것은 사람의 능력과 재능이다. 따라서, 코치의 중요한 역할은 고객을 끊임없이 지속적으로 인정하고 지지해 주는 것이다.

인생을 '전반전'과 '후반전'으로 나눈다는 게 별 유의미하지 않을 수도 있다. 그럼에도 내게는 전반전이라는 시간이 명료하게 매듭됐고, 하프타임이라는 시간이 주어졌기에 전·후반을 나눠서 내 삶에 대한 보따리를 풀고 연필과 지우개를 들고 그림을 그려 보았다.

현역 시절에 읽었던 책이 있다. 밥 버포드의 『하프타임』이다. 책을 뒤적거려 보았더니 '하프타임은 무언가를 완수하고 나서 다음 일을 결정하기 위해 갖는 시간이다'라고 정의하며, 또 이렇게 말을 했다.

"사람들은 일을 통해 누린 성공한 삶으로부터 의미가 충만한 인생의 후반부로 옮겨가기를 바란다. 그러나 대다수의 사람들이 성공 추구의 삶에서 의미 추구의 삶으로 전환한다는 개념에 호기심을 가지면서도 낯선 영역이기 때문에 선뜻 들어가지 못한다. 들어가기로 결정한 사람들도 생각보다 더 큰 어려움을 겪는다."

이 말은 절반의 공감을 불러일으켰다. 나는 결코 성공한 삶은 아니었다. 하지만 소위 "별 달았다."고 말하는 대한민국 1%의 특급열차에 올랐다가 한두 정거장밖에 못 가고 하차했다. 도시의 한복판에서 남은 인생을 어떻게 살 것인가에 대해 처절하게 고민했다. 이 구절은 나로 하여금 후반전 삶의 방향성을 정하도록 이끌었다.

밥 버포드는 또 이렇게 말하고 있다. "막상 직장과의 연결 고리를 끊고 다른 삶을 살 수 있는 가능성이 보이면 사람들은 격렬한 소용돌이와 모순된 감정에 휩싸인다. 이를테면 기쁨과 후회, 과거로부터 벗어나는 홀가분함과 미래에 대한 불안함이 뒤섞인 감정이다."

실제 내가 딱 그랬다. 인생의 하프타임이라고 규정한 초입단계에서 일치감치 '코치의 길'을 선택했고, 후반전은 지금까지와는 달리 가슴 뛰는 심장 소리를 들으며 살겠노라며 '삶의 목적'까지 세팅한 상태였다. 그럼에도 불구하고 매 경계마다 일어나는 감정에 붙들렸다.

계룡산 명상수련에 참여했을 때였다. 한 방을 썼던 대진거사님과 마주 앉아 점심밥을 공양하면서 나눈 대화 내용이다.

"왜 그렇게 빨리 드시는지 물어봐도 되나요?"
"네? 아 네…, 저의 습곌이죠 뭐. 예전에 아내가 제 건강을 걱정해서 밥 한 숟갈 입에 넣고 스무 번 씹고 넘기라고 시켜서 해 봤는데요, 잘 안 되더라구요. (허허)"

"맛을 느껴 보세요. 겉 맛만 말고 속 맛을 천천히 느껴보세요. 비빔밥이 여러 나물들과 섞여 있잖아요. 맛을 찾아보세요. 눈으로도 맛보고, 입으로도 맛보고…, 맛이 좀 더 풍부해지지 않으세요? 드시는 속도를 나한테 맞추지 마시고 맛에 맞춰 보세요."

수행은 내가 변하기 위해 노력하는 모든 것으로서 본래의 나로 건너가기 위한 나룻배라고 했다. 내면의 하얀 종이가 땅바닥에 던져진 채로, 비틀거리는 나를 수시로 바라보았다. 그 와중에도 중심으로 센터링하기 위해 코칭 공부와 명상의 끈을 놓지 않았다. 이젠 내 인생 돛단배의 진정한 선장으로서 삶의 목적지로 항해하면서 마음근육을 키워 나가고 있다.

"세상의 모든 개인과 조직이 가정이나 직장에서 커뮤니케이션에 코칭의 방법을 취하게 하겠다."

코칭의 창시자 토머스 J. 레너드에 의해 1992년에 만들어진 세계 코칭의 메카라 할 수 있는 미국 CoachInc.com사의 비전이다. 코치로 가는 교육과정에서 이 비전문을 처음 접한 순간 가슴이 쿵쾅거렸다. '모든 사람들의 책상 위에 컴퓨터를 올려놓겠다'라는 꿈을 꾸고서 PC 혁명을 불러일으킨 빌 게이츠의 꿈과 열정이 저절로 오버랩되었던 그 설렘의 순간을 결코 잊을 수 없다.

나는 운 좋게도, '코칭'이라는 기적과도 같은 선물을 만났다. 지속적인 공부와 '코치 프레즌스' 계발을 통해 현존지수를 끌어올리며 지금-여기를 온전히, 올곧게 살아갈 것이다. 부끄럽지만 이러한 코치적 삶에 기반한 실제적 경험과 배움들을 직장인·퇴직자뿐만 아니라 모든 사람들과 공유하고 싶다. 그들이 겪고 있을 '고민과 두카'가 '용기와 충만'으로 전환되는 데 조금이나마 기여할 수 있기를 소망한다.

조연현의『나를 찾아 떠나는 17일간의 여행』이라는 책에서 들려준 말이다. '스스로가 물방울만이 아니라 큰 바다라는 사실을 자각한 순간 더 이상 물방울들은 다투지 않는다' 우리는 사이-존재로서의 인간으로서 스스로 현존재임을 인식하고, 안과 밖 모든 곳을 고향으로 삼을 수 있는 내면의 힘Power을 모두가 발현해 가기를 진정으로 응원하고 지지하면서 졸필을 마무리할까 한다.

고향을 감미롭게 생각하는 사람은 아직 허약한 미숙아다.
모든 곳을 고향이라고 느끼는 사람은 힘을 갖춘 사람이다.
그러나 전 세계를 낯설게 느끼는 사람이야말로 완벽한 인간이다.
– 빅톨 위고, 신비주의 스콜라 철학자 –

내면을 변화시키는 최고의 도구인 '코칭'을 통해 험난한 세상 속 진정한 '나'를 정립(鼎立)할 수 있기를 소망합니다!

– 권선복(도서출판 행복에너지 대표이사)

개인주의가 극도로 발달해 가면서 많은 사람들이 '욜로', '워라 벨' 등의 생활 방식을 이야기하고 자신을 위해 살겠다고 말하곤 합니다. 하지만 정작 '나'를 무엇으로 정의할 수 있는지, 내가 진 정으로 원하는 것은 무엇인지에 대해서 깊이 있게 생각해볼 기회 는 흔치 않습니다. 때로는 자신의 생각과는 다르게 컨트롤할 수 없는 내면의 격랑에 휩쓸려 이리저리 세상 속을 헤매는 존재가 되기도 합니다.

이 책의 저자 역시 그러한 길을 헤쳐 나왔습니다. 누구라도 이 름만 대면 알 정도의 대기업에 입사하고 승승장구를 거듭하여 임원의 직함을 달게 되었지만 자신의 의사와는 무관하게 회사의 사정에 의해 모든 것을 내려놓아야 하는 경험을 한 것입니다. 이제까지 자신을 보호해주던 울타리가 사라졌다는 극도의 두려움, 하지만 저자는 이러한 역경 속에서 독서를 하고, 마음수련을 하고, 코칭을 만나게 되면서 지금의 역경은 오히려 진정한 자신으로서 살아갈 수 있는 큰 기회를 주는 존재라는 사실을 깨닫게 됩니다.

이 책 『가슴 뛰는 삶으로 나아가라』는 이러한 저자의 드라마틱한 인생 이야기와 함께 인간 내면을 성찰하고 '진짜 나'를 찾을 수 있는 도구로 '코칭'을 제시하고 있습니다. 코칭은 다양한 방법을 통하여 사람이 자기 스스로도 잘 모르는 내면의 움직임과 감정의 흐름을 이해하고 그것을 효과적으로 컨트롤하여 스스로를 발전시킬 수 있도록 돕는 인간개발기술입니다. 현재 국제코치연맹 인증코치로 활동 중인 저자는 이 책을 통해 누구나 부담감 없이 코칭에 접근할 수 있도록 코칭의 개념과 핵심을 읽기 쉽게 설명해주고 있습니다.

현대를 살아가는 사람이라면 누구나 자기 자신이 누구인지, 어떤 목적으로 삶을 살아가는지, 자신의 마음을 어떤 식으로 컨트롤해야 하는지 등에 대해 고뇌해본 적이 있을 것입니다. 이러한 분들에게 이 책 『가슴 뛰는 삶으로 나아가라』가 진정한 자신을 정립鼎立할 수 있도록 돕는 나침반 같은 존재가 되기를 희망합니다.